7년 연속 전체수석 합격자 배출

KB124193

강정훈
감정평가 및 보상법규
2차 | 판례분석 암기장

강정훈 편저

박문각

박문각 감정평가사

박문각
감정평가사

강정훈
감정평가 및 보상법규

최근 대법원 판례
쟁점 요약

공익사업을 위한 토지 등의 취득 및 보상에 관한 법률

판례 1	대판 2023.8.18, 2022두34913 판결 [손실보상금] 영농보상은 원칙적으로 농민이 기존 농업을 폐지한 후 새로운 직업 활동을 개시하기까지의 준비기간 동안에 농민의 생계를 지원하는 생활보상으로서의 성격을 가진다.

[판시사항]

[1] 구 공익사업을 위한 토지 등의 취득 및 보상에 관한 법률 제77조 제2항, 같은 법 시행규칙 제48조 제2항 본문에서 정한 '영농손실보상'의 법적 성격 / 같은 법 시행규칙 제48조에서 규정한 영농손실보상은 공익사업시행지구 안에서 수용의 대상인 농지를 이용하여 경작을 하는 자가 그 농지의 수용으로 인하여 장래에 영농을 계속하지 못하게 되어 특별한 희생이 생기는 경우 이를 보상하기 위한 것인지 여부(적극)

[2] 구 공익사업을 위한 토지 등의 취득 및 보상에 관한 법률 시행규칙 제48조 제2항 단서 제2호의 '직접 해당 농지의 지력을 이용하지 아니하고 재배 중인 작물을 이전하여 해당 영농을 계속하는 것이 가능하다고 인정하는 작목 및 재배방식'을 규정한 '농작물실제소득인정기준'(국토교통부고시) 제6조 제3항 [별지 2]에 열거되어 있지 아니한 시설콩나물 재배업에 관하여도 같은 시행규칙 제48조 제2항 단서 제2호를 적용할 수 있는지 여부(적극)

[판결요지]

[1] 공공필요에 의한 재산권의 수용·사용 또는 제한 및 그에 대한 보상은 법률로써 하되, 정당한 보상을 지급하여야 한다(헌법 제23조 제3항). 구 공익사업을 위한 토지 등의 취득 및 보상에 관한 법률(2020.6.9. 법률 제17453호로 개정되기 전의 것, 이하 '구 토지보상법'이라고 한다) 제77조 소정의 영업의 손실 등에 대한 보상은 위와 같은 헌법상의 정당한 보상 원칙에 따라 공익사업의 시행 등 적법한 공권력의 행사에 의한 재산상의 특별한 희생에 대하여 사유재산권의 보장과 전체적인 공평부담의 견지에서 행하여지는 조절적인 재산적 보상이다. 특히 구 토지

보상법 제77조 제2항, 구 공익사업을 위한 토지 등의 취득 및 보상에 관한 법률 시행규칙(2020.12.11. 국토교통부령 제788호로 개정되기 전의 것, 이하 '구 토지보상법 시행규칙'이라고 한다) 제48조 제2항 본문에서 정한 영농손실보상(이하 '영농보상'이라고 한다)은 편입토지 및 지장물에 관한 손실보상과는 별개로 이루어지는 것으로서, 농작물과 농지의 특수성으로 인하여 같은 시행규칙 제46조에서 정한 폐업보상과 구별해서 농지가 공익사업시행지구에 편입되어 공익사업의 시행으로 더 이상 영농을 계속할 수 없게 됨에 따라 발생하는 손실에 대하여 원칙적으로 같은 시행규칙 제46조에서 정한 폐업보상과 마찬가지로 장래의 2년간 일실소득을 보상함으로써, 농민이 대체 농지를 구입하여 영농을 재개하거나 다른 업종으로 전환하는 것을 보장하기 위한 것이다. 즉, 영농보상은 원칙적으로 농민이 기존 농업을 폐지한 후 새로운 직업 활동을 개시하기까지의 준비기간 동안에 농민의 생계를 지원하는 간접보상이자 생활보상으로서의 성격을 가진다.

영농보상은 그 보상금을 통계소득을 적용하여 산정하든, 아니면 해당 농민의 최근 실제소득을 적용하여 산정하든 간에, 모두 장래의 불확정적인 일실소득을 예측하여 보상하는 것으로, 기존에 형성된 재산의 객관적 가치에 대한 '완전한 보상'과는 그 법적 성질을 달리한다.

결국 구 토지보상법 시행규칙 제48조 소정의 영농보상 역시 공익사업시행지구 안에서 수용의 대상인 농지를 이용하여 경작을 하는 자가 그 농지의 수용으로 인하여 장래에 영농을 계속하지 못하게 되어 특별한 희생이 생기는 경우 이를 보상하기 위한 것이기 때문에, 위와 같은 재산상의 특별한 희생이 생겼다고 할 수 없는 경우에는 손실보상 또한 있을 수 없고, 이는 구 토지보상법 시행규칙 제48조 소정의 영농보상이라고 하여 달리 볼 것은 아니다.

[2] 관련 법리와 구 공익사업을 위한 토지 등의 취득 및 보상에 관한 법률 시행규칙(2020.12.11. 국토교통부령 제788호로 개정되기 전의 것, 이하 '구 토지보상법 시행규칙'이라고 한다) 제48조 제2항 단서 제2호의 신설 경과 등에 비추어 보면, 국토교통부장관이 농림축산식품부장관과의 협의를 거쳐 관보에 고시하는 '농작물 실제소득인정기준' 제6조 제3항 [별지 2]에 열거된 작목 및 재배방식에 시설콩나물 재배업이 포함되어 있지 않더라도 시설콩나물 재배업에 관하여도 구 토지보상법 시행규칙 제48조 제2항 단서 제2호를 적용할 수 있다고 봄이 타당하다. 그 이유는 다음과 같다.

(가) 관련 법령의 내용, 형식 및 취지 등에 비추어 보면, 공공필요에 의한 수용 등으로 인한 손실의 보상은 정당한 보상이어야 하고, 영농손실에 대한 정당

한 보상은 수용되는 '농지의 특성과 영농상황' 등 고유의 사정이 반영되어야 한다.

(나) 농지의 지력을 이용한 재배가 아닌 용기에 식재하여 재배되는 콩나물과 같이 용기를 기후 등 자연적 환경이나 교통 등 사회적 환경 등이 유사한 인근의 대체지로 옮겨 생육에 별다른 지장을 초래함이 없이 계속 재배를 할 수 있는 경우에는, 유사한 조건의 인근대체지를 마련할 수 없는 등으로 장래에 영농을 계속하지 못하게 되는 것과 같은 특단의 사정이 없는 이상 휴업보상에 준하는 보상이 필요한 범위를 넘는 특별한 희생이 생겼다고 할 수 없다.

(다) 시설콩나물 재배시설에서 재배하는 콩나물과 '농작물실제소득인정기준' 제6조 제3항 [별지 2]에서 규정하고 있는 작물인 버섯, 화훼, 육묘는 모두 직접 해당 농지의 지력을 이용하지 않고 재배한다는 점에서 상호 간에 본질적인 차이가 없으며, 특히 '용기(트레이)에 재배하는 어린묘'와 그 재배방식이 유사하다.

(라) 시설콩나물 재배방식의 본질은 재배시설이 설치된 토지가 농지인지 여부, 즉 농지의 특성에 있는 것이 아니라 '고정식온실' 등에서 용기에 재배하고, 특별한 사정이 없는 한 그 재배시설 이전이 어렵지 않다는 점에 있다. 본질적으로 같은 재배방식에 대하여 '고정식온실' 등이 농지에 설치되어 있다는 사정만으로 2년간의 일실소득을 인정하는 것은 정당한 보상 원칙에 부합하지 않는다.

(마) 구 토지보상법 시행규칙 제48조 제2항 단서 제2호가 적용되어 실제소득의 4개월분에 해당하는 농업손실보상을 하는 작물에 관하여 규정한 '농작물실제소득인정기준' 제6조 제3항 [별지 2]는 '직접 해당 농지의 지력을 이용하지 아니하고 재배 중인 작물을 이전하여 해당 영농을 계속하는 것이 가능하다고 인정하는 경우'를 예시한 것으로, 거기에 열거된 작목이 아니더라도 객관적이고 합리적으로 '직접 해당 농지의 지력을 이용하지 아니하고 재배 중인 작물을 이전하여 해당 영농을 계속하는 것이 가능'하다고 인정된다면 구 토지보상법 시행규칙 제48조 제2항 단서 제2호에 따라 4개월분의 영농손실보상을 인정할 수 있다고 보는 것이 영농손실보상제도의 취지에 부합한다.

판례 2	대판 2021.1.14, 2020두50324 판결 [이주대책대상자제외처분취소]
	원심판단은 이주대책대상자 2차 결정이 1차 결정과 별도로 행정쟁송의 대상이 되는 처분에 해당하지 않는다고 판단하였으나, 이러한 원심판단에는 행정소송의 대상인 처분에 관한 법리를 오해하여 판결에 영향을 미친 잘못이 있다. 이를 지적하는 상고이유 주장은 이유 있다. 즉 2차 결정도 처분에 해당된다.

[판시사항]

[1] 행정청의 행위가 항고소송의 대상이 될 수 있는지 결정하는 방법 및 행정청의 행위가 '처분'에 해당하는지 불분명한 경우, 이를 판단하는 방법

[2] 수익적 행정처분을 구하는 신청에 대한 거부처분이 있은 후 당사자가 새로운 신청을 하는 취지로 다시 신청을 하였으나 행정청이 이를 다시 거절한 경우, 새로운 거부처분인지 여부(적극)

[판결요지]

[1] 항고소송의 대상인 '처분'이란 "행정청이 행하는 구체적 사실에 관한 법집행으로서의 공권력의 행사 또는 그 거부와 그 밖에 이에 준하는 행정작용"(행정소송법 제2조 제1항 제1호)을 말한다. 행정청의 행위가 항고소송의 대상이 될 수 있는지는 추상적・일반적으로 결정할 수 없고, 구체적인 경우에 관련 법령의 내용과 취지, 그 행위의 주체・내용・형식・절차, 그 행위와 상대방 등 이해관계인이 입는 불이익 사이의 실질적 견련성, 법치행정의 원리와 그 행위에 관련된 행정청이나 이해관계인의 태도 등을 고려하여 개별적으로 결정하여야 한다. 행정청의 행위가 '처분'에 해당하는지 불분명한 경우에는 그에 대한 불복방법 선택에 중대한 이해관계를 가지는 상대방의 인식가능성과 예측가능성을 중요하게 고려하여 규범적으로 판단하여야 한다.

[2] 수익적 행정처분을 구하는 신청에 대한 거부처분은 당사자의 신청에 대하여 관할 행정청이 이를 거절하는 의사를 대외적으로 명백히 표시함으로써 성립된다. 거부처분이 있은 후 당사자가 다시 신청을 한 경우에는 신청의 제목 여하에 불구하고 그 내용이 새로운 신청을 하는 취지라면 관할 행정청이 이를 다시 거절하는 것은 새로운 거부처분이라고 보아야 한다. 관계 법령이나 행정청이 사전에 공표한 처분기준에 신청기간을 제한하는 특별한 규정이 없는 이상 재신청을 불허할 법적 근거가 없으며, 설령 신청기간을 제한하는 특별한 규정이 있더라도 재신청이 신청기간을 도과하였는지는 본안에서 재신청에 대한 거부처분이 적법한가를 판단하는 단계에서 고려할 요소이지, 소송요건 심사단계에서 고려할 요소가 아니다.

판례 3

대판 2022.2.11, 2021두40720 판결
[위반차량운행정지취소등] 집행정지-제34회 기출

행정소송법 제23조에 따른 집행정지결정의 효력은 결정 주문에서 정한 종기까지 존속하고, 그 종기가 도래하면 당연히 소멸한다.

[판시사항]

[1] 효력기간이 정해져 있는 제재적 행정처분에 대한 취소소송에서 법원이 본안소송의 판결 선고 시까지 집행정지결정을 한 경우, 처분에서 정해 둔 효력기간은 판결 선고 시까지 진행하지 않다가 선고된 때에 다시 진행하는지 여부(적극) / 처분에서 정해 둔 효력기간의 시기와 종기가 집행정지기간 중에 모두 경과한 경우에도 마찬가지인지 여부(적극) / 이러한 법리는 행정심판위원회가 행정심판법 제30조에 따라 집행정지결정을 한 경우에도 그대로 적용되는지 여부(적극)

[2] 효력기간이 정해져 있는 제재적 행정처분의 효력이 발생한 이후 행정청이 상대방에 대한 별도의 처분으로 효력기간의 시기와 종기를 다시 정할 수 있는지 여부(적극) / 위와 같은 후속 변경처분서에 당초 행정처분의 집행을 특정 소송사건의 판결 시까지 유예한다고 기재한 경우, 처분의 효력기간은 판결 선고 시까지 진행이 정지되었다가 선고되면 다시 진행하는지 여부(적극) / 당초의 제재적 행정처분에서 정한 효력기간이 경과한 후 동일한 사유로 다시 제재적 행정처분을 하는 것이 위법한 이중처분에 해당하는지 여부(적극)

[판결요지]

[1] 행정소송법 제23조에 따른 집행정지결정의 효력은 결정 주문에서 정한 종기까지 존속하고, 그 종기가 도래하면 당연히 소멸한다. 따라서 효력기간이 정해져 있는 제재적 행정처분에 대한 취소소송에서 법원이 본안소송의 판결 선고 시까지 집행정지결정을 하면, 처분에서 정해 둔 효력기간(집행정지결정 당시 이미 일부 집행되었다면 그 나머지 기간)은 판결 선고 시까지 진행하지 않다가 판결이 선고되면 그때 집행정지결정의 효력이 소멸함과 동시에 처분의 효력이 당연히 부활하여 처분에서 정한 효력기간이 다시 진행한다. 이는 처분에서 효력기간의 시기(시기)와 종기(종기)를 정해 두었는데, 그 시기와 종기가 집행정지기간 중에 모두 경과한 경우에도 특별한 사정이 없는 한 마찬가지이다. 이러한 법리는 행정심판위원회가 행정심판법 제30조에 따라 집행정지결정을 한 경우에도 그대로 적용된다. 행정심판위원회가 행정심판 청구 사건의 재결이 있을 때까지 처분의 집행을 정지한다고

결정한 경우에는, 재결서 정본이 청구인에게 송달된 때 재결의 효력이 발생하므로(행정심판법 제48조 제2항, 제1항 참조) 그때 집행정지결정의 효력이 소멸함과 동시에 처분의 효력이 부활한다.

[2] 효력기간이 정해져 있는 제재적 행정처분의 효력이 발생한 이후에도 행정청은 특별한 사정이 없는 한 상대방에 대한 별도의 처분으로써 효력기간의 시기와 종기를 다시 정할 수 있다. 이는 당초의 제재적 행정처분이 유효함을 전제로 그 구체적인 집행시기만을 변경하는 후속 변경처분이다. 이러한 후속 변경처분도 특별한 규정이 없는 한 의사표시에 관한 일반법리에 따라 상대방에게 고지되어야 효력이 발생한다. 위와 같은 후속 변경처분서에 효력기간의 시기와 종기를 다시 특정하는 대신 당초 제재적 행정처분의 집행을 특정 소송사건의 판결 시까지 유예한다고 기재되어 있다면, 처분의 효력기간은 원칙적으로 그 사건의 판결 선고 시까지 진행이 정지되었다가 판결이 선고되면 다시 진행된다. 다만 이러한 후속 변경처분 권한은 특별한 사정이 없는 한 당초의 제재적 행정처분의 효력이 유지되는 동안에만 인정된다. 당초의 제재적 행정처분에서 정한 효력기간이 경과하면 그로써 처분의 집행은 종료되어 처분의 효력이 소멸하는 것이므로(행정소송법 제12조 후문 참조), 그 후 동일한 사유로 다시 제재적 행정처분을 하는 것은 위법한 이중처분에 해당한다.

판례 4	대판 2020.9.3, 2020두34070 판결

[직접생산확인취소처분취소]-집행정지 제34회 기출

집행정지는 행정쟁송절차에서 실효적 권리구제를 확보하기 위한 잠정적 조치일 뿐이므로, 본안 확정판결로 해당 제재처분이 적법하다는 점이 확인되었다면 제재처분의 상대방이 잠정적 집행정지를 통해 집행정지가 이루어지지 않은 경우와 비교하여 제재를 덜 받게 되는 결과가 초래되도록 해서는 안 된다.

[판시사항]

[1] 제재처분에 대한 행정쟁송절차에서 처분에 대해 집행정지결정이 이루어지고 본안에서 해당 처분이 최종적으로 적법한 것으로 확정되어 집행정지결정이 실효되고 제재처분을 다시 집행할 수 있게 된 경우 및 반대로 처분상대방이 집행정지결정을 받지 못했으나 본안소송에서 해당 제재처분이 위법하다는 것이 확인되어 취소하는 판결이 확정된 경우, 처분청이 취할 조치

[2] 중소기업제품 구매촉진 및 판로지원에 관한 법률에 따른 1차 직접생산확인 취소처
분에 대하여 중소기업자가 제기한 취소소송절차에서 집행정지결정이 이루어졌다
가 본안소송에서 중소기업자의 패소판결이 확정되어 집행정지가 실효되고 취소처
분을 집행할 수 있게 되었으나 1차 취소처분 당시 유효기간이 남아 있었던 직접생
산확인의 전부 또는 일부가 집행정지기간 중 유효기간이 모두 만료되고 집행정지
기간 중 새로 받은 직접생산확인의 유효기간이 남아 있는 경우, 관할 행정청이 직
접생산확인 취소 대상을 '1차 취소처분 당시' 유효기간이 남아 있었던 모든 제품에
서 '1차 취소처분을 집행할 수 있게 된 시점 또는 그와 가까운 시점'을 기준으로
유효기간이 남아 있는 모든 제품으로 변경하는 처분을 할 수 있는지 여부(적극)

[판결요지]

[1] 집행정지결정의 효력은 결정 주문에서 정한 기간까지 존속하다가 그 기간이 만료
되면 장래에 향하여 소멸한다. 집행정지결정은 처분의 집행으로 회복하기 어려운
손해를 예방하기 위하여 긴급한 필요가 있고 달리 공공복리에 중대한 영향을 미
치지 않을 것을 요건으로 하여 본안판결이 있을 때까지 해당 처분의 집행을 잠정
적으로 정지함으로써 위와 같은 손해를 예방하는 데 취지가 있으므로, 항고소송
을 제기한 원고가 본안소송에서 패소확정판결을 받았더라도 집행정지결정의 효력
이 소급하여 소멸하지 않는다.

그러나 제재처분에 대한 행정쟁송절차에서 처분에 대해 집행정지결정이 이루어졌
더라도 본안에서 해당 처분이 최종적으로 적법한 것으로 확정되어 집행정지결정
이 실효되고 제재처분을 다시 집행할 수 있게 되면, 처분청으로서는 당초 집행정
지결정이 없었던 경우와 동등한 수준으로 해당 제재처분이 집행되도록 필요한 조
치를 취하여야 한다. 집행정지는 행정쟁송절차에서 실효적 권리구제를 확보하기
위한 잠정적 조치일 뿐이므로, 본안 확정판결로 해당 제재처분이 적법하다는 점
이 확인되었다면 제재처분의 상대방이 잠정적 집행정지를 통해 집행정지가 이루
어지지 않은 경우와 비교하여 제재를 덜 받게 되는 결과가 초래되도록 해서는 안
된다. 반대로, 처분상대방이 집행정지결정을 받지 못했으나 본안소송에서 해당
제재처분이 위법하다는 것이 확인되어 취소하는 판결이 확정되면, 처분청은 그
제재처분으로 처분상대방에게 초래된 불이익한 결과를 제거하기 위하여 필요한
조치를 취하여야 한다.

[2] 직접생산확인을 받은 중소기업자가 공공기관의 장과 납품 계약을 체결한 후 직접
생산하지 않은 제품을 납품하였다. 관할 행정청은 중소기업제품 구매촉진 및 판
로지원에 관한 법률 제11조 제3항에 따라 당시 유효기간이 남아 있는 중소기업자
의 모든 제품에 대한 직접생산확인을 취소하는 1차 취소처분을 하였다. 중소기업

자는 1차 취소처분에 대하여 취소소송을 제기하였고, 집행정지결정이 이루어졌다. 그러나 결국 중소기업자의 패소판결이 확정되어 집행정지가 실효되고, 취소처분을 집행할 수 있게 되었다. 그런데 1차 취소처분 당시 유효기간이 남아 있었던 직접생산확인의 전부 또는 일부는 집행정지기간 중 유효기간이 모두 만료되었고, 1차 취소처분 당시 유효기간이 남아 있었던 직접생산확인 제품 목록과 취소처분을 집행할 수 있게 된 시점에 유효기간이 남아 있는 직접생산확인 제품 목록은 다르다.

위와 같은 경우 관할 행정청은 1차 취소처분을 집행할 수 있게 된 시점으로부터 상당한 기간 내에 직접생산확인 취소 대상을 '1차 취소처분 당시' 유효기간이 남아 있었던 모든 제품에서 '1차 취소처분을 집행할 수 있게 된 시점 또는 그와 가까운 시점'을 기준으로 유효기간이 남아 있는 모든 제품으로 변경하는 처분을 할 수 있다. 이러한 변경처분은 중소기업자가 직접생산하지 않은 제품을 납품하였다는 점과 중소기업제품 구매촉진 및 판로지원에 관한 법률 제11조 제3항 중 제2항 제3호에 관한 부분을 각각 궁극적인 '처분하려는 원인이 되는 사실'과 '법적 근거'로 한다는 점에서 1차 취소처분과 동일하고, 제재의 실효성을 확보하기 위하여 직접생산확인 취소 대상만을 변경한 것이다.

판례 5	대판 2023.7.13, 2023다214252 판결 [채무부존재확인] 〈택지개발사업 이주자택지 공급대상자로 선정된 주민들이 사업시행자를 상대로 납입 분양대금 중 생활기본시설 설치비용 상당액이 포함되어 있다고 주장하면서 부당이득반환을 청구한 사건〉 **한국토지주택공사는 이주자택지 공급한도를 265㎡로 정하였을 뿐 이를 초과하는 부분까지 이주대책으로서 특별공급한 것으로 단정하기 어려운데도, 이와 달리 본 원심판단에 법리오해 등의 잘못이 있다.**

[판시사항]

[1] 공익사업의 시행자가 이주대책을 수립·실시하여야 할 자를 선정하여 그들에게 공급할 택지 또는 주택의 내용이나 수량을 정할 재량을 가지는지 여부(적극) 및 이주대책대상자들에게 이주자택지 공급한도로 정한 265㎡를 초과하여 공급한 부분이 사업시행자가 정한 이주대책의 내용이 아니라 일반수분양자에게 공급한 것과 마찬가지로 볼 수 있는 경우, 초과 부분에 해당하는 분양면적에 대하여 생활기본시설 설치비용을 부담시킬 수 있는지 여부(적극)

[2] 택지개발사업의 시행자인 한국토지주택공사의 '이주 및 생활대책 수립지침'에서 점
포겸용·단독주택용지의 경우 이주자택지의 공급규모를 1필지당 265㎡ 이하로
정하면서, 당해 사업지구의 여건과 인근지역 부동산시장동향 등을 종합적으로 고
려하여 불가피한 경우에는 위 기준을 다르게 정할 수 있다고 규정하고 있고, 한국
토지주택공사는 사업지구 내 이주자택지를 1필지당 265㎡ 상한으로 공급하되,
265㎡를 초과하여 공급하는 경우 초과 면적에 대하여도 감정가격을 적용하지 않
고 조성원가에서 생활기본시설 설치비용을 제외한 금액으로 공급하기로 하는 내용
의 이주자택지 공급공고와 보상안내를 한 후 이주자택지 공급대상자로 선정된 갑
등과 분양계약을 체결하였는데, 분양면적 중 이주자택지 공급한도인 265㎡ 초과
부분도 이주대책으로서 특별공급된 것인지 문제 된 사안에서, 제반 사정에 비추어
한국토지주택공사는 이주자택지 공급한도를 265㎡로 정하였을 뿐 이를 초과하는
부분까지 이주대책으로서 특별공급한 것으로 단정하기 어렵다고 한 사례

[3] 공익사업을 위한 토지 등의 취득 및 보상에 관한 법률 제78조 제4항에서 정한 '생
활기본시설'의 의미 및 일반 광장이나 생활기본시설에 해당하지 않는 고속국도에
부속된 교통광장과 같은 광역교통시설광장이 생활기본시설에 해당하는지 여부(소
극) / 대도시권의 대규모 개발사업을 하는 과정에서 광역교통시설의 건설 및 개량
에 소요되어 대도시권 내 택지 및 주택의 가치를 상승시키는 데에 드는 비용이
생활기본시설 설치비용에 해당하는지 여부(소극)

[판결요지]

[1] 사업시행자가 공익사업을 위한 토지 등의 취득 및 보상에 관한 법률 시행령 제40
조 제2항 단서에 따라 택지개발촉진법 또는 주택법 등 관계 법령에 의하여 이주
대책대상자들에게 택지 또는 주택을 공급하는 것은 공익사업을 위한 토지 등의
취득 및 보상에 관한 법률 제78조 제1항의 위임에 근거하여 선택할 수 있는 이주
대책의 한 방법이고, 사업시행자는 이주대책을 수립·실시하여야 할 자를 선정하
여 그들에게 공급할 택지 또는 주택의 내용이나 수량을 정함에 재량을 갖는다.
이주대책대상자들에게 이주자택지 공급한도로 정한 265㎡를 초과하여 공급한 부
분이 사업시행자가 정한 이주대책의 내용이 아니라 일반수분양자에게 공급한 것
과 마찬가지로 볼 수 있는 경우 초과 부분에 해당하는 분양면적에 대해서는 일반
수분양자와 동등하게 생활기본시설 설치비용을 부담시킬 수 있다.

[2] 택지개발사업의 시행자인 한국토지주택공사의 '이주 및 생활대책 수립지침'(이하
'수립지침'이라고 한다)에서 점포겸용·단독주택용지의 경우 이주자택지의 공급
규모를 1필지당 265㎡ 이하로 정하면서, 당해 사업지구의 여건과 인근지역 부동

산시장동향 등을 종합적으로 고려하여 불가피한 경우에는 위 기준을 다르게 정할 수 있다고 규정하고 있고, 한국토지주택공사는 사업지구 내 이주자택지를 1필지당 265㎡ 상한으로 공급하되, 265㎡를 초과하여 공급하는 경우 초과 면적에 대하여도 감정가격을 적용하지 않고 조성원가에서 생활기본시설 설치비용을 제외한 금액으로 공급하기로 하는 내용의 이주자택지 공급공고와 보상안내를 한 후 이주자택지 공급대상자로 선정된 갑 등과 분양계약을 체결하였는데, 분양면적 중 이주자택지 공급한도인 265㎡ 초과 부분도 이주대책으로서 특별공급된 것인지 문제 된 사안에서, 한국토지주택공사는 이주대책기준 설정에 관한 재량에 따라 수립지침 등 내부 규정에 의하여 사업지구 내 이주자택지 공급규모의 기준을 1필지당 265㎡로 정하였고, 공급공고와 보상안내에 따라 이를 명확하게 고지한 점, 한국토지주택공사가 이주자택지 공급한도를 초과하는 부분의 공급가격을 그 이하 부분과 동일하게 산정하기로 정하였다거나 분양계약서에 분양면적 전체가 이주자택지로 표시되어 있다고 하여 그로써 당연히 공급규모의 기준을 변경하는 의미로 볼 수 없는 점, 특히 이주자택지 공급규모에 관한 기준을 달리 정하였다고 보기 위해서는 수립지침에 따라 획지분할 여건, 토지이용계획 및 토지이용의 효율성 등 당해 사업지구의 여건과 인근지역 부동산시장동향 등을 고려한 불가피한 사정이 있어야 하는 점 등 제반 사정에 비추어 보면, 한국토지주택공사는 이주자택지 공급한도를 265㎡로 정하였을 뿐 이를 초과하는 부분까지 이주대책으로서 특별공급한 것으로 단정하기 어려운데도, 이와 달리 본 원심판단에 법리오해 등의 잘못이 있다고 한 사례

[3] 공익사업을 위한 토지 등의 취득 및 보상에 관한 법률(이하 '토지보상법'이라고 한다) 제78조에 의하면, 사업시행자가 공익사업의 시행으로 인하여 주거용 건축물을 제공함에 따라 생활의 근거를 상실하게 되는 이주대책대상자를 위하여 수립·실시하여야 하는 이주대책에는 이주정착지에 대한 도로 등 통상적인 수준의 생활기본시설이 포함되어야 하고, 이에 필요한 비용은 사업시행자가 부담하여야 한다. 위 규정 취지는 이주대책대상자에게 생활의 근거를 마련해 주고자 하는 데 있으므로, '생활기본시설'은 구 주택법(2012.1.26. 법률 제11243호로 개정되기 전의 것, 이하 '구 주택법'이라고 한다) 제23조 등 관계 법령에 따라 주택건설사업이나 대지조성사업을 시행하는 사업주체가 설치하도록 되어 있는 도로와 상하수도시설 등 간선시설을 의미한다고 보아야 한다. 그러나 광장은 토지보상법에서 정한 생활기본시설 항목이나 구 주택법에서 정한 간선시설 항목에 포함되어 있지 않으므로, 생활기본시설 항목이나 간선시설 항목에 해당하는 시설에 포함되거나 부속되어 그와 일체로 평가할 수 있는 경우와 같은 특별한 사정이 없는 한 생활기

본시설에 해당하지 않는다. 따라서 일반 광장이나 생활기본시설에 해당하지 않는 고속국도에 부속된 교통광장과 같은 광역교통시설광장은 생활기본시설에 해당한다고 보기 어렵다.

또한 대도시권의 대규모 개발사업을 하는 과정에서 광역교통시설의 건설 및 개량에 소요되어 대도시권 내 택지 및 주택의 가치를 상승시키는 데에 드는 비용은 대도시권 내의 택지나 주택을 공급받는 이주대책대상자도 그에 따른 혜택을 누리게 된다는 점에서 생활기본시설 설치비용에 해당하지 않는다.

판례 6	대판 2015.8.27, 2012두7950 판결 [토지보상금증액] **특정 공익사업의 시행을 위하여 용도지역 등의 지정 또는 변경을 하지 않았다고 볼 수 있으려면, 토지가 특정 공익사업에 제공된다는 사정을 배제할 경우 용도지역 등의 지정 또는 변경을 하지 않은 행위가 계획재량권의 일탈·남용에 해당함이 객관적으로 명백하여야만 한다.**

[판시사항]

수용대상 토지에 관하여 특정 시점에서 용도지역 등의 지정 또는 변경을 하지 않은 것이 특정 공익사업의 시행을 위한 것인 경우, 공익사업의 시행을 직접 목적으로 하는 제한으로 보아 용도지역 등의 지정 또는 변경이 이루어진 상태를 상정하여 토지가격을 평가해야 하는지 여부(적극) 및 특정 공익사업의 시행을 위하여 용도지역 등의 지정 또는 변경을 하지 않았다고 보기 위한 요건

[판결요지]

구 공익사업을 위한 토지 등의 취득 및 보상에 관한 법률 시행규칙(2012.1.2. 국토해양부령 제427호로 개정되기 전의 것) 제23조 제1항, 제2항의 규정 내용, 상호 관계와 입법 취지, 용도지역·지구·구역(이하 '용도지역 등'이라 한다)의 지정 또는 변경행위의 법적 성질과 사법심사의 범위, 용도지역 등이 토지의 가격형성에 미치는 영향의 중대성 및 공익사업을 위하여 취득하는 토지에 대한 보상액 산정을 위하여 토지가격을 평가할 때 일반적 계획제한에 해당하는 용도지역 등의 지정 또는 변경이라도 특정 공익사업의 시행을 위한 것이라면 당해 공익사업의 시행을 직접 목적으로 하는 제한이라고 보아야 하는 점 등을 종합적으로 고려하면, 어느 수용대상 토지에 관하여 특정

시점에서 용도지역 등의 지정 또는 변경을 하지 않은 것이 특정 공익사업의 시행을 위한 것일 경우 이는 당해 공익사업의 시행을 직접 목적으로 하는 제한이라고 보아 용도지역 등의 지정 또는 변경이 이루어진 상태를 상정하여 토지가격을 평가하여야 한다. 여기에서 특정 공익사업의 시행을 위하여 용도지역 등의 지정 또는 변경을 하지 않았다고 볼 수 있으려면, 토지가 특정 공익사업에 제공된다는 사정을 배제할 경우 용도지역 등의 지정 또는 변경을 하지 않은 행위가 계획재량권의 일탈·남용에 해당함이 객관적으로 명백하여야만 한다.

판례 7	대판 2022.11.24, 2018두67 전원합의체 판결 [손실보상금] 〈손실보상금 증액 청구 소송에서 압류·추심명령으로 인해 당사자적격이 상실되는지가 문제된 사건〉
	보상금 증액 청구의 소의 청구채권에 관하여 압류 및 추심명령이 있더라도 토지소유자 등이 그 소송을 수행할 당사자적격을 상실한다고 볼 것은 아니다.

[판시사항]

공익사업을 위한 토지 등의 취득 및 보상에 관한 법률에 따른 토지소유자 또는 관계인의 사업시행자에 대한 손실보상금 채권에 관하여 압류 및 추심명령이 있는 경우, 채무자인 토지소유자 등이 보상금의 증액을 구하는 소를 제기하고 그 소송을 수행할 당사자적격을 상실하는지 여부(소극)

[판결요지]

공익사업을 위한 토지 등의 취득 및 보상에 관한 법률(이하 '토지보상법'이라 한다) 제85조 제2항에 따른 보상금의 증액을 구하는 소(이하 '보상금 증액 청구의 소'라 한다)의 성질, 토지보상법상 손실보상금 채권의 존부 및 범위를 확정하는 절차 등을 종합하면, 토지보상법에 따른 토지소유자 또는 관계인(이하 '토지소유자 등'이라 한다)의 사업시행자에 대한 손실보상금 채권에 관하여 압류 및 추심명령이 있더라도, 추심채권자가 보상금 증액 청구의 소를 제기할 수 없고, 채무자인 토지소유자 등이 보상금 증액 청구의 소를 제기하고 그 소송을 수행할 당사자적격을 상실하지 않는다고 보아야 한다. 그 상세한 이유는 다음과 같다.

① 토지보상법 제85조 제2항은 토지소유자 등이 보상금 증액 청구의 소를 제기할 때에는 사업시행자를 피고로 한다고 규정하고 있다. 위 규정에 따른 보상금 증액 청구의 소는 토지소유자 등이 사업시행자를 상대로 제기하는 당사자소송의 형식을 취하고 있지만, 토지수용위원회의 재결 중 보상금 산정에 관한 부분에 불복하여 그 증액을 구하는 소이므로 실질적으로는 재결을 다투는 항고소송의 성질을 가진다. 행정소송법 제12조 전문은 "취소소송은 처분 등의 취소를 구할 법률상 이익이 있는 자가 제기할 수 있다."라고 규정하고 있다. 앞서 본 바와 같이 보상금 증액 청구의 소는 항고소송의 성질을 가지므로, 토지소유자 등에 대하여 금전채권을 가지고 있는 제3자는 재결에 대하여 간접적이거나 사실적·경제적 이해관계를 가질 뿐 재결을 다툴 법률상의 이익이 있다고 할 수 없어 직접 또는 토지소유자 등을 대위하여 보상금 증액 청구의 소를 제기할 수 없고, 토지소유자 등의 손실보상금 채권에 관하여 압류 및 추심명령이 있더라도 추심채권자가 재결을 다툴 지위까지 취득하였다고 볼 수는 없다.

② 토지보상법 등 관계 법령에 따라 토지수용위원회의 재결을 거쳐 이루어지는 손실보상금 채권은 관계 법령상 손실보상의 요건에 해당한다는 것만으로 바로 존부 및 범위가 확정된다고 볼 수 없다. 토지소유자 등이 사업시행자로부터 손실보상을 받기 위해서는 사업시행자와 협의가 이루어지지 않으면 토지보상법 제34조, 제50조 등에 규정된 재결절차를 거친 뒤에 그 재결에 대하여 불복이 있는 때에 비로소 토지보상법 제83조 내지 제85조에 따라 이의신청 또는 행정소송을 제기할 수 있을 뿐이고, 이러한 절차를 거치지 않은 채 곧바로 사업시행자를 상대로 손실보상을 청구하는 것은 허용되지 않는다.

이와 같이 손실보상금 채권은 토지보상법에서 정한 절차로서 관할 토지수용위원회의 재결 또는 행정소송 절차를 거쳐야 비로소 구체적인 권리의 존부 및 범위가 확정된다. 아울러 토지보상법령은 토지소유자 등으로 하여금 위와 같은 손실보상금 채권의 확정을 위한 절차를 진행하도록 정하고 있다. 따라서 사업인정고시 이후 위와 같은 절차를 거쳐 장래 확정될 손실보상금 채권에 관하여 채권자가 압류 및 추심명령을 받을 수는 있지만, 그 압류 및 추심명령이 있다고 하여 추심채권자가 위와 같은 손실보상금 채권의 확정을 위한 절차에 참여할 자격까지 취득한다고 볼 수는 없다.

③ 요컨대, 토지소유자 등이 토지보상법 제85조 제2항에 따라 보상금 증액 청구의 소를 제기한 경우, 그 손실보상금 채권에 관하여 압류 및 추심명령이 있다고 하더라도 추심채권자가 그 절차에 참여할 자격을 취득하는 것은 아니므로, 보상금 증

액 청구의 소를 제기한 토지소유자 등의 지위에 영향을 미친다고 볼 수 없다. 따라서 보상금 증액 청구의 소의 청구채권에 관하여 압류 및 추심명령이 있더라도 토지소유자 등이 그 소송을 수행할 당사자적격을 상실한다고 볼 것은 아니다.

판례 8	대판 2022.11.17, 2022다242342 판결 [퇴거청구]
	사업시행자가 지장물에 관하여 토지보상법 제75조 제1항 단서 제2호에 따라 지장물의 가격으로 보상한 경우 특별한 사정이 없는 한 지장물의 소유자는 사업시행자에게 지장물을 인도할 의무가 있다.

[판시사항]

도시개발사업의 시행자가 사업시행에 방해가 되는 지장물에 관하여 공익사업을 위한 토지 등의 취득 및 보상에 관한 법률 제75조 제1항 단서 제2호에 따라 지장물의 가격으로 보상한 경우, 지장물의 소유자는 같은 법 제43조에 따라 사업시행자에게 지장물을 인도할 의무가 있는지 여부(원칙적 적극)

[판결요지]

도시개발법 제22조 제1항에 따라 준용되는 공익사업을 위한 토지 등의 취득 및 보상에 관한 법률(이하 '토지보상법'이라 한다) 제43조는, "토지소유자 및 관계인과 그 밖에 토지소유자나 관계인에 포함되지 아니하는 자로서 수용하거나 사용할 토지나 그 토지에 있는 물건에 관한 권리를 가진 자는 수용 또는 사용의 개시일까지 그 토지나 물건을 사업시행자에게 인도하거나 이전하여야 한다."라고 규정하고 있다.

도시개발사업의 시행자가 사업시행에 방해가 되는 지장물에 관하여 토지보상법 제75조 제1항 단서 제2호에 따라 물건의 가격으로 보상한 경우, 사업시행자가 당해 물건을 취득하는 제3호와 달리 수용의 절차를 거치지 아니한 이상 사업시행자가 그 보상만으로 당해 물건의 소유권까지 취득한다고 보기는 어렵지만, 지장물의 소유자가 토지보상법 시행규칙 제33조 제4항 단서에 따라 스스로의 비용으로 철거하겠다고 하는 등 특별한 사정이 없는 한 사업시행자는 자신의 비용으로 이를 제거할 수 있고, 지장물의 소유자는 사업시행자의 지장물 제거와 그 과정에서 발생하는 물건의 가치 상실을 수인하여야 할 지위에 있다.

따라서 사업시행자가 지장물에 관하여 토지보상법 제75조 제1항 단서 제2호에 따라 지장물의 가격으로 보상한 경우 특별한 사정이 없는 한 지장물의 소유자는 사업시행자에게 지장물을 인도할 의무가 있다.

판례 9	대판 2022.7.14, 2017다242232 판결 [손해배상(기)] **당사자 일방이 상인인 경우에는 토지보상법에 의한 협의취득으로 체결된 부동산 매매계약이라고 하더라도 다른 사정이 없는 한 보조적 상행위에 해당하므로, 매도인의 채무불이행책임이나 하자담보책임에 기한 매수인의 손해배상채권에 대해서는 상사소멸시효가 적용된다.**

[판시사항]

공익사업을 위한 토지 등의 취득 및 보상에 관한 법률에 따른 협의취득으로 체결된 부동산 매매계약에서 당사자 일방이 상인인 경우, 매도인의 채무불이행책임이나 하자담보책임에 따른 매수인의 손해배상채권에 대하여 상사소멸시효가 적용되는지 여부 (적극)

[판결요지]

당사자 일방에 대하여만 상행위에 해당하는 행위로 인한 채권도 상법 제64조에서 정한 5년의 소멸시효기간이 적용되는 상사채권에 해당하는데, 여기서 말하는 상행위에는 기본적 상행위(상법 제46조 각 호)뿐만 아니라 상인이 영업을 위하여 하는 보조적 상행위(상법 제47조)도 포함되고, 상인의 행위는 영업을 위하여 하는 것으로 추정된다. 이때 매매계약이 상행위에 해당하는 경우 매매계약에 의해 직접 생긴 채권뿐만 아니라 매도인의 채무불이행책임이나 하자담보책임에 기한 매수인의 손해배상채권에 대해서도 상사소멸시효가 적용된다. 한편 공익사업을 위한 토지 등의 취득 및 보상에 관한 법률(이하 '토지보상법'이라 한다)에 의한 협의취득은 사법상의 매매계약에 해당한다. 따라서 상인이 그 소유 부동산을 매도하기 위해 체결한 매매계약은 영업을 위하여 한 것으로 추정되고, 그와 같은 추정은 매매계약이 토지보상법에 의한 협의취득이라는 사정만으로 번복되지 않는다. 결국 당사자 일방이 상인인 경우에는 토지보상법에 의한 협의취득으로 체결된 부동산 매매계약이라고 하더라도 다른 사정이 없는 한 보조

적 상행위에 해당하므로, 매도인의 채무불이행책임이나 하자담보책임에 기한 매수인의 손해배상채권에 대해서는 상사소멸시효가 적용된다.

판례 10	대판 2023.7.27, 2022두44392 판결 [주거이전비등] 〈주택재개발 정비구역 내의 주거용 주택에 거주하였던 자들이 사업시행자에 대하여 주거이전비 등의 지급을 구한 사건〉
	공익사업을 위한 토지 등의 취득 및 보상에 관한 법률 시행규칙(2016.1.6. 국토교통부령 제272호로 개정되기 전의 것) 제54조 제2항의 '세입자'에는 주거용 건축물을 무상으로 사용하는 거주자도 포함된다고 봄이 타당하다.

[판시사항]

[1] 구 공익사업을 위한 토지 등의 취득 및 보상에 관한 법률 시행규칙 제54조 제2항의 '세입자'에 주거용 건축물을 무상으로 사용하는 거주자도 포함되는지 여부(적극)

[2] 구 공익사업을 위한 토지 등의 취득 및 보상에 관한 법률 시행규칙 제54조 제2항에 따른 주거이전비 지급요건인 '정비사업의 시행으로 인하여 이주하게 되는 경우'에 해당하는지 판단하는 기준 및 이에 대한 증명책임의 소재(=주거이전비의 지급을 구하는 세입자) / 세입자가 사업시행계획 인가고시일까지 해당 주거용 건축물에 계속 거주하고 있는 경우, 정비사업의 시행으로 인하여 이주하게 되는 경우에 해당하는지 여부(원칙적 적극)

[판결요지]

[1] 구 공익사업을 위한 토지 등의 취득 및 보상에 관한 법률 시행규칙(2016.1.6. 국토교통부령 제272호로 개정되기 전의 것, 이하 '구 토지보상법 시행규칙'이라고 한다) 제54조 제2항의 '세입자'에는 주거용 건축물을 무상으로 사용하는 거주자도 포함된다고 봄이 타당하다. 구체적인 이유는 다음과 같다.

① 구 공익사업을 위한 토지 등의 취득 및 보상에 관한 법률(2022.2.3. 법률 제18828호로 개정되기 전의 것, 이하 '구 토지보상법'이라고 한다) 제78조 제5항은 주거용 건물의 '거주자'에 대하여는 주거 이전에 필요한 비용과 가재도구 등 동산의 운반에 필요한 비용을 산정하여 보상하여야 한다고 규정하여 사용대가의 지급 여부를 구분하지 않고 주거용 건물의 거주자 일반에 대하여 주거

이전비 등을 필요적으로 보상하도록 정하고 있다. 구 토지보상법 제78조 제9항은 주거이전비의 보상에 대하여는 국토교통부령이 정하는 기준에 의한다고 규정하고 있으나, 이러한 규정을 살펴보더라도 무상으로 사용하는 거주자를 주거이전비 보상대상에서 일률적으로 배제하는 내용이 규율될 것이라고 예상할 수 없다.

따라서 구 토지보상법 시행규칙 제54조 제2항의 '세입자'에 무상으로 사용하는 거주자가 포함되지 않는다고 볼 경우, 이는 모법 조항의 위임 목적 및 취지와 달리 모법 조항에서 주거이전비 보상대상자로 규정된 자에 대하여 보상 자체를 받을 수 없도록 제한하는 것이어서 모법 조항의 위임 범위를 벗어난 것이 된다.

② 주거이전비는 당해 공익사업 시행지구 안에 거주하는 세입자들의 조기이주를 장려하여 사업추진을 원활하게 하려는 정책적인 목적과 주거이전으로 인하여 특별한 어려움을 겪게 될 세입자들을 대상으로 하는 사회보장적인 차원에서 지급하는 금원인데, 조기이주 장려 및 사회보장적 지원의 필요성이 사용대가의 지급 여부에 따라 달라진다고 보기 어렵다. 이와 같은 제도의 취지에 비추어 보더라도 보상대상자의 범위에서 무상으로 사용하는 거주자를 배제하는 것은 타당하지 않다.

③ 주거이전비와 이사비는 모두 구 토지보상법 제78조 제5항에 따라 보상되는 것으로 제도의 취지도 동일하다. 이사비의 경우 무상으로 사용하는 거주자도 보상대상에 포함됨에 이론이 없고, 양자를 달리 취급할 합리적인 이유를 발견하기 어려우므로, 주거이전비의 경우에도 보상대상에 무상으로 사용하는 거주자가 포함된다고 보는 것이 형평에 부합한다.

④ 구 토지보상법 시행규칙 제54조 제2항의 '세입자'에 무상으로 사용하는 거주자도 포함된다고 보는 해석은 상위법령의 위임 범위와 제도의 취지, 구체적 타당성을 고려한 결과이다. 위 조항이 '세입자'라는 문언을 사용한 것은 같은 조 제1항의 '소유자'의 경우와 구분하기 위한 것으로 볼 수 있으므로, 위와 같은 해석이 문언의 가능한 의미를 벗어났다고 볼 것은 아니다.

⑤ 공익사업을 위한 토지 등의 취득 및 보상에 관한 법률 시행규칙이 2020.12.11. 국토교통부령 제788호로 개정되면서 제54조 제2항의 주거용 건축물의 세입자에 '무상으로 사용하는 거주자'도 포함됨이 명시되었다. 앞서 살펴 본 사정에 더하여 개정 조항이 '세입자'라는 문언을 그대로 유지하면서 괄호 안에서 무상으로 사용하는 거주자가 '세입자'에 포함된다고 추가한 점 등에 비추어 볼 때,

위와 같은 개정 조항은 기존 법령의 규정 내용으로부터 도출되는 사항을 주의적·확인적으로 규정한 것이라고 봄이 타당하다.

[2] 구 공익사업을 위한 토지 등의 취득 및 보상에 관한 법률 시행규칙(2016.1.6. 국 토교통부령 제272호로 개정되기 전의 것) 제54조 제2항에 의해 주거이전비 보상의 대상이 되기 위해서는 해당 세입자가 공익사업인 정비사업의 시행으로 인하여 이주하게 되는 경우여야 하는데, 여기서 '정비사업의 시행으로 인하여 이주하게 되는 경우'에 해당하는지는 세입자의 점유권원의 성격, 세입자와 건축물 소유자와의 관계, 계약기간의 종기 및 갱신 여부, 실제 거주기간, 세입자의 이주시점 등을 종합적으로 고려하여 판단하여야 한다. 이러한 주거이전비 지급요건을 충족하는지는 주거이전비의 지급을 구하는 세입자 측에 주장·증명책임이 있다고 할 것이나, 세입자에 대한 주거이전비의 보상 방법 및 금액 등의 보상내용은 원칙적으로 사업시행계획 인가고시일에 확정되므로, 세입자가 사업시행계획 인가고시일까지 해당 주거용 건축물에 계속 거주하고 있었다면 특별한 사정이 없는 한 정비사업의 시행으로 인하여 이주하게 되는 경우에 해당한다고 보는 것이 타당하다.

| 판례 11 | 대판 2022.6.30, 2021다310088·310095 판결 [건물명도·기타(금전)] 사업시행자가 협의나 재결절차를 거치지 않더라도 주거이전비 등을 지급하였거나 공탁하였다는 사정을 인정할 수 있는 경우, 주거이전비 등의 지급절차가 선행되었다고 보아 사업시행자의 토지나 건축물에 관한 인도청구를 인정할 수 있다. |

[판시사항]

주택재개발사업의 사업시행자가 현금청산대상자나 세입자로부터 정비구역 내 토지 또는 건축물을 인도받기 위해서는 협의나 재결절차 등에 의하여 결정되는 주거이전비 등도 지급하여야 하는지 여부(적극) 및 사업시행자가 협의나 재결절차를 거치지 않더라도 주거이전비 등을 지급하였거나 공탁하였다는 사정을 인정할 수 있는 경우, 주거이전비 등의 지급절차가 선행되었다고 보아 사업시행자의 토지나 건축물에 관한 인도청구를 인정할 수 있는지 여부(적극)

[판결요지]

구 도시 및 주거환경정비법(2017.2.8. 법률 제14567호로 전부 개정되기 전의 것, 이하 '구 도시정비법'이라 한다) 제49조 제6항은 '관리처분계획의 인가·고시가 있은 때에는 종전의 토지 또는 건축물의 소유자·지상권자·전세권자·임차권자 등 권리자는 제54조의 규정에 의한 이전의 고시가 있은 날까지 종전의 토지 또는 건축물에 대하여 이를 사용하거나 수익할 수 없다. 다만 사업시행자의 동의를 받거나 제40조 및 공익사업을 위한 토지 등의 취득 및 보상에 관한 법률(이하 '토지보상법'이라 한다)에 따른 손실보상이 완료되지 아니한 권리자의 경우에는 그러하지 아니하다.'고 정한다. 토지보상법 제78조 등에서 정한 주거이전비, 이주정착금, 이사비(이하 '주거이전비 등'이라 한다)는 구 도시정비법 제49조 제6항 단서의 '토지보상법에 따른 손실보상'에 해당한다. 주택재개발사업의 사업시행자가 공사에 착수하기 위하여 현금청산대상자나 세입자로부터 정비구역 내 토지 또는 건축물을 인도받으려면 협의나 재결절차 등에 따라 결정되는 주거이전비 등도 지급할 것이 요구된다.

주거이전비 등은 토지보상법 제78조와 관계 법령에서 정하는 요건을 충족하면 당연히 발생하고 그에 관한 보상청구소송은 행정소송법 제3조 제2호에서 정하는 당사자소송으로 해야 한다. 사업시행자는 협의나 재결절차를 거칠 필요 없이 현금청산대상자나 세입자에게 주거이전비 등을 직접 지급하거나 현금청산대상자나 세입자가 지급을 받지 않거나 받을 수 없을 때에는 민법 제487조에 따라 변제공탁을 할 수도 있다. 주택재개발사업의 사업시행자가 관리처분계획의 인가·고시 후 현금청산대상자나 세입자에 대하여 토지나 건축물에 관한 인도청구의 소를 제기하고 현금청산대상자나 세입자가 그 소송에서 주거이전비 등에 대한 손실보상을 받지 못하였다는 이유로 인도를 거절하는 항변을 하는 경우, 이를 심리하는 법원은 사업시행자가 협의나 재결절차를 거치지 않더라도 주거이전비 등을 지급하였거나 공탁하였다는 사정을 인정할 수 있으면 주거이전비 등의 지급절차가 선행되었다고 보아 사업시행자의 인도청구를 인정할 수 있다.

판례 12	대판 2022.5.26, 2021두45848 판결 [손실보상금] 공익사업의 계획 또는 시행에 관한 내용을 공고문서에 준하는 정도의 형식을 갖추어 일반에게 알린 경우에는 토지보상법 제70조 제5항에서 정한 '공익사업의 계획 또는 시행의 공고·고시'에 해당한다고 볼 수 있다.

[판시사항]

공익사업을 위한 토지 등의 취득 및 보상에 관한 법률 제70조 제5항에서 정한 '공익사업의 계획 또는 시행의 공고·고시'에 해당하기 위한 공고·고시의 방법

[판결요지]

공익사업을 위한 토지 등의 취득 및 보상에 관한 법률(이하 '토지보상법'이라 한다) 및 같은 법 시행령은 토지보상법에서 규정하고 있는 공익사업의 계획 또는 시행의 공고·고시의 절차, 형식이나 기타 요건에 관하여 따로 규정하고 있지 않다.

공익사업의 근거 법령에서 공고·고시의 절차, 형식이나 기타 요건을 정하고 있는 경우에는 원칙적으로 공고·고시가 그 법령에서 정한 바에 따라 이루어져야 보상금 산정의 기준이 되는 공시지가의 공시기준일이 해당 공고·고시일 전의 시점으로 앞당겨지는 효과가 발생할 수 있다.

공익사업의 근거 법령에서 공고·고시의 절차, 형식 및 기타 요건을 정하고 있지 않은 경우, '행정 효율과 협업 촉진에 관한 규정'이 적용될 수 있다(제2조). 위 규정은 고시·공고 등 행정기관이 일정한 사항을 일반에게 알리는 문서를 공고문서로 정하고 있으므로(제4조 제3호), 위 규정에서 정하는 바에 따라 공고문서가 기안되고 해당 행정기관의 장이 이를 결재하여 그의 명의로 일반에 공표한 경우 위와 같은 효과가 발생할 수 있다.

다만 당해 공익사업의 시행으로 인한 개발이익을 배제하려는 토지보상법령의 입법 취지에 비추어 '행정 효율과 협업 촉진에 관한 규정'에 따라 기안, 결재 및 공표가 이루어지지 않았다고 하더라도 공익사업의 계획 또는 시행에 관한 내용을 공고문서에 준하는 정도의 형식을 갖추어 일반에게 알린 경우에는 토지보상법 제70조 제5항에서 정한 '공익사업의 계획 또는 시행의 공고·고시'에 해당한다고 볼 수 있다.

판례 13	대판 2021.11.11, 2018다204022 판결 [손해배상(기)]

공익사업의 시행자가 토지소유자와 관계인에게 보상액을 지급하지 않고 승낙도 받지 않은 채 공사에 착수하여 토지소유자와 관계인이 손해를 입은 경우, 사업시행자가 손해배상책임을 져야 한다.

[1] 공익사업의 시행자가 토지소유자와 관계인에게 보상액을 지급하지 않고 승낙도 받지 않은 채 공사에 착수하여 토지소유자와 관계인이 손해를 입은 경우, 사업시행자가 손해배상책임을 지는지 여부(적극)

[2] 공익사업의 시행자가 사전보상을 하지 않은 채 공사에 착수하여 토지소유자와 관계인이 손해를 입은 경우, 사업시행자의 손해배상 범위 / 이때 토지소유자와 관계인에게 손실보상금에 해당하는 손해 외에 별도의 손해가 발생한 경우, 사업시행자가 이를 배상할 책임이 있는지 여부(적극) 및 그 증명책임의 소재(=이를 주장하는 자)

[3] 전통시장 공영주차장 설치사업의 시행자인 갑 지방자치단체가 공익사업을 위한 토지 등의 취득 및 보상에 관한 법률에 따른 사업인정 절차를 거치지 않고 위 사업부지의 소유자들로부터 토지와 건물을 매수하여 협의취득하였고, 위 토지상의 건물을 임차하여 영업한 을 등이 갑 지방자치단체에 영업손실 보상금을 지급해달라고 요청하였으나, 갑 지방자치단체가 아무런 보상 없이 위 사업을 시행하자, 을 등이 갑 지방자치단체를 상대로 영업손실 보상액 상당의 손해배상금과 정신적 손해에 대한 위자료 지급을 구한 사안에서, 을 등이 입은 손해는 원칙적으로 위 법률 제77조 등이 정한 영업손실 보상금이고, 손실보상금의 지급이 지연되었다는 사정만으로 손실보상금에 해당하는 손해 외에 을 등에게 별도의 손해가 발생하였다고 볼 수 없는데도, 이와 달리 본 원심판결에 법리오해의 잘못이 있다고 한 사례

[판결요지]

[1] 공익사업의 시행자는 해당 공익사업을 위한 공사에 착수하기 이전에 토지소유자와 관계인에게 보상액 전액을 지급하여야 한다(공익사업을 위한 토지 등의 취득 및 보상에 관한 법률 제62조 본문). 공익사업의 시행자가 토지소유자와 관계인에게 보상액을 지급하지 않고 승낙도 받지 않은 채 공사에 착수함으로써 토지소유자와 관계인이 손해를 입은 경우, 토지소유자와 관계인에 대하여 불법행위가 성립할 수 있고, 사업시행자는 그로 인한 손해를 배상할 책임을 진다.

[2] 공익사업의 시행자가 사전보상을 하지 않은 채 공사에 착수함으로써 토지소유자와 관계인이 손해를 입은 경우, 토지소유자와 관계인이 입은 손해는 손실보상청구권이 침해된 데에 따른 손해이므로, 사업시행자가 배상해야 할 손해액은 원칙적으로 손실보상금이다. 다만 그 과정에서 토지소유자와 관계인에게 손실보상금에 해당하는 손해 외에 별도의 손해가 발생하였다면, 사업시행자는 그 손해를 배상할 책임이 있으나, 이와 같은 손해배상책임의 발생과 범위는 이를 주장하는 사람에게 증명책임이 있다.

[3] 전통시장 공영주차장 설치사업의 시행인자 갑 지방자치단체가 공익사업을 위한 토지 등의 취득 및 보상에 관한 법률(이하 '토지보상법'이라 한다)에 따른 사업인정 절차를 거치지 않고 위 사업부지의 소유자들로부터 토지와 건물을 매수하여 협의취득하였고, 위 토지상의 건물을 임차하여 영업한 을 등이 갑 지방자치단체에 영업손실 보상금을 지급해달라고 요청하였으나, 갑 지방자치단체가 아무런 보상 없이 위 사업을 시행하자, 을 등이 갑 지방자치단체를 상대로 영업손실 보상액 상당의 손해배상금과 정신적 손해에 대한 위자료 지급을 구한 사안에서, 위 사업은 지방자치단체인 갑이 공공용 시설인 공영주차장을 직접 설치하는 사업으로 토지보상법 제4조 제3호의 '공익사업'에 해당하고, 을 등의 각 영업이 위 사업으로 폐업하거나 휴업한 것이므로 사업인정고시가 없더라도 공익사업의 시행자인 갑 지방자치단체는 공사에 착수하기 전 을 등에게 영업손실 보상금을 지급할 의무가 있는데도 보상액을 지급하지 않고 공사에 착수하였으므로, 갑 지방자치단체는 을 등에게 그로 인한 손해를 배상할 책임이 있는데, 을 등이 입은 손해는 원칙적으로 토지보상법 제77조 등이 정한 영업손실 보상금이고, 그 밖에 별도의 손해가 발생하였다는 점에 관한 을 등의 구체적인 주장·증명이 없는 한 손실보상금의 지급이 지연되었다는 사정만으로 손실보상금에 해당하는 손해 외에 을 등에게 별도의 손해가 발생하였다고 볼 수 없는데도, 이와 달리 본 원심판결에 법리오해의 잘못이 있다고 한 사례

판례 14	대판 2021.6.30, 2019다207813 판결 [사업시행자가 현금청산대상자를 상대로 부동산 인도청구를 하는 경우 주거이전비 등의 미지급을 이유로 인도를 거절할 수 있는지 여부]
	사업시행자와 현금청산대상자나 세입자 사이에 주거이전비 등에 관한 협의가 성립된다면 사업시행자의 주거이전비 등 지급의무와 현금청산대상자나 세입자의 부동산 인도의무는 동시이행의 관계에 있게 되고, 재결절차 등에 의할 때에는 주거이전비 등의 지급절차가 부동산 인도에 선행되어야 한다.

[판시사항]

주택재개발사업의 사업시행자가 현금청산대상자나 세입자로부터 정비구역 내 토지 또는 건축물을 인도받기 위해서는 협의나 재결절차 등에 의하여 결정되는 주거이전비 등도 지급하여야 하는지 여부(적극)

[판결요지]

… '토지보상법에 따른 손실보상'에 해당한다. 그러므로 주택재개발사업의 사업시행자가 공사에 착수하기 위하여 현금청산대상자나 세입자로부터 정비구역 내 토지 또는 건축물을 인도받기 위해서는 협의자 재결절차 등에 의하여 결정되는 주거이전비 등도 지급할 것이 요구된다. 만일 사업시행자와 현금청산대상자나 세입자 사이에 주거이전비 등에 관한 협의가 성립된다면 사업시행자의 주거이전비 등 지급의무와 현금청산대상자나 세입자의 부동산 인도의무는 동시이행의 관계에 있게 되고, 재결절차 등에 의할 때에는 주거이전비 등의 지급절차가 부동산 인도에 선행되어야 한다.

판례	대판 2021.7.21, 2019도10001 판결
15	사업시행자가 공사에 착수하기 전 건축물을 인도받기 위하여 주거이전비 등의 지급이 선행되어야 하는지 여부

주택재개발사업의 사업시행자가 공사에 착수하기 위하여 현금청산대상자나 세입자로부터 정비구역 내 토지 또는 건축물을 인도받기 위해서는 협의나 재결절차 등에 의하여 결정되는 주거이전비 등을 지급할 것이 요구된다. 만일 사업시행자와 현금청산대상자나 세입자 사이에 주거이전비 등에 관한 협의가 성립된다면 사업시행자의 주거이전비 등 지급의무와 현금청산대상자나 세입자의 부동산 인도의무는 동시이행 관계에 있게 되고, 재결절차 등에 의할 때에는 부동산 인도에 앞서 주거이전비 등의 지급절차가 선행되어야 할 것이다.

판례	대판 2021.7.29, 2019다227695 판결
16	사업시행자가 손실보상금을 지급 공탁한 경우에도 건축물을 인도받기 위해서는 주거이전비 등을 지급하여야 하는지 여부

만일 사업시행자와 현금청산대상자나 세입자 사이에 주거이전비 등에 관한 협의가 성립된다면 다른 특약이 없는 한 사업시행자의 주거이전비 등 지급의무와 현금청산자나 세입자의 부동산 인도의무는 동시이행의 관계에 있게 되고, 주거이전비 등에 대한 재결절차 등에 의할 때에는 (구)도시정비법 제40조 제1항에 의해 준용되는 토지보상법 제62조가 정한 사전보상의 원칙에 따라 주거이전비 등의 지급절차가 부동산 인도에 선행되어야 할 것이다. 이는 사업시행자가 수용재결에서 정한 토지나 건축물에 대한 손실보상금을 지급하거나 공탁함으로써 토지보상법 제43조, 제45조 등에서 정하는 토지나 건축물의 인도나 소유권 취득의 요건을 충족하였더라도 달라지지 않는다.

판례 17	대판 2019.11.28, 2018두227 판결
	[토지보상법과 환경정책기본법상 손해배상청구권이 동시에 성립하는 경우, 영업자가 두 청구권을 동시에 행사할 수 있는지 여부]
	간접손실보상의 '휴업이 불가피한 경우' 포함 여부, 공익사업시행지구 밖의 영업손실보상에 대한 재결전치주의, 잘못된 재결에 대하여 제기할 소송과 그 상대방

[판시사항]

[1] 공익사업을 위한 토지 등의 취득 및 보상에 관한 법률 시행규칙 제64조 제1항 제2호에서 정한공익사업시행지구 밖 영업손실보상의 요건인 '공익사업의 시행으로 인한 그 밖의 부득이한 사유로 일정기간 동안 휴업이 불가피한 경우에 공익사업의 시행 결과로 휴업이 불가피한 경우가 포함되는지 여부(적극)

[2] 실질적으로 같은 내용의 손해에 관하여 공익사업을 위한 토지 등의 취득 및 보상에 관한 법률 제79조 제2항에 따른 손실보상과 환경정책기본법 제44조 제1항에 따른 손해배상청구권이 동시에 성립하는 경우, 영업자가 두 청구권을 동시에 행사할 수 있는지 여부(소극) 및 '해당 사업의 공사완료일로부터 1년'이라는 손실보상 청구기간이 지나 손실보상청구권을 행사할 수 없는 경우에도 손해배상청구가 가능한지 여부(적극)

[3] 공익사업으로 인하여 공익사업시행지구 밖에서 영업을 휴업하는 자가 공익사업을 위한 토지 등의 취득 및 보상에 관한 법률 제34조, 제50조 등에 규정된 재결절차를 거치지 않은 채 곧바로 사업시행자를 상대로 공익사업을 위한 토지 등의 취득 및 보상에 관한 법률 시행규칙 제47조 제1항에 따라 영업손실에 대한 보상을 청구할 수 있는지 여부(소극)

[판결요지]

[1] 공익사업시행지구 밖 영업손실보상의 특성과 헌법이 정한 '정당한 보상의 원칙'에 비추어 보면, 공익사업시행지구 밖 영업손실보상의 요건인 '공익사업의 시행으로 인한 그 밖의 부득이한 사유로 일정 기간 동안 휴업이 불가피한 경우'란 공익사업의 시행 또는 시행 당시 발생한 사유로 휴업이 불가피한 경우만을 의미하는 것이 아니라 공익사업의 시행 결과, 즉 그 공익사업의 시행으로 설치되는 시설의 형태·구조·사용 등에 기인하여 휴업이 불가피한 경우도 포함된다고 해석함이 타당하다.

[2] 토지보상법 제 79조 제2항 (그 밖의 토지에 관한 비용보상 등)에 따른 손실보상과 환경정책기본법 제44조 제1항(환경오염의 피해에 대한 무과실책임)에 따른 손해 배상은 근거 규정과 요건·효과를 달리하는 것으로서, 각 요건이 충족되면 성립 하는 별개의 청구권이다. 다만 손실보상청구권에는 이미 '손해 전보'라는 요소가 포함되어 있어 실질적으로 같은 내용의 손해에 관하여 양자의 청구권을 동시에 행사할 수 있다고 본다면 이중배상의 문제가 발생하므로, 실질적으로 같은 내용 의 손해에 관하여 양자의 청구권이 동시에 성립하더라도 영업자는 어느 하나만을 선택적으로 행사할 수 있을 뿐이고, 양자의 청구권을 동시에 행사할 수는 없다. 또한 '해당 사업의 공사완료일로부터 1년'이라는 손실보상 청구기간이 도과하여 손실보상청구권을 더 이상 행사할 수 없는 경우에도 손해배상의 요건이 충족되는 이상 여전히 손해배상청구는 가능하다.

[3] 공익사업을 위한 토지 등의 취득 및 보상에 관한 법률 시행규칙 제47조 제1항에 따라 영업손실에 대한 보상을 받기 위해서는, 토지보상법 제34조, 제50조 등에 규정된 재결절차를 거친 다음 그 재결에 대하여 불복이 있는 때에 비로소 토지보 상법 제83조 내지 제85조에 따라 권리구제를 받을 수 있을 뿐이다. 이러한 재결 절차를 거치지 않은 채 곧바로 사업시행자를 상대로 손실보상을 청구하는 것은 허용되지 않는다.

[4] 어떤 보상항목이 공익사업을 위한 토지 등의 취득 및 보상에 관한 법령상 손실보 상대상에 해당함에도 관할 토지수용위원회가 사실을 오인하거나 법리를 오해함으 로써 손실보상대상에 해당하지 않는다고 잘못된 내용의 재결을 한 경우에는, 피 보상자는 관할 토지수용위원회를 상대로 그 재결에 대한 취소소송을 제기할 것이 아니라, 사업시행자를 상대로 공익사업을 위한 토지 등의 취득 및 보상에 관한 법 률 제85조 제2항에 따른 보상금증감소송을 제기하여야 한다.

| 판례 18 | 대판 2020.8.20, 2019두345630 판결
[손실보상금 등기취급 우편물의 수취거부 시 의사표시 효력 발생의 요건이 문제된 사건]
재결신청 지연가산금 발생 여부, 우편물의 부당한 수취거부 시 의사표시 효력 여부 |

[판시사항]

[1] 공익사업을 위한 토지 등의 취득 및 보상에 관한 법률 제30조 제3항에 따른 재결신청 지연가산금의 성격 및 토지소유자 등이 적법하게 재결신청청구를 하였다고 볼 수 없거나 사업시행자가 재결신청을 지연하였다고 볼 수 없는 특별한 사정이 있는 경우, 그 해당 기간 지연가산금이 발생하는지 여부(소극)

[2] 상대방이 부당하게 등기취급 우편물의 수취를 거부함으로써 우편물의 내용을 알 수 있는 객관적 상태의 형성을 방해한 경우, 그러한 상태가 형성되지 아니하였다는 사정만으로 발송인의 의사표시 효력을 부정할 수 있는지 여부(소극) 및 이 경우 의사표시의 효력 발생 시기(=수취 거부 시) / 우편물의 수취 거부가 신의성실의 원칙에 반하는지 판단하는 방법 및 우편물의 수취를 거부한 것에 정당한 사유가 있는지에 관한 증명책임의 소재(=수취 거부를 한 상대방)

[판결요지]

[1] 공익사업을 위한 토지 등의 취득 및 보상에 관한 법률 제30조 제3항에 따른 재결신청 지연가산금은 사업시행자가 정해진 기간 내에 재결신청을 하지 않고 지연한 데 대한 제재와 토지소유자 등의 손해에 대한 보전이라는 성격을 아울러 가진다. 따라서 토지소유자 등이 적법하게 재결신청청구를 하였다고 볼 수 없거나 사업시행자가 재결신청을 지연하였다고 볼 수 없는 특별한 사정이 있는 경우에는 그 해당 기간 동안은 지연가산금이 발생하지 않는다.

[2] 상대방이 부당하게 등기취급 우편물의 수취를 거부함으로써 우편물의 내용을 알 수 있는 객관적 상태의 형성을 방해한 경우 그러한 상태가 형성되지 아니하였다는 사정만으로 발송인의 의사표시의 효력을 부정하는 것은 신의성실의 원칙에 반하므로 허용되지 아니한다. 이러한 경우에는 부당한 수취 거부가 없었더라면 상대방이 우편물의 내용을 알 수 있는 객관적 상태에 놓일 수 있었던 때, 즉 수취 거부 시에 의사표시의 효력이 생긴 것으로 보아야 한다. 여기서 우편물의 수취 거부가 신의성실의 원칙에 반하는지는 발송인과 상대방과의 관계, 우편물의 발송

전에 발송인과 상대방 사이에 우편물의 내용과 관련된 법률관계나 의사교환이 있었는지, 상대방이 발송인에 의한 우편물의 발송을 예상할 수 있었는지 등 여러 사정을 종합하여 판단하여야 한다. 이때 우편물의 수취를 거부한 것에 정당한 사유가 있는지에 관해서는 수취 거부를 한 상대방이 이를 증명할 책임이 있다.

판례 19	대판 2019.8.29, 2018두57865 판결 [재결신청청구거부에 대하여 거부처분취소소송으로 다툼] **토지소유자나 관계인의 재결신청 청구에도 사업시행자가 재결신청을 하지 않을 때 토지소유자나 관계인은 사업시행자를 상대로 거부처분 취소소송 또는 부작위위법확인소송의 방법으로 다툴 수 있음**

[판시사항]

[1] 공익사업으로 농업의 손실을 입게 된 자가 공익사업을 위한 토지 등의 취득 및 보상에 관한 법률 제34조, 제50조 등에 규정된 재결절차를 거치지 않은 채 곧바로 사업시행자를 상대로 손실보상을 청구할 수 있는지 여부(소극)

[2] 편입토지 보상, 지장물 보상, 영업·농업 보상에 관하여 토지소유자나 관계인이 사업시행자에게 재결신청을 청구했음에도 사업시행자가 재결신청을 하지 않을 경우, 토지소유자나 관계인의 불복 방법 및 이때 사업시행자에게 재결신청을 할 의무가 있는지가 소송요건 심사단계에서 고려할 요소인지 여부(소극)

[3] 한국수자원공사법에 따른 사업을 수행하기 위한 토지 등의 수용 또는 사용으로 손실을 입게 된 토지소유자나 관계인이 공익사업을 위한 토지 등의 취득 및 보상에 관한 법률 제30조에 따라 한국수자원공사에 재결신청을 청구하는 경우, 위 사업의 실시계획을 승인할 때 정한 사업시행기간 내에 해야 하는지 여부(적극)

[판결요지]

[1] 공익사업으로 농업의 손실을 입게 된 자가 사업시행자로부터 토지보상법 제77조 제2항에 따라 농업손실에 대한 보상을 받기 위해서는 토지보상법 제34조, 제50조 등에 규정된 재결절차를 거친 다음 그 재결에 대하여 불복이 있는 때에 비로소 토지보상법 제83조 내지 제85조에 따라 권리구제를 받을 수 있을 뿐, 이

러한 재결절차를 거치지 않은 채 곧바로 사업시행자를 상대로 손실보상을 청구하는 것은 허용되지 않는다.

[2] 토지보상법 제28조, 제30조에 따르면, 편입토지 보상 지장물 보상, 영업·농업보상에 관해서는 사업시행자만이 재결을 신청할 수 있고 토지소유자와 관계인은 사업시행자에게 재결신청을 청구하도록 규정하고 있으므로, 토지소유자나 관계인의 재결신청 청구에도 사업시행자가 재결신청을 하지 않을 때 토지소유자나 관계인은 사업시행자를 상대로 거부처분 취소소송 또는 부작위 위법확인소송의 방법으로 다투어야 한다. 이때 사업시행자의 재결신청 의무는 본안에서 사업시행자의 거부처분이나 부작위가 적법한가를 판단하는 단계에서 고려할 요소이지, 소송요건 심사단계에서 고려할 요소가 아니다.

[3] 한국수자원공사법 제10조에 따른 실시계획의 승인·고시가 있으면 토지보상법상 사업인정 및 사업인정의 고시가 있은 것으로 보고, 이 경우 재결신청은 실시계획을 승인할 때 정한 사업의 시행기간 내에 하여야 한다. 따라서 토지소유자나 관계인이 토지보상법 제30조에 의하여 한국수자원공사에 하는 재결신청의 청구도 위 사업시행기간 내에 하여야 한다.

판례 20	대판 2019.12.12, 2019두47629 판결 [토지보상법 제20조에서 정한 사업인정의 법적 성격 및 효력]
	공익사업을 위한 토지 등의 취득 및 보상에 관한 법률 제20조 제1항, 제22조 제3항은 사업시행자가 토지 등을 수용하거나 사용하려면 국토교통부장관의 사업인정을 받아야 하고, 사업인정은 고시한 날부터 효력이 발생한다고 규정하고 있다. 이러한 사업인정은 수용권을 설정해 주는 행정처분으로서, 이에 따라 수용할 목적물의 범위가 확정되고, 수용권자가 목적물에 대한 현재 및 장래의 권리자에게 대항할 수 있는 공법상 권한이 생김

[판시사항]

[1] 공익사업을 위한 토지 등의 취득 및 보상에 관한 법률 제20조에서 정한 사업인정의 법적 성격 및 효력

[2] 산업입지 및 개발에 관한 법률에 따른 산업단지개발사업의 경우, 토지소유자 및 관계인에 대한 손실보상 여부 판단의 기준시점(=산업단지 지정 고시일)

[3] '지역·지구 등'을 지정하는 경우 지형도면 작성·고시방법과 '지역·지구 등' 지정의 효력이 지형도면을 고시한 때 발생하고, '지역·지구 등' 지정과 운영에 관하여 다른 법률의 규정이 있더라도 이를 따르도록 정한 토지이용규제 기본법 제3조, 제8조에도 불구하고 산업입지 및 개발에 관한 법률에 따른 산업단지 지정의 효력은 산업단지 지정 고시를 한 때에 발생하는지 여부(적극) 및 산업단지개발사업의 경우 산업단지 지정 고시일을 손실보상 여부 판단의 기준시점으로 보아야 하는지 여부(적극)

[판결요지]

[1] 공익사업을 위한 토지 등의 취득 및 보상에 관한 법률 제20조 제1항, 제22조 제3항은 사업시행자가 토지 등을 수용하거나 사용하려면 국토교통부장관의 사업인정을 받아야 하고, 사업인정은 고시한 날부터 효력이 발생한다고 규정하고 있다. 이러한 사업인정은 수용권을 설정해 주는 행정처분으로서, 이에 따라 수용할 목적물의 범위가 확정되고, 수용권자가 목적물에 대한 현재 및 장래의 권리자에게 대항할 수 있는 공법상 권한이 생긴다.

[2] 산업입지 및 개발에 관한 법률에 따른 산업단지개발사업의 경우에도 토지보상법에 의한 공익사업의 경우와 마찬가지로 토지보상법에 의한 사업인정고시일로 의제되는 산업단지 지정 고시일을 토지소유자 및 관계인에 대한 손실보상 여부 판단의 기준시점으로 보아야 한다.

[3] 손실보상의 대상인지 여부는 토지소유자와 관계인, 일반인이 특정한 지역에서 공익사업이 시행되리라는 점을 알았을 때를 기준으로 판단하여야 하는데, 산업입지법에 따른 산업단지개발사업의 경우 "수용·사용할 토지·건축물 또는 그 밖의 물건이나 권리가 있는 경우에는 그 세부 목록"이 포함된 산업단지개발계획을 수립하여 산업단지를 지정·고시한 때에 토지소유자와 관계인, 일반인이 특정한 지역에서 해당 산업단지개발사업이 시행되리라는 점을 알게 되므로 산업단지 지정 고시일을 손실보상 여부 판단의 기준시점으로 보아야 하고, 그 후 실시계획 승인 고시를 하면서 지형도면을 고시한 때를 기준으로 판단하여서는 아니 된다.

판례 21	대판 2020.9.3, 2018두48922 판결
	조합관계 탈퇴에 따른 현금청산 의무 – 재개발의 경우에는 토지보상법상 수용 재결절차 따름

현금청산금에 관하여 조합과 현금청산대상자 사이에 협의가 성립하지 않는 때에 조합이 토지 등 소유자의 종전자산을 취득하려면, 재개발사업의 경우 공익사업을 위한 토지 등의 취득 및 보상에 관한 법률(이하 '토지보상법'이라고 한다)에 따른 수용재결절차를 따르고, 재건축사업의 경우 집합건물의 소유 및 관리에 관한 법률 제48조에 따른 매도청구절차를 따라야 한다(구 도시정비법 제38조 내지 제40조). 이처럼 구 도시정비법은 조합원이 된 토지 등 소유자에게 분양신청절차를 통해 조합관계에서 탈퇴할 기회를 보장하고 있고, 탈퇴하는 경우 종전자산의 가액을 관계 법령에서 정한 절차에 따라 평가하여 현금으로 청산하도록 함으로써 토지 등 소유자의 재산권을 보장하고 있다.

판례 22	대판 2019.6.13, 2018두42641 판결
	[관할 토지수용위원회에서 사용재결을 하는 경우 그 내용]
	관할 토지수용위원회가 토지에 관하여 사용재결을 하는 경우, 재결서에 사용할 토지의 위치와 면적, 권리자, 손실보상액, 사용 개시일 외에 사용방법, 사용기간을 구체적으로 특정하여야 하는지 여부

[판시사항]

[1] 관할 토지수용위원회가 토지에 관하여 사용재결을 하는 경우, 재결서에 사용할 토지의 위치와 면적, 권리자, 손실보상액, 사용 개시일 외에 사용방법, 사용기간을 구체적으로 특정하여야 하는지 여부(적극)

[2] 지방토지수용위원회가 갑 소유의 토지 중 일부는 수용하고 일부는 사용하는 재결을 하면서 재결서에는 수용대상 토지 외에 사용대상 토지에 관해서도 '수용'한다고만 기재한 사안에서, 위 재결 중 사용대상 토지에 관한 부분은 공익사업을 위한 토지 등의 취득 및 보상에 관한 법률 제50조 제1항에서 정한 사용재결의 기재사

항에 관한 요건을 갖추지 못한 흠이 있음에도 사용재결로서 적법하다고 본 원심 판단에 법리를 오해한 잘못이 있다고 한 사례

[판결요지]

[1] 공익사업을 위한 토지 등의 취득 및 보상에 관한 법령이 재결을 서면으로 하도록 하고, '사용할 토지의 구역, 사용의 방법과 기간'을 재결사항의 하나로 규정한 취지는, 재결에 의하여 설정되는 사용권의 내용을 구체적으로 특정함으로써 재결 내용의 명확성을 확보하고 재결로 인하여 제한받는 권리의 구체적인 내용이나 범위 등에 관한 다툼을 방지하기 위한 것이다. 따라서 관할 토지수용위원회가 토지에 관하여 사용재결을 하는 경우에는 재결서에 사용할 토지의 위치와 면적, 권리자, 손실보상액, 사용 개시일 외에도 사용방법, 사용기간을 구체적으로 특정하여야 한다.

[2] 지방토지수용위원회가 토지소유자의 토지 중 일부는 수용하고 일부는 사용하는 재결을 하면서 재결서에는 수용대상토지 외에 사용대상토지에 관해서도 '수용'한다고만 기재한 사안에서, 사용대상토지에 관하여는 토지보상법에 따라 사업시행자에게 사용권을 부여함으로써 송전선의 선하부지로 사용할 수 있도록 하기 위한 절차가 진행되어 온 점, 재결서의 주문과 이유에는 사용권이 설정될 토지의 구역 및 사용방법, 사용기간 등을 특정할 수 있는 내용이 전혀 기재되어 있지 않아 재결서만으로는 토지소유자가 자신의 토지 중 어느 부분에 어떠한 내용의 사용제한을 언제까지 받아야 하는지를 특정할 수 없고, 재결로 인하여 토지소유자가 제한받는 권리의 구체적인 내용이나 범위 등을 알 수 없어 이에 관한 다툼을 방지하기도 어려운 점 등을 종합하면, 위 재결 중 사용대상토지에 관한 부분은 토지보상법 제50조 제1항에서 정한 사용재결의 기재사항에 관한 요건을 갖추지 못한 흠이 있음에도 사용재결로서 적법하다고 본 원심판단에 법리를 오해한 잘못이 있다고 한 사례

판례 23	대판 2019.7.25, 2017다278668 판결 [이주대책대상자에 해당하기 위해서는 토지보상법 제4조 각호 공익사업에 포함되면서 주거용 건축물을 제공한 자] 공익사업을 위한 토지 등의 취득 및 보상에 관한 법률 제78조 제1항에서 정한 이주대책대상자에 해당하기 위해서는 같은 법 제4조 각호의 어느 하나에 해 당하는 공익사업의 시행으로 인하여 주거용 건축물을 제공함에 따라 생활의 근거를 상실하게 되어야 하는지 여부

[판시사항]

[1] 구 공익사업을 위한 토지 등의 취득 및 보상에 관한 법률 제78조 제1항에서 정한 이주대책대상자에 해당하기 위해서는 같은 법 제4조 각호의 어느 하나에 해당하는 공익사업의 시행으로 인하여 주거용 건축물을 제공함에 따라 생활의 근거를 상실하게 되어야 하는지 여부(적극)

[2] 갑 지방자치단체가 시범아파트를 철거한 부지를 기존의 근린공원에 추가로 편입시키는 내용의 '근린공원 조성사업'을 추진함에 따라 도시계획시설사업의 실시계획이 인가·고시되었고, 을 등이 소유한 각 시범아파트 호실이 수용대상으로 정해지자 갑 지방자치단체가 을 등과 공공용지 협의취득계약을 체결하여 해당 호실에 관한 소유권을 취득한 사안에서, '근린공원 조성사업'이 구 공익사업을 위한 토지 등의 취득 및 보상에 관한 법률 제4조 제7호의 공익사업에 포함된다고 볼 여지가 많은데도, 이와 달리 본 원심판단에 법리오해 등의 잘못이 있다고 한 사례

[판결요지]

[1] 구 토지보상법 제2조 제2호는 "공익사업이라 함은 제4조 각호의 1에 해당하는 사업을 말한다."라고 정의하고 있고, 제4조는 제1호 내지 제6호에서 국방·군사에 관한 사업 등 구체적인 공익사업의 종류나 내용을 열거한 다음, 제7호에서 "그 밖에 다른 법률에 의하여 토지 등을 수용 또는 사용할 수 있는 사업"이라고 규정하고 있다. 위와 같은 각 규정의 내용을 종합하면, 이주대책대상자에 해당하기 위해서는 구 토지보상법 제4조 각호의 어느 하나에 해당하는 공익사업의 시행으로 인하여 주거용 건축물을 제공함에 따라 생활의 근거를 상실하게 되어야 한다.

[2] 도시계획시설사업 실시계획의 인가에 따른 고시가 있으면 도시계획시설사업의 시행자는 사업에 필요한 토지 등을 수용 및 사용할 수 있게 되고, '근린공원 조성사업'역시 구 국토의 계획 및 이용에 관한 법률에 따라 사업시행자에게 수용권한

이 부여된 도시계획시설사업으로 추진되었으므로, 이는 적어도 구 토지보상법 제4조 제7조의 공익사업, 즉 '그 밖에 다른 법률에 의하여 토지 등을 수용 또는 사용할 수 있는 사업'에 포함된다고 볼 여지가 많은데도, 이와 달리 본 원심판단에 법리오해 등의 잘못이 있다고 한 사례

판례 24	대판 2019.9.25, 2019두34982 판결 [토지보상법 시행규칙 제23조 공법상 제한받는 토지의 평가 – 자연공원법에 의한 '자연공원 지정' 및 '공원용도지구계획에 따른 용도지구 지정'은 토지보상법 시행규칙 제23조 제1항 본문에서 정한 '일반적 계획제한'에 해당]
	1983.12.2. ☆☆☆ 군립공원 지정 및 1987.9.7. ☆☆☆ 군립공원 용도지구 지정에 따른 이 사건 각 토지에 관한 계획제한이 토지보상법 시행규칙 제23조 제1항 단서에서 정한 '당해 공익사업의 시행을 직접 목적으로 하여 가하여진 공법상 제한', 즉 개별적 계획제한에 해당하여 제한이 없는 상태를 상정하여 손실보상금을 산정하여야 하는지, 아니면 같은 항 본문에서 정한 일반적 계획제한에 해당하여 제한받는 상태대로 손실보상금을 산정하여야 하는지 여부 (원심은, 1983.12.2. ☆☆☆ 군립공원 지정 및 1987.9.7. ☆☆☆ 군립공원 용도지구 지정에 따른 이 사건 각 토지에 관한 계획제한이 토지보상법 시행규칙 제23조 제1항 단서에서 정한 개별적 계획제한에 해당한다고 판결하였으나, 이러한 원심 판결에는 토지보상법 시행규칙 제23조 및 자연공원법에 의한 자연공원에 관한 법리 등을 오해하여 판결에 영향을 미친 잘못이 있음을 들어 원심판결을 파기·환송한 사례)

[판시사항]

[1] 공법상 제한이 그 자체로 제한목적이 달성되는 일반적 계획제한으로서 구체적 도시계획사업과 직접 관련되지 아니한 때와 공법상 제한이 구체적 사업이 따르는 개별적 계획제한이거나, 일반적 계획제한에 해당하는 용도지역 등의 지정 또는 변경에 따른 제한이더라도 그 용도지역 등의 지정 또는 변경이 특정 공익사업의 시행을 위한 것일 때의 각 경우에 보상액 산정을 위한 토지의 평가방법

[2] 자연공원법에 의한 '자연공원 지정' 및 '공원용도지구계획에 따른 용도지구 지정'
이 공익사업을 위한 토지 등의 취득 및 보상에 관한 법률 시행규칙 제23조 제1항
본문에서 정한 '일반적 계획제한'에 해당하는지 여부(원칙적 적극)

[판결요지]

[1] 공법상 제한을 받는 토지에 대한 보상액을 산정할 때에 해당 공법상 제한이 구
도시계획법에 따른 용도지역·지구·구역의 지정 또는 변경과 같이 그 자체로 제
한목적이 달성되는 일반적 계획제한으로서 구체적 도시계획사업과 직접 관련되지
아니한 경우에는 그러한 제한을 받는 상태 그대로 평가하여야 하고, 도로·공원
등 특정 도시계획시설의 설치를 위한 계획결정과 같이 구체적 사업이 따르는 개
별적 계획제한이거나 일반적 계획제한에 해당하는 용도지역·지구·구역의 지정
또는 변경에 따른 제한이더라도 그 용도지역·지구·구역의 지정 또는 변경이 특
정 공익사업의 시행을 위한 것일 때에는 당해 공익사업의 시행을 직접 목적으로
하는 제한으로 보아 위 제한을 받지 아니하는 상태를 상정하여 평가하여야 한다.

[2] 자연공원법의 입법 목적, 관련 규정들의 내용과 체계를 종합하면, 자연공원법에
의한 '자연공원 지정' 및 '공원용도지구계획에 따른 용도지구 지정'은, 그와 동시에
구체적인 공원시설을 설치·조성하는 내용의 '공원시설계획'이 이루어졌다는 특
별한 사정이 없는 한, 그 이후에 별도의 '공원시설계획'에 의하여 시행 여부가 결
정되는 구체적인 공원사업의 시행을 직접 목적으로 한 것이 아니므로 토지보상법
시행규칙 제23조 제1항 본문에서 정한 '일반적 계획제한'에 해당한다.

판례	대판 2021.4.29, 2020다280890 판결
25	[토지보상법 제91조 제1항의 환매권을 인정하는 취지]
	토지보상법 제91조 제1항 환매권의 취지(=공평의 원칙), 당연무효인 협의취 득에 기한 토지소유자의 환매권 행사가 가능한지 여부

[판시사항]

공익사업을 위한 토지 등의 취득 및 보상에 관한 법률 제91조 제1항에서 환매권을 인정하는 취지 / 도시계획시설사업의 시행자로 지정되어 도시계획시설사업의 수행을 위하여 필요한 토지를 협의취득하였으나 시행자 지정이 처음부터 효력이 없거나 토지의 취득 당시 해당 도시계획시설사업의 법적 근거가 없었던 것으로 볼 수 있는 등 협의취득이 당연무효인 경우, 협의취득일 당시의 토지소유자가 위 조항에서 정한 환매권을 행사할 수 있는지 여부(소극)

[판결요지]

공익사업을 위한 토지 등의 취득 및 보상에 관한 법률(이하 '토지보상법'이라 한다) 제91조 제1항 해당 사업의 폐지·변경 또는 그 밖의 사유로 취득한 토지의 전부 또는 일부가 필요 없게 된 경우 취득일 당시의 토지소유자 또는 그 포괄승계인(이하 '토지소유자'라 한다)은 그 토지에 대하여 받은 보상금에 상당하는 금액을 사업시행자에게 지급하고 그 토지를 환매할 수 있다고 규정하고 있다. 토지보상법이 환매권을 인정하는 취지는, 토지의 원소유자가 사업시행자로부터 토지 등의 대가로 정당한 손실보상을 받았다고 하더라도 원래 자신의 자발적인 의사에 기하여 그 토지 등의 소유권을 상실하는 것이 아니어서 그 토지 등을 더 이상 당해 공익사업에 이용할 필요가 없게 된 때, 즉 공익상의 필요가 소멸한 때에는 원소유자의 의사에 따라 그 토지 등의 소유권을 회복시켜 주는 것이 공평의 원칙에 부합한다는 데에 있다.

이러한 토지보상법 및 구 국토계획법의 규정 내용과 환매권의 입법 취지 등을 고려하면, 도시계획시설사업의 시행자로 지정되어 그 도시계획시설사업의 수행을 위하여 필요한 토지를 협의취득하였다고 하더라도, 시행자 지정이 처음부터 효력이 없거나 토지의 취득 당시 해당 도시계획시설사업의 법적 근거가 없었던 것으로 볼 수 있는 등 협의취득이 당연무효인 경우, 협의취득일 당시의 토지소유자가 소유권에 근거하여 등기 명의를 회복하는 방식 등으로 권리를 구제받는 것은 별론으로 하더라도 토지보상법 제91조 제1항에서 정하고 있는 환매권을 행사할 수는 없다고 봄이 타당하다.

판례 26	대판 2019.10.31, 2018다233242 판결 [토지보상법 제91조 제6항의 공익사업 변환에 따른 환매권 행사의 제한 규정의 적용 가능성 및 토지보상법 제91조 제1항에서 정한 요건 충족]
	2010.4.5. 개정·시행된 토지보상법 제91조 제6항의 공익사업 변환에 따른 환매권 행사의 제한 규정의 적용 가능성 및 토지보상법 제91조 제1항에서 정한 요건(= 취득한 토지의 전부 또는 일부가 필요 없게 된 경우)이 충족되어 환매권을 행사할 수 있는 시점) (원심은 2008.2.5. 이 사건 주차장을 폐지하기로 하는 내용이 포함된 이 사건 재정비 촉진계획의 고시만으로 이 사건 각 토지가 이 사건 주차장 사업에 필요 없게 되었고, 그 무렵 원고들이 이 사건 각 토지에 관한 환매권을 행사할 수 있었다고 보아 이를 전제로 원고들의 청구를 인용한 제1심판결을 그대로 유지하였으나, 위와 같은 원심판결에는 이 사건 주차장을 폐지하기로 한 이후 위 주자창이 철거되는 등으로 이 사건 각 토지가 실제로 더 이상 이 사건 주차장 사업을 위하여 사용할 필요가 없게 된 때가 언제인지 심리·확정한 다음, 2010.4.5. 개정·시행된 구 토지보상법 제91조 제6항이 적용되어 공익사업의 변환에 따라 원고들의 환매권 행사가 제한되는지 여부를 살피지 않은 심리미진 및 구 토지보상법 제91조 제1항에 관한 법리를 오해하여 판결에 미친 위법이 있으므로 원심판결을 파기·환송한 사례)

[판시사항]

[1] 환매권에 관하여 규정한 '구 공익사업을 위한 토지 등의 취득 및 보상에 관한 법률' 제91조 제1항에서 정한 '당해 사업' 및 취득한 토지의 전부 또는 일부가 '필요 없게 된 때'의 의미와 협의취득 또는 수용된 토지가 필요 없게 되었는지 판단하는 기준

[2] 갑 지방자치단체가 도시계획시설(주차장) 사업을 시행하면서 사업부지에 포함된 을 등의 각 소유 토지를 협의취득한 후 공영주차장을 설치하였고, 그 후 위 토지를 포함한 일대 지역이 재정비촉진지구로 지정되어 공영주차장을 폐지하는 내용이 포함된 재정비촉진지구 변경지정 및 재정비 촉진계획이 고시되었으며, 이에 따라 재정비촉진구역 주택재개발정비사업의 사업시행인가가 고시되었는데, 을 등이 목적사업인 주차장 사업에 필요 없게 되어 위 토지에 관한 환매권이 발생하였다고 주장하며 갑 지방자치단체를 상대로 환매권 상실로 인한 손해배상을 구한 사안에서, 공영주차장을 폐지하기로 하는 내용이 포함된 위 재정비 촉진계획의 고시만으로 위 토지가 주차장 사업에 필요 없게 되었고, 그 무렵 을 등이 위 토지

에 관한 환매권을 행사할 수 있었다고 본 원심판결에 심리미진 등의 잘못이 있다고 한 사례

[판결요지]

[1] (구) 토지보상법 제91조 제1항에서 "토지의 협의취득일 또는 수용의 개시일부터 10년 이내에 당해 사업의 폐지·변경 그 밖의 사유로 인하여 취득한 토지의 전부 또는 일부가 필요 없게 된 경우 취득일 당시의 토지소유자 또는 그 포괄승계인은 당해 토지의 전부 또는 일부가 필요 없게 된 때부터 1년 또는 그 취득일부터 10년 이내에 당해 토지에 대하여 지급받은 보상금에 상당한 금액을 사업시행자에게 지급하고 토지를 환매할 수 있다."라고 규정하고 있다. 위 조항에서 정하는 '당해 사업'이란 토지의 협의취득 또는 수용의 목적이 된 구체적인 특정 공익사업을 가리키는 것이고, 취득한 토지의 전부 또는 일부가 '필요 없게 된 때'란 사업시행자가 취득한 토지의 전부 또는 일부가 취득 목적사업을 위하여 사용할 필요 자체가 없어진 경우를 말하며, 협의취득 또는 수용된 토지가 필요 없게 되었는지는 사업시행자의 주관적인 의사를 표준으로 할 것이 아니라 당해 사업의 목적과 내용, 협의취득의 경위와 범위, 당해 토지와 사업의 관계, 용도 등 제반 사정에 비추어 객관적·합리적으로 판단하여야 한다.

[2] 공영주차장이 여전히 종래의 주차장 용도로 사용되는 동안은 주차장으로서의 효용이나 공익상 필요가 현실적으로 소멸되었다고 볼 수 없으므로, 재정비 촉진계획의 고시나 재개발 사업의 사업시행인가 고시만으로 위 토지가 객관적으로 주차장 사업에 필요가 없게 되었다고 단정하기 어렵고, 나아가 위 재개발 사업은 구 토지보상법 제4조 제5호의 공익사업에 해당한다고 볼 수 있으므로, 같은 법 제91조 제6항이 적용되어 공익사업의 변환에 따라 乙등의 환매권 행사가 제한되는지 여부를 살폈어야 하는데도, 공영주차장을 폐지하기로 하는 내용이 포함된 재정비 촉진계획의 고시만으로 위 토지가 주차장 사업에 필요없게 되었고, 그 무렵 乙등이 위 토지에 관한 환매권을 행사할 수 있었다고 본 원심판결에 심리미진 등의 잘못이 있다.

판례 27	대판 2019.1.17, 2018두54675 판결 [재결신청청구에 따른 지연가산금 – 공탁된 수용보상금에 대한 가산금청구의 소]
	토지보상법 제87조의 '보상금'에는 토지보상법 제30조 제3항에 따른 지연가산금도 포함된다고 보아, 수용재결에서 인정된 지연가산금에 관하여 재결서 정본을 받은 날부터 판결일까지의 기간에 대하여 소송촉진 등에 관한 특례법 제3조에 따른 법정이율을 적용하여 산정한 가산금을 지급할 의무가 있는지 여부

토지소유자들이 주택재개발정비사업 시행자에게 수용재결신청을 청구한 날로부터 60일이 지난 후에 사업시행자가 지방토지수용위원회에 수용재결을 신청하였고, 지방토지수용위원회가 토지보상법 제30조 제3항에 따른 지연가산금을 재결보상금에 가산하여 지급하기로 하는 내용의 수용재결을 하자, 사업시행자가 지연가산금 전액의 감액을 구하는 손실보상금감액 청구를 하였으나 청구기각 판결이 확정된 사안에서, 토지보상법 제87조의 '보상금'에는 같은 법 제30조 제3항에 따른 지연가산금도 포함된다고 보아, 수용재결에서 인정된 가산금에 관하여 재결서 정본을 받은 날부터 판결일까지의 기간에 대하여 소송촉진 등에 관한 특례법 제3조에 따른 법정이율을 적용하여 산정한 가산금을 지급할 의무가 있다고 본 원심판단을 수긍한 사례

판례 28	대판 2020.7.23, 2019두46411 판결
	현금청산금 지급 자체에 따른 지연이자 청구권과 토지보상법 제30조에서 정한 재결신청지연가산금 청구권은 근거 규정과 요건, 효과를 달리하는 것으로서, 각 요건이 충족되면 성립하는 별개의 청구권

구 도시 및 주거환경정비법(2012.2.1. 법률 제11293호로 개정되기 전의 것) 제47조에서 정한 현금청산금 지급 자체에 따른 지연이자 청구권과 공익사업을 위한 토지 등의 취득 및 보상에 관한 법률 제30조에서 정한 재결신청 지연가산금 청구권은 근거 규정과 요건·효과를 달리하는 것으로서, 각 요건이 충족되면 성립하는 별개의 청구권이다. 다만 재결신청 지연가산금에는 이미 '손해 전보'라는 요소가 포함되어 있어

같은 기간에 대하여 양자의 청구권을 동시에 행사할 수 있다고 본다면 이중배상의 문제가 발생하므로, 같은 기간에 대하여 양자의 청구권이 동시에 성립하더라도 토지 등 소유자는 어느 하나만을 선택적으로 행사할 수 있을 뿐이고, 양자의 청구권을 동시에 행사할 수는 없다.

판례 29	대판 2020.7.29, 2016다51170 판결
	도시 및 주거환경정비법 제47조에서 정한 현금청산금 지급 자체에 따른 지연배상금 청구권과 토지보상법 제30조 제3항에서 정한 재결신청 지연가산금 청구권이 별개의 청구권인지 여부

구 도시 및 주거환경정비법 제47조에서 정한 현금청산금의 지급 지체에 따른 지연배상금 청구권과 도시정비법 제40조 제1항에 의하여 재개발사업에 준용되는 공익사업을 위한 토지 등의 취득 및 보상에 관한 법률 제30조 제3항에서 정한 재결신청 지연가산금 청구권은 근거 규정과 요건, 효과를 달리하는 것으로서 각 요건이 충족되면 성립하는 별개의 청구권이다. 다만 재결신청 지연가산금에는 이미 '손해 전보'라는 요소가 포함되어 있어 같은 기간에 대하여 양자의 청구권을 동시에 행사할 수 있다고 본다면 이중배상의 문제가 발생하므로, 같은 기간에 대하여 양자의 청구권이 동시에 성립하더라도 토지 등 소유자는 어느 하나만을 선택적으로 행사할 수 있을 뿐이고, 양자의 청구권을 동시에 행사할 수는 없다.

판례	대판 2019.1.17, 2018두55753 판결
30	[예정공도부지가 토지보상법 시행규칙 제26조 제2항 사실상 사도에 해당 되는지 여부 - 관리처분계획 무효확인의 소]
	'공익계획사업이나 도시계획의 결정·고시 때문에 이에 저촉된 토지가 현황도 로로 이용되고 있지만 일반공중에 통행로로 제공되고 있는 상태(공익사업이 실제로 시행되지 않은 상태)로서 계획제한과 도시계획시설의 장기미집행상태 로 방치되고 있는 도로' 곧 예정공도부지가 토지보상법 시행규칙 제26조 제2 항에서 정한 사실상의 사도에 해당되는지 여부

예정공도부지의 경우 보상액을 사실상의 사도를 기준으로 평가한다면 토지가 도시·
군관리계획에 의하여 도로로 결정된 후 곧바로 도로사업이 시행되는 경우의 보상액을
수용 전의 사용현황을 기준으로 산정하는 것과 비교하여 토지소유자에게 지나치게 불
리한 결과를 가져온다는 점 등을 고려하면, 예정공도부지는 토지보상법 시행규칙 제
26조 제2항에서 정한 사실상의 사도에서 제외된다.

판례	대판 2019.3.28, 2015다49804 판결
31	[토지보상법 제78조 제4항에 규정된 생활기본시설 설치비용을 분양대금에 포함시킨 경우, 그 부분이 강행법규에 위배되어 무효인지 여부]
	공익사업의 시행자가 이주대책대상자와 체결한 택지에 관한 특별공급계약에 서 구 공익사업을 위한 토지 등의 취득 및 보상에 관한 법률 제78조 제4항에 규정된 생활기본시설 설치비용을 분양대금에 포함시킨 경우, 그 부분이 강행 법규에 위배되어 무효인지 여부

[판시사항]

[1] 공익사업의 시행자가 이주대책대상자와 체결한 택지에 관한 특별공급계약에서 구
공익사업을 위한 토지 등의 취득 및 보상에 관한 법률 제78조 제4항에 규정된 생
활기본시설 설치비용을 분양대금에 포함시킨 경우, 그 부분이 강행법규에 위배되
어 무효인지 여부(적극)

[3] 공익사업의 시행자가 이주대책대상자에게 생활기본시설로서 제공하여야 하는 도
로에 '주택단지 안의 도로를 해당 주택단지 밖에 있는 동종의 도로에 연결시키는

도로'가 포함되는지 여부(적극) 및 '사업시행자가 공익사업지구 안에 설치하는 도로로서 해당 사업지구 안의 주택단지 등의 입구와 사업지구 밖에 있는 도로를 연결하는 기능을 담당하는 도로'가 포함되는지 여부(원칙적 적극)

[판결요지]

[1] 이주대책대상자와 공익사업의 시행자 사이에 체결된 택지에 관한 특별공급계약에서 구 토지보상법 제78조 제4항에 규정된 생활기본시설 설치비용을 분양대금에 포함시킴으로써 이주대책대상자가 생활기본시설 설치비용까지 사업시행자에게 지급하게 되었다면, 특별공급계약 중 생활기본시설 설치비용을 분양대금에 포함시킨 부분은 강행법규인 구 토지보상법 제78조 제4항에 위배되어 무효이다.

[3] 공익사업의 시행자가 이주대책대상자에게 생활기본시설로서 제공하여야 하는 도로에는 길이나 폭에 불구하고 구 주택법 제2조 제8호에서 정하고 있는 간선시설에 해당하는 도로, 즉 주택단지 안의 도로를 해당 주택단지 밖에 있는 동종의 도로에 연결시키는 도로가 포함됨은 물론, 사업시행자가 공익사업지구 안에 설치하는 도로로서 해당 사업지구 안의 주택단지 등의 입구와 사업지구 밖에 있는 도로를 연결하는 기능을 담당하는 도로도 특별한 사정이 없는 한 사업지구 내 주택단지 등의 기능 달성 및 전체 주민들의 통행을 위한 필수적인 시설로서 이에 포함된다.

판례 32	대판 2019.4.11, 2018다277419 판결 [기타 토지에 정착한 물건에 대한 소유권 그 밖의 권리를 가진 관계인에 수거·철거권 등 실질적 처분권을 가진 자가 포함 여부 – 공탁금출급청구권 확인]
	토지보상법상 보상 대상이 되는 '기타 토지에 정착한 물건에 대한 소유권 그 밖의 권리를 가진 관계인'에 수거·철거권 등 실질적 처분권을 가진 자가 포함되는지 여부

토지보상법상 보상 대상이 되는 '기타 토지에 정착한 물건에 대한 소유권 그 밖의 권리를 가진 관계인'에는 수거·철거권 등 실질적 처분권을 가진 자도 포함된다.

판례 33	대판 2018.12.13, 2016두51719 판결
	협의성립확인신청수리처분취소 : 진정한 토지소유자의 동의를 받지 못한 채 등기부상 소유명의자의 동의만을 얻은 경우 쟁점

협의 성립의 확인 신청에 필요한 동의의 주체인 토지소유자는 협의 대상이 되는 '토지의 진정한 소유자'를 의미한다. 따라서 사업시행자가 진정한 토지소유자의 동의를 받지 못한 채 단순히 등기부상 소유명의자의 동의만을 얻은 후 관련 사항에 대한 공증을 받아 토지보상법 제29조 제3항에 따라 협의 성립의 확인을 신청하였음에도 토지수용위원회가 신청을 수리하였다면, 수리 행위는 다른 특별한 사정이 없는 한 토지보상법이 정한 소유자의 동의 요건을 갖추지 못한 것으로서 위법하다. 진정한 토지소유자의 동의가 없었던 이상, 진정한 토지소유자를 확정하는 데 사업시행자의 과실이 있었는지 여부와 무관하게 그 동의의 흠결은 위 수리 행위의 위법사유가 된다. 이에 따라 진정한 토지소유자는 수리행위가 위법함을 주장하여 항고소송으로 취소를 구할 수 있다.

판례 34	대판 2017.4.13, 2016두64241 판결
	수용재결의 무효확인 : 수용재결 이후 협의의 가능성 및 수용재결의 무효확인

[판시사항]

[1] 공익사업을 위한 토지 등의 취득 및 보상에 관한 법률상 토지수용위원회의 수용재결이 있은 후 토지소유자 등과 사업시행자가 다시 협의하여 토지 등의 취득이나 사용 및 그에 대한 보상에 관하여 임의로 계약을 체결할 수 있는지 여부(적극)

[2] 중앙토지수용위원회가 지방국토관리청장이 시행하는 공익사업을 위하여 갑 소유의 토지에 대하여 수용재결을 한 후, 갑과 사업시행자가 '공공용지의 취득협의서'를 작성하고 협의취득을 원인으로 소유권이전등기를 마쳤는데, 갑이 '사업시행자가 수용개시일까지 수용재결보상금 전액을 지급·공탁하지 않아 수용재결이 실효되었다'고 주장하며 수용재결의 무효확인을 구하는 소송을 제기한 사안에서, 갑이 수용재결의 무효확인 판결을 받더라도 토지의 소유권을 회복시키는 것이 불가능하고, 무효확인으로써 회복할 수 있는 다른 권리나 이익이 남아 있다고도 볼 수 없다고 한 사례

[판결요지]

[1] 토지보상법은 사업시행자에게 협의취득 절차를 거치도록 하고, 협의가 성립되지 않거나 협의를 할 수 없을 때에는 수용재결취득 절차를 밟도록 예정하고 있기는 하다. 그렇지만 일단 토지수용위원회가 수용재결을 하였더라도 사업시행자는 수용 또는 사용의 개시일까지 보상금을 지급 또는 공탁하지 아니함으로써 재결의 효력을 상실시킬 수 있는 점, 토지소유자 등은 수용재결에 대하여 이의를 신청하거나 행정소송을 제기하여 보상금의 적정 여부를 다툴 수 있는데, 그 절차에서 사업시행자와 보상금액에 관하여 임의로 합의할 수 있는 점, 토지보상법의 입법목적에 비추어 보더라도 수용재결이 있은 후에 사법상 계약의 실질을 가지는 협의취득절차를 금지해야할 별다른 필요성을 찾기 어려운 점 등을 종합해 보면, 토지소용위원회의 수용재결이 있은 후라고 하더라도 토지소유자 등과 사업시행자가 다시 협의하여 토지 등의 취득이나 사용 및 그에 대한 보상에 관하여 임의로 계약을 체결할 수 있다고 보아야 한다.

[2] 중앙토지수용위원회가 지방국토관리청장이 시행하는 공익사업을 위하여 갑 소유의 토지에 대하여 수용재결을 한 후, 갑과 사업시행자가 '공공용지의 취득협의서'를 작성하고 협의취득을 원인으로 소유권이전등기를 마쳤는데, 갑이 '사업시행자가 수용개시일까지 수용재결보상금 전액을 지급·공탁하지 않아 수용재결이 실효되었다'고 주장하며 수용재결의 무효확인을 구하는 소송을 제기한 사안에서, 갑과 사업시행자가 수용재결이 있은 후 보상금액을 새로 정하여 취득협의서를 작성하였고, 이를 기초로 소유권이전등기까지 마친 점 등을 종합해 보면, 갑과 사업시행자가 수용재결과 별도로 새로운 계약을 체결하였다고 볼 여지가 충분하고, 만약 이러한 별도의 협의취득 절차에 따라 토지에 관하여 소유권이전등기가 마쳐진 것이라면 설령 갑이 수용재결의 무효확인 판결을 받더라도 토지의 소유권을 회복시키는 것이 불가능하고, 나아가 무효확인으로써 회복할 수 있는 다른 권리나 이익이 남아 있다고도 볼 수 없다.

판례	대판 2015.3.20, 2011두3746 판결
35	토지수용재결처분취소 : 실시계획인가의 요건 및 실시계획인가의 요건을 갖추지 못한 인가처분 하자의 중대성(제주도유원지사건)

[판시사항]

[1] 행정청이 도시계획시설인 유원지를 설치하는 도시계획시설사업에 관한 실시계획을 인가하기 위한 요건

[2] 도시계획시설사업에 관한 실시계획의 인가 요건을 갖추지 못한 인가처분의 경우, 그 하자가 중대한지 여부(적극)

[판결요지]

[1] 행정청이 도시계획시설인 유원지를 설치하는 도시계획시설사업에 관한 실시계획을 인가하려면, 실시계획에서 설치하고자 하는 시설이 국토계획법령상 유원지의 개념인 '주로 주민의 복지향상에 기여하기 위하여 설치하는 오락과 휴양을 위한 시설'에 해당하고, 실시계획이 국토계획법령이 정한 도시계획시설(유원지)의 결정·구조 및 설치의 기준에 적합하여야 한다.

[2] 도시계획시설사업은 공공복리와 밀접한 관련이 있는 점, 도시계획시설사업에 관한 실시계획의 인가처분은 특정 도시계획시설사업을 현실적으로 실현하기 위한 것으로서 사업에 필요한 토지 등의 수용 및 사용권 부여의 요건이 되는 점 등을 종합하면, 실시계획의 인가 요건을 갖추지 못한 인가처분은 공공성을 가지는 도시계획시설사업의 시행을 위하여 필요한 수용 등의 특별한 권한을 부여하는데 정당성을 갖추지 못한 것으로서 법규의 중요한 부분을 위반한 중대한 하자가 있다.

판례	대판 2011.1.27, 2009두1051 판결
36	사업인정을 하기 위한 요건 : 사업시행자의 공익사업 수행능력과 의사

[판시사항]

[1] 사업인정기관이 공익사업을 위한 토지 등의 취득 및 보상에 관한 법률상의 사업인정을 하기 위한 요건

[2] 사업시행자가 사업인정을 받은 후 그 사업이 공용수용을 할 만한 공익성을 상실하거나 사업인정에 관련된 자들의 이익이 현저히 비례의 원칙에 어긋나게 된 경우 또는 사업시행자가 해당 공익사업을 수행할 의사나 능력을 상실한 경우, 그 사업인정에 터잡아 수용권을 행사할 수 있는지 여부(소극)

[판결요지]

[1] 사업인정이란 공익사업을 토지 등을 수용 또는 사용할 사업으로 결정하는 것으로서 공익사업의 시행자에게 그 후 일정한 절차를 거칠 것을 조건으로 일정한 내용의 수용권을 설정하여 주는 형성행위이므로, 해당 사업이 외형상 토지 등을 수용 또는 사용할 수 있는 사업에 해당한다고 하더라도 사업인정기관으로서는 그 사업이 공용수용을 할 만한 공익성이 있는지의 여부와 공익성이 있는 경우에도 그 사업의 내용과 방법에 관하여 사업인정에 관련된 자들의 이익을 공익과 사익 사이에서는 물론, 공익 상호간 및 사익 상호간에도 정당하게 비교·교량하여야 하고, 그 비교·교량은 비례의 원칙에 적합하도록 하여야 한다. 그뿐만 아니라 해당 공익사업을 수행하여 공익을 실현할 의사나 능력이 없는 자에게 타인의 재산권을 공권력적·강제적으로 박탈할 수 있는 수용권을 설정하여 줄 수는 없으므로, 사업시행자에게 해당 공익사업을 수행할 의사와 능력이 있어야 한다는 것도 사업인정의 한 요건이라고 보아야 한다.

[2] 공용수용은 헌법상의 재산권 보장의 요청상 불가피한 최소한에 그쳐야 한다는 헌법 제23조의 근본취지에 비추어 볼 때, 사업시행자가 사업인정을 받은 후 그 사업이 공용수용을 할 만한 공익성을 상실하거나 사업인정에 관련된 자들의 이익이 현저히 비례의 원칙에 어긋나게 된 경우 또는 사업시행자가 해당 공익사업을 수행할 의사나 능력을 상실하였음에도 여전히 그 사업인정에 기하여 수용권을 행사하는 것은 수용권의 공익 목적에 반하는 수용권의 남용에 해당하여 허용되지 않는다.

판례	대판 2019.2.28, 2017두71031 판결
37	사업인정의 법적 성질 및 요건 : 재량권 일탈·남용 판단 및 문화재보호구역

[판시사항]

[1] 사업인정의 법적 성격 및 사업인정기관이 공익사업을 위한 토지 등의 취득 및 보상에 관한 법률상의 사업인정을 하기 위한 요건

[2] 문화재의 보존을 위한 사업인정 등 처분에 대하여 재량권 일탈·남용 여부를 심사하는 방법 및 이때 구체적으로 고려할 사항

[3] 국가지정문화재에 대하여 관리단체로 지정된 지방자치단체의 장이 문화재보호법 제83조 제1항 및 공익사업을 위한 토지 등의 취득 및 보상에 관한 법률에 따라 국가지정문화재나 그 보호구역에 있는 토지 등을 수용할 수 있는지 여부(적극)

[4] 사업시행자에게 해당 공익사업을 수행할 의사와 능력이 있어야 한다는 것이 사업인정의 한 요건인지 여부(적극)

[판결요지]

[1] 사업인정이란 공익사업을 토지 등을 수용 또는 사용할 사업으로 결정하는 것으로서 공익사업의 시행자에게 그 후 일정한 절차를 거칠 것을 조건으로 일정한 내용의 수용권을 설정하여 주는 형성행위이다. 그러므로 해당 사업이 외형상 토지 등을 수용 또는 사용할 수 있는 사업에 해당하더라도 사업인정기관으로서는 그 사업이 공용수용을 할 만한 공익성이 있는지 여부와 공익성이 있는 경우에도 그 사업의 내용과 방법에 관하여 사업인정에 관련된 자들의 이익을 공익과 사익 사이에서는 물론, 공익 상호 간 및 사익 상호 간에도 정당하게 비교·교량하여야 하고, 비교·교량은 비례의 원칙에 적합하도록 하여야 한다.

[2] 문화재란 인위적이거나 자연적으로 형성된 국가적·민족적 또는 세계적 유산으로서 역사적·예술적·학술적 또는 경관적 가치가 큰 것을 말하는데, 문화재의 보존·관리 및 활용은 원형 유지를 기본원칙으로 한다. 그리고 문화재는 한번 훼손되면 회복이 곤란한 경우가 많을 뿐 아니라, 회복이 가능하더라도 막대한 비용과 시간이 소요되는 특성이 있다. 따라서 이러한 문화재의 보존을 위한 사업인정 등 처분에 대하여 재량권 일탈·남용 여부를 심사할 때에는, 위와 같은 문화재보호법의 내용 및 취지, 문화재의 특성, 사업인정 등 처분으로 인한 국민의 재산권 침해 정도 등을 종합하여 신중하게 판단하여야 한다.

[3] 문화재보호법은 지방자치단체 또는 지방차지단체의 장에게 시·도지정문화재뿐
아니라 국가지정문화재에 대하여도 일정한 권한 또는 책무를 부여하고 있고, 문
화재보호법에 해당 문화재의 지정권자만이 토지 등을 수용할 수 있다는 등의 제
한을 두고 있지 않으므로, 국가 지정문화재에 대하여 관리단체로 지정된 지방자
치단체의 장은 문화재보호법 제83조 제1항 및 토지보상법에 따라 국가지정문화
재나 그 보호구역에 있는 토지 등을 수용할 수 있다.

[4] 공익사업을 수행하여 공익을 실현할 의사나 능력이 없는 자에게 타인의 재산권을
공권력적·강제적으로 박탈할 수 있는 수용권을 설정하여 줄 수는 없으므로, 사
업시행자에게 해당 공익사업을 수행할 의사와 능력이 있어야 한다는 것도 사업인
정의 한 요건이라고 보아야 한다.

판례 38	대판 2010.1.28, 2008두1504 판결
	토지보상법 제85조 제1항(행정소송) : 원처분주의 **토지소유자 등이 수용재결에 불복하여 이의신청을 거친 후 취소소송을 제기** **하는 경우 피고적격**

수용재결에 불복하여 취소소송을 제기하는 때에는 이의신청을 거친 경우에도 수용재
결을 한 중앙토지수용위원회 또는 지방토지수용위원회를 피고로 하여 수용재결의 취
소를 구하여야 하고, 다만 이의신청에 대한 재결 자체에 고유한 위법이 있음을 이유로
하는 경우에는 그 이의재결을 한 중앙토지수용위원회를 피고로 하여 이의재결의 취소
를 구할 수 있다고 보아야 한다.

판례 39	서울고등법원 2015.6.12, 2013누9214 판결
	고등법원 행정사건 : 골프장의 잔여토지와 잔여시설물에 대한 보상 – 대체하는 새로운 시설 설치가 필요한 경우 그 비용을 보상해야 하는지 여부

토지보상법 제75조의2 제1항에서는 잔여 건축물의 손실에 대하여 잔여 건축물의 경제적 가치 감소분을 보상하거나, 잔여 건축물의 보수비를 보상하도록 규정하고 있을 뿐, 대체시설 설치비 등 보상을 규정하고 있지 않다. 또한 토지보상법 시행규칙 제35조 제2항은 '잔여 건축물에 대한 평가'에 관하여 '동일한 건축물소유자에 속하는 일단의 건축물의 일부가 취득 또는 사용됨으로 인하여 잔여 건축물에 보수가 필요한 경우의 보수비는 건축물의 잔여 부분을 종래의 목적대로 사용할 수 있도록 그 유용성을 동일하게 유지하는데 통상 필요하다고 볼 수 있는 공사에 사용되는 비용으로 평가한다.'라고 규정하고 있으므로, 원고가 주장하는 대로 지장물의 대체시설을 시공하는 비용 전부를 보상하게 된다면 기존의 낡은 시설물을 신규 시설로 교체하게 되어, 피수용자가 헌법 제23조 제3항이 규정한 '정당한 보상'을 초과하는 보상을 받게 되므로 위 주장을 받아들일 수 없다.

판례 40	대판 2014.9.25, 2012두24092 판결
	토지보상법상 재결절차를 거치지 아니하고 잔여지 또는 잔여건축물 가격감소 등의 손실보상을 청구할 수 있는지 여부

토지소유자가 사업시행자로부터 토지보상법 제73조, 제75조의2에 따른 잔여지 또는 잔여 건축물의 가격감소 등으로 인한 손실보상을 받기 위해서는 토지보상법 제34조, 제50조 등에 규정된 재결절차를 거친 다음 그 재결에 대하여 불복할 때 비로소 토지보상법 제83조 내지 제85조에 따라 권리구제를 받을 수 있을 뿐이며, 특별한 사정이 없는 한 이러한 재결절차를 거치지 않은 채 곧바로 사업시행자를 상대로 손실보상을 청구하는 것은 허용되지 않는다고 할 것이고, 이는 잔여지 또는 잔여 건축물 수용청구에 대한 재결절차를 거친 경우라고 하여 달리 볼 것은 아니다.

판례	대판 2010.8.19, 2008두822 판결
41	잔여지 수용재결 거부에 대한 소송의 형태(보상금증감청구소송)

[판시사항]

[1] 구 '공익사업을 위한 토지 등의 취득 및 보상에 관한 법률' 제74조 제1항에 의한 잔여지 수용청구를 받아들이지 않은 토지수용위원회의 재결에 대하여 토지소유자가 불복하여 제기하는 소송의 성질 및 그 상대방

[2] 구 '공익사업을 위한 토지 등의 취득 및 보상에 관한 법률' 제74조 제1항의 잔여지 수용청구권 행사기간의 법적 성질(=제척기간) 및 잔여지 수용청구 의사표시의 상대방(=관할 토지수용위원회)

[판결요지]

[1] 잔여지수용청구권은 손실보상의 일환으로 토지소유자에게 부여되는 권리로서 그 요건을 구비한 때에는 잔여지를 수용하는 토지수용위원회의 재결이 없더라도 그 청구에 의하여 수용의 효과가 발생하는 형성권적 성질을 가지므로, 잔여지수용청구를 받아들이지 않은 토지수용위원회의 재결에 대하여 토지소유자가 불복하여 제기하는 소송은 위 법 제85조 제2항에 규정되어 있는 '보상금의 증감에 관한 소송'에 해당하여 사업시행자를 피고로 하여야 한다.

[2] 토지보상법 제74조 제1항에 의하면 잔여지수용청구는 사업시행자와 사이에 매수에 관한 협의가 성립되지 아니한 경우 일단의 토지의 일부에 대한 관할 토지수용위원회의 수용재결이 있기 전까지 관할 토지수용위원회에 하여야 하고, 잔여지수용청구권의 행사기간은 제척기간으로서, 토지소유자가 그 행사기간 내에 잔여지수용청구권을 행사하지 아니하면 그 권리가 소멸한다. 또한 위 조항의 문언 내용 등에 비추어 볼 때, 잔여지수용청구의 의사표시는 관할 토지수용위원회에 하는 것으로서, 관할 토지수용위원회가 사업시행자에게 잔여지수용청구의 의사표시를 수령할 권한을 부여하였다고 인정할 만한 사정이 없는 한, 사업시행자에게 한 잔여지매수청구의 의사를 관할 토지수용위원회에 한 잔여지수용청구의 의사표시로 볼 수는 없다.

판례	대판 2008.8.21, 2007두13845 판결
42	수용보상금의 증액을 구하는 소송 : 비교표준지공시지가 결정의 하자의 승계

[판시사항]

수용보상금의 증액을 구하는 소송에서 선행처분으로서 그 수용대상토지 가격산정의 기초가 된 비교표준지공시지가 결정의 위법을 독립한 사유로 주장할 수 있는지 여부 (적극)

[판결요지]

… 장차 어떠한 수용재결등 구체적인 불이익이 현실적으로 나타나게 되었을 경우에 비로소 권리구제의 길을 찾는 것이 우리 국민의 권리의식임을 감안하여 볼 때, 인근 토지소유자 등으로 하여금 결정된 표준지공시지가를 기초로 장차 토지보상 등이 이루어질 것에 대비하여 항상 토지의 가격을 주시하고 표준지공시지가 결정이 잘못된 경우 정해진 시정절차를 통하여 이를 시정하도록 요구하는 것은 부당하게 높은 주의의무를 지우는 것이고, 위법한 표준지공시지가를 기초로 한 수용재결 등 후행 행정처분에서 표준지공시지가 결정의 위법을 주장할 수 없도록 하는 것은 수인한도를 넘는 불이익을 강요하는 것으로서 국민의 재산권과 재판받을 권리를 보장한 헌법의 이념에도 부합하는 것이 아니다. 따라서 표준지공시지가 결정이 위법한 경우에는 그 자체를 행정소송의 대상이 되는 행정처분으로 보아 그 위법 여부를 다툴 수 있음은 물론, 수용보상금의 증액을 구하는 소송에서도 선행처분으로서 그 수용대상토지 가격산정의 기초가 된 표준지공시지가 결정의 위법을 독립한 사유로 주장할 수 있다.

판례	대판 2010.9.9, 2010두11641 판결
43	영업보상의 대상(가격시점)

토지보상법 제67조 제1항은 공익사업의 시행으로 인한 손실보상액의 산정은 협의에 의한 경우에는 협의성립 당시의 가격을, 재결에 의한 경우에는 수용 또는 사용의 재결 당시의 가격을 기준으로 한다고 규정하므로, 위 법 제77조 제4항의 위임에 따라 영업손실의 보상대상인 영업을 정한 같은 법 시행규칙 제45조 제1호에서 말하는 '적법한 장소(무허가건축물 등, 불법형질변경토지, 그 밖에 다른 법령에서 물건을 쌓아놓는 행위가 금지되는 장소가 아닌 곳을 말한다)에서 인적·물적 시설을 갖추고 계속적으로 행하고 있는 영업'에 해당하는지 여부는 협의성립, 수용재결 또는 사용재결 당시를 기준으로 판단하여야 한다.

판례	대판 2010.9.30, 2010다30782 판결
44	[환매권 판례 쟁점]
	토지보상법 제91조 해석 : 공익사업의 변환(환매권 행사제한)

[판시사항]

[1] 환매권에 관하여 규정한 '공익사업을 위한 토지 등의 취득 및 보상에 관한 법률' 제91조 제1항에서 정한 '해당 사업'의 의미 및 협의취득 또는 수용된 토지가 필요 없게 되었는지 여부의 판단기준

[2] '공익사업을 위한 토지 등의 취득 및 보상에 관한 법률' 제91조 제1항에 정한 환매권 행사기간의 의미

[3] '공익사업을 위한 토지 등의 취득 및 보상에 관한 법률' 제91조 제6항에 정한 공익사업의 변환이 인정되는 경우, 환매권 행사가 제한되는지 여부(적극)

[4] '공익사업을 위한 토지 등의 취득 및 보상에 관한 법률' 제91조 제6항에 정한 공익사업의 변환은 새로운 공익사업에 관해서도 같은 법 제20조 제1항의 규정에 의해 사업인정을 받거나 위 규정에 따른 사업인정을 받은 것으로 의제되는 경우에만 인정할 수 있는지 여부(적극)

[5] 공익사업을 위해 협의취득하거나 수용한 토지가 변경된 사업의 사업시행자 아닌 제3자에게 처분된 경우에도 '공익사업의 변환'을 인정할 수 있는지 여부(소극)

[6] 지방자치단체가 도시관리계획상 초등학교 건립사업을 위하여 학교용지를 협의취 득하였으나 위 학교용지 인근에서 아파트 건설사업을 하던 주택건설사업 시행자 와 그 아파트단지 내에 들어설 새 초등학교 부지와 위 학교용지를 교환하고 위 학교용지에 중학교를 건립하는 것으로 도시관리계획을 변경한 사안에서, 위 학교 용지에 관한 환매권 행사를 인정한 사례

[판결요지]

[1] 환매권에 관하여 규정한 토지보상법 제91조 제1항에서 말하는 '해당 사업'이란 토 지의 협의취득 또는 수용의 목적이 된 구체적인 특정의 공익사업으로서 토지보상 법 제20조 제1항에 의한 사업인정을 받을 때 구체적으로 특정된 공익사업을 말하 고, 국토계획법 제88조, 제92조 제2항에 의해 도시계획시설사업에 관한 실시계 획의 인가를 토지보상법 제20조 제1항의 사업인정으로 보게 되는 경우에는 그 실 시계획의 인가를 받을 때 구체적으로 특정된 공익사업이 '해당 사업'에 해당한다. 또 위 규정에 정한 해당사업의 '폐지·변경'이란 해당 사업을 아예 그만두거나 다 른 사업으로 바꾸는 것을 말하고, 취득한 토지의 전부 또는 일부가 '필요없게 된 때'란 사업시행자가 취득한 토지의 전부 또는 일부가 그 취득목적사업을 위하여 사용할 필요 자체가 없어진 경우를 말하며, 협의 취득 또는 수용된 토지가 필요 없게 되었는지 여부는 사업시행자의 주관적인 의사를 표준으로 할 것이 아니라 해당 사업의 목적과 내용, 협의취득의 경위와 범위, 해당 토지와 사업의 관계, 용 도 등 제반 사정에 비추어 객관적·합리적으로 판단하여야 한다.

[2] 토지보상법 제91조 제1항 규정의 의미는 취득일로부터 10년 이내에 그 토지가 필요 없게 된 경우에는 그때로부터 1년 이내에 환매권을 행사할 수 있으며, 또 필요 없게 된 때로부터 1년이 지났더라도 취득일로부터 10년이 지나지 않았다면 환매권자는 적법하게 환매권을 행사할 수 있다는 의미로 해석함이 옳다.

[3] 토지보상법 제91조 제6항은 사업인정을 받은 해당 공익사업의 폐지·변경으로 인하여 협의취득하거나 수용한 토지가 필요 없게 된 때라도 위 규정에 의하여 공 익사업의 변환이 허용되는 다른 공익사업으로 변경되는 경우에는 해당 토지의 원 소유자 또는 그 포괄승계인에게 환매권이 발생하지 않는다는 취지를 규정한 것이 라고 보아야 한다. 그 환매권 행사기간은 해당 공익사업의 변경을 관보에 고시한 날로부터 기산한다는 의미로 해석해야 한다.

[4] 토지보상법 제91조 제6항에 정한 공익사업의 변환은 같은 법 제20조 제1항의 규정에 의한 사업인정을 받은 공익사업이 일정한 범위 내의 공익성이 높은 다른 공익사업으로 변경된 경우에 한하여 환매권의 행사를 제한하는 것이므로, 적어도 새로운 공익사업에 관해서도 사업인정을 받거나, 사업인정을 받은 것으로 볼 수 있는 경우에만 공익사업의 변환에 의한 환매권 행사의 제한을 인정할 수 있다.

[5] 사업시행자가 협의취득하거나 수용한 해당 토지를 제3자에게 처분해 버린 경우에는 어차피 변경된 사업시행자는 그 사업의 시행을 위하여 제3자로부터 토지를 재취득해야 하는 절차를 새로 거쳐야 하는 관계로 위와 같은 공익사업의 변환을 인정할 필요성도 없게 되므로, 공익사업의 변환을 인정하기 위해서는 적어도 변경된 사업의 사업시행자가 해당 토지를 소유하고 있어야 한다. 나아가 공익사업을 위해 협의취득하거나 수용한 토지가 제3자에게 처분된 경우에는 특별한 사정이 없는 한 그 토지는 해당 공익사업에는 필요 없게 된 것이라고 보아야 하고, 변경된 공익사업에 관해서도 마찬가지이므로, 그 토지가 변경된 사업의 사업시행자가 아닌 제3자에게 처분된 경우에는 공익사업의 변환을 인정할 여지도 없다.

[6] 지방자치단체가 도시관리계획상 초등학교 건립사업을 위하여 학교용지를 협의취득하였으나 위 학교용지 인근에서 아파트 건설사업을 하던 주택건설사업 시행자와 그 아파트단지 내에 들어설 새 초등학교 부지와 위 학교용지를 교환하고 위 학교용지에 중학교를 건립하는 것으로 도시관리계획을 변경한 사안에서, 위 학교용지에 대한 협의취득의 목적이 된 해당사업인 '초등학교 건립사업'의 폐지·변경으로 위 토지는 해당 사업에 필요 없게 되었고, 나아가 '중학교 건립사업'에 관하여 사업인정을 받지 않았을 뿐만 아니라 위 학교용지가 중학교 건립사업의 시행자 아닌 제3자에게 처분되었으므로 공익사업의 변환도 인정할 수 없다는 이유로 위 학교용지에 관한 환매권 행사를 인정하였다.

판례 45	대판 1977.12.27, 76다1472 판결, 대판 2001.1.16, 98다58511 판결 [토지보상법 제46조 위험부담 이전 관련 판례 쟁점]
	위험부담 이전과 하자담보책임

1. 76다1472 판결[최초의 위험부담 이전 판례]

댐건설로 인한 수몰지역 내의 토지를 매수하고 지상임목에 대하여 적절한 보상을 하기로 특약하였다면 보상금이 지급되기 전에 그 입목이 홍수로 멸실되었다고 하더라도 매수 또는 보상하기로 한 자는 이행불능을 이유로 위 보상약정을 해제할 수 없다.

2. 98다58511 판결[목적물 하자담보책임 판례]

[1] (구)토지수용법에 의한 수용재결의 효과로서 수용에 의한 기업자의 토지소유권 취득은 토지소유자와 수용자와의 법률행위에 의하여 승계취득하는 것이 아니라, 법률의 규정에 의하여 원시취득하는 것이므로, 토지소유자가 (구)토지수용법 제63조의 규정에 의하여 부담하는 토지의 인도의무에는 수용목적물에 숨은 하자가 있는 경우에도 하자담보책임이 포함되지 아니하여 토지소유자는 수용시기까지 수용대상토지를 현존 상태 그대로 기업자에게 인도할 의무가 있을 뿐이다.

[4] 수용재결이 있은 후에 수용대상토지에 숨은 하자가 발견되는 때에는 불복기간이 경과되지 아니한 경우라면 공평의 견지에서 기업자는 그 하자를 이유로 재결에 대한 이의를 거쳐 손실보상금의 감액을 내세워 행정소송을 제기할 수 있다고 보는 것이 상당하나, 이러한 불복절차를 취하지 않음으로써 그 재결에 대하여 더 이상 다툴 수 없게 된 경우에는 기업자는 그 재결이 당연무효이거나 취소되지 않는 한 재결에서 정한 손실보상금의 산정에 있어서 위 하자가 반영되지 않았다는 이유로 민사소송절차로 토지소유자에게 부당이득의 반환을 구할 수는 없다.

판례 46	대판 2008.5.29, 2007다8129 판결
	[주거이전비 판례 쟁점]
	주거이전비의 보상청구권 및 소송의 형태

[1] …주거이전비는 해당 공익사업시행지구 안에 거주하는 세입자들의 조기이주를 장려하여 사업추진을 원활하게 하려는 정책적인 목적과 주거이전으로 인하여 특별한 어려움을 겪게 될 세입자들을 대상으로 하는 사회보장적인 차원에서 지급되는 금원의 성격을 가지므로, 적법하게 시행된 공익사업으로 인하여 이주하게 된 주거용 건축물 세입자의 주거이전비 보상청구권은 공법상의 권리이고, 따라서 그 보상을 둘러싼 쟁송은 민사소송이 아니라 공법상의 법률관계를 대상으로 하는 행정소송에 의하여야 한다.

[2] …세입자의 주거이전비 보상청구권은 그 요건을 충족하는 경우에 당연히 발생하는 것이므로, 주거이전비 보상청구소송은 당사자소송에 의하여야 한다. 다만 세입자의 주거이전비보상에 관하여 재결이 이루어진 다음 세입자가 보상금의 증감 부분을 다투는 경우에는 같은 법 제85조 제2항에 규정된 행정소송에 따라, 보상금의 증감 이외의 부분을 다투는 경우에는 같은 조 제1항에 규정된 행정소송에 따라 권리구제를 받을 수 있다.

판례 47	대판 2011.2.24, 2010다43498 판결
	[토지보상법 제78조 제4항 판례 쟁점]
	토지보상법 제78조 제4항의 생활기본시설 비용부담(강행규정)

[판시사항]

[1] (구)공익사업을 위한 토지 등의 취득 및 보상에 관한 법률 소정의 이주대책의 제도적 취지

[2] 토지보상법 소정의 이주대책으로서 이주정착지에 택지를 조성하거나 주택을 건설하여 공급하는 경우, 이주정착지에 대한 공공시설 등의 설치비용을 당사자들의 합의로 이주자들에게 부담시킬 수 있는지 여부(소극)

[3] 이주정착지 조성에 갈음하여 택지개발촉진법에 의하여 이주대책대상자에게 택지를 공급하는 경우, 그 택지의 분양가격 결정을 위한 택지조성원가의 구체적인 산정을 택지개발촉진법령에 의하여야 하는지 여부(적극)

[판결요지]

[1] 토지보상법에 의한 이주대책은 공익사업의 시행에 필요한 토지 등을 제공함으로 인하여 생활의 근거를 상실하게 되는 이주대책대상자들을 위하여 사업시행자가 '기본적인 생활시설이 포함된' 택지를 조성하거나 그 지상에 주택을 건설하여 이주대책대상자들에게 이를 '그 투입비용 원가만의 부담하에' 개별 공급하는 것으로 서, 그 본래의 취지가 이주대책대상자들에 대하여 종전의 생활상태를 원상으로 회복시키면서 동시에 인간다운 생활을 보장하여 주기 위한 이른바 생활보상의 일환으로 국가의 적극적이고 정책적인 배려에 의하여 마련된 제도이다.

[2] 토지보상법 제78조 제4항은 사업시행자가 이주대책대상자들을 위한 이주대책으로서 이주정착지에 택지를 조성하거나 주택을 건설하여 공급하는 경우 그 이주정착지에 대한 도로, 급수 및 배수시설 기타 공공시설 등 해당 지역조건에 따른 생활기본시설이 설치되어 있어야 하고, 또한 그 공공시설 등의 설치비용은 사업시행자가 부담하는 것으로서 이를 이주대책대상자들에게 전가할 수 없으며, 이주대책대상자들에게는 그 건축원가만을 부담시킬 수 있는 것으로 해석함이 상당하고, 위 규정은 그 취지에 비추어 볼 때 당사자의 합의로도 그 적용을 배제할 수 없는 강행법규에 해당한다고 봄이 상당하다.

[3] 별도의 이주정착지 조성에 갈음하여 택지개발촉진법에 의하여 이주대책대상자에게 택지를 공급하는 경우도 토지보상법 제78조 제1항 소정의 이주대책의 하나인 이상 토지보상법 제78조 제4항의 규정은 이 경우에도 마찬가지로 적용된다고 할 것이나, 그 공급하는 택지의 분양가격 결정을 위한 택지조성원가의 구체적인 산정은 토지보상법령에 특별한 규정이 없는 이상 택지공급의 직접적인 근거가 되는 택지개발촉진법령에 의하여야 한다고 봄이 상당하다.

판례 48	대판 2007다63098, 2007다63096 판결 [이주대책에 관한 판례]
	토지보상법 제78조 제1항은 물론 제4항 본문은 강행규정(이주대책)

[1] 토지보상법 제78조에 의한 이주대책은 공익사업의 시행에 필요한 토지 등을 제공함으로 인하여 생활의 근거를 상실하게 되는 이주대책대상자들에게 종전의 생활상태를 원상으로 회복시키면서 동시에 인간다운 생활을 보장하여 주기 위하여 마련된 제도이다.

[2] 사업시행자의 이주대책 수립·실시의무를 정하고 있는 토지보상법 제78조 제1항은 물론 그 이주대책의 내용에 관하여 규정하고 있는 같은 법 제78조 제4항 본문역시 당사자의 합의 또는 사업시행자의 재량에 의하여 그 적용을 배제할 수 없는 강행법규이다.

[3] 만일 이주대책대상자들과 사업시행자 또는 그의 알선에 의한 공급자와 사이에 채결된 택지 또는 주택에 관한 특별공급계약에서 토지보상법 제78조 제4항에 규정된 생활기본시설 설치비용까지 사업시행자 등에게 지급하게 되었다면, 사업시행자가 직접 택지 또는 주택을 공급한 경우에는 특별공급계약 중 분양대금에 생활기본시설 설치비용을 포함시킨 부분이 강행법규인 토지보상법 제78조 제4항에 위배되어 무효이고, 사업시행자의 알선에 의하여 다른 공급자가 택지 또는 주택을 공급한 경우에는 사업시행자가 위 규정에 따라 부담하여야 할 생활 기본시설 설치비용에 해당하는 금액의 지출을 면하게 되어, 결국 사업시행자는 법률상 원인 없이 생활기본시설 상당의 이익을 얻고 그로 인하여 이주대책대상자들이 같은 금액 상당의 손해를 입게 된 것이므로, 사업시행자는 그 금액을 부당이득으로 이주대책대상자들에게 반환할 의무가 있다고 할 수 있다.

[4] 설령 이주자들이 공익사업시행지구가 지정되거나 그 범위가 결정되는 과정에서 자신들의 주거지가 이에 포함되도록 요청하거나 이에 동의한 바 있다 하더라도 이는 공익사업 시행지구 결정과정의 동기나 고려요소에 불과할 뿐이므로, 공익사업시행지구가 결정된 후 그 사업의 시행단계에서 이주자들이 종전 주거를 떠나 이주하는 것이 불가피하게 요구되거나 강제되는 경우라면 사업시행자는 이러한 이주자들에 대하여도 이주대책을 수립·실시해주어야 한다.

판례	대판 2017.7.11, 2017두40860 판결
49	잔여지 가치하락이 해당 공익사업으로 인한 것이 아닌 경우의 보상 가능성

잔여지에 대하여 현실적 이용상황 변경 또는 사용가치 및 교환가치의 하락 등이 발생하였더라도, 그 손실이 토지의 일부가 공익사업에 취득되거나 사용됨으로 인하여 발생하는 것이 아니라면 특별한 사정이 없는 한 토지보상법 제73조 제1항 본문에 따른 잔여지 손실보상 대상에 해당한다고 볼 수 없다.

판례	대판 2018.3.13, 2017두68370 판결
50	잔여지 손실보상금에 대한 지연손해금 지급의무 발생시기

토지보상법률이 잔여지 손실보상금 지급의무의 이행기를 정하지 않았고, 그 이행기를 편입토지의 권리변동일이라고 해석하여야 할 체계적, 목적론적 근거를 찾기도 어려우므로, 잔여지 손실보상금 지급의무는 이행기의 정함이 없는 채무로 보는 것이 타당하다. 따라서 잔여지 손실보상금 지급의무의 경우 잔여지의 손실이 현실적으로 발생한 이후로서 잔여지 소유자가 사업시행자에게 이행청구를 한 다음 날부터 그 지연손해금 지급의무가 발생한다(민법 제387조 제3항 참조).

판례 51

대판 2014.4.24, 2012두16534 판결
[토지보상법상 보상대상에 관한 판례 쟁점]
토지에 속한 흙 · 돌 · 모래 또는 자갈이 별도의 보상대상이 되는 경우

토지보상법 제75조 제3항 규정에서 '흙 · 돌 · 모래 또는 자갈이 해당 토지와 별도로 취득 또는 사용의 대상이 되는 경우'란 흙 · 돌 · 모래 또는 자갈이 속한 수용대상토지에 관하여 토지의 형질변경 또는 채석 · 채취를 적법하게 할 수 있는 행정적 조치가 있거나 그것이 가능하고 구체적으로 토지의 가격에 영향을 미치고 있음이 객관적으로 인정되어 토지와는 별도의 경제적 가치가 있다고 평가되는 경우 등을 의미한다.

판례 52

대판 2011.2.24, 2010두23149 판결
잔여지 손실보상에서의 보상대상인 '손실'의 범위

토지보상법 제73조에 의하면, 동일한 토지소유자에게 속하는 일단의 토지의 일부가 취득 또는 사용됨으로 인하여 잔여지의 가격이 감소하거나 그 밖의 손실이 있는 때 등에는 토지소유자는 그로 인한 잔여지 손실보상청구를 할 수 있고, 이 경우 보상하여야 할 손실에는 토지 일부의 취득 또는 사용으로 인하여 그 획지조건이나 접근조건 등의 가격형성요인이 변동됨에 따라 발생하는 손실뿐만 아니라 그 취득 또는 사용목적사업의 시행으로 설치되는 시설의 형태 · 구조 · 사용 등에 기인하여 발생하는 손실과 수용재결 당시의 현실적 이용상황의 변경 외 장래의 이용가능성이나 거래의 용이성 등에 의한 사용가치 및 교환가치상의 하락 모두가 포함된다.

판례 53	대판 2012.12.27, 2010두9457 판결 [재결신청청구권 판례 쟁점]
	재결신청청구권의 성립요건 : 청구의 기간 등

[판시사항]

[1] 토지소유자 등이 구 공익사업을 위한 토지 등의 취득 및 보상에 관한 법률 제85조에서 정한 제소기간 내에 관할 토지수용위원회에서 재결한 보상금의 증감에 대한 소송을 제기한 경우, 같은 법 제30조 제3항에서 정한 지연가산금은 위 제85조에서 정한 제소기간에 구애받지 않고 그 소송절차에서 청구취지 변경 등을 통해 청구할 수 있는지 여부(적극)

[2] 사업시행자가 보상협의요청서에 기재한 협의기간이 종료하기 전에 토지소유자 및 관계인이 재결신청의 청구를 하였으나 사업시행자가 협의기간이 종료하기 전에 협의기간을 연장한 경우, 구 공익사업을 위한 토지 등의 취득 및 보상에 관한 법률 제30조 제2항에서 정한 60일 기간의 기산 시기(=당초의 협의기간 만료일)

[판결요지]

[1] 토지보상법 제30조 제3항에서 정한 지연가산금은, 사업시행자가 재결신청의 청구를 받은 때로부터 60일을 경과하여 재결신청을 한 경우 관할토지수용위원회에서 재결한 보상금에 가산하여 토지소유자 및 관계인에게 지급하도록 함으로써, 사업시행자로 하여금 법이 규정하고 있는 기간 이내에 재결신청을 하도록 간접강제함과 동시에 재결신청이 지연된 데에 따른 토지소유자 및 관계인의 손해를 보전하는 성격을 갖는 금원으로, 재결보상금에 부수하여 법상 인정되는 공법상 청구권이다. 그러므로 제소기간 내에 재결보상금의 증감에 대한 소송을 제기한 이상, 지연가산금은 토지보상법 제85조에서 정한 제소기간에 구애받지 않고 그 소송절차에서 청구취지 변경 등을 통해 청구할 수 있다고 보는 것이 타당하다.

[2] 관련 규정의 내용, 형식 및 취지를 비롯하여, 토지소유자 및 관계인이 협의기간 종료 전에 사업시행자에게 재결신청의 청구를 한 경우 토지보상법 제30조 제2항에서 정한 60일의 기간은 협의기간 만료일로부터 기산하여야 하는 점, 사업인정고시가 있게 되면 토지소유자 및 관계인에 대하여 토지등의 보전의무가 발생하고, 사업시행자에게는 토지 및 물건에 관한 조사권이 주어지게 되는 이상, 협의기간 연장을 허용하게 되면 토지소유자 및 관계인에게 실질적인 불이익도 연장될 우려가 있는 점, 사업시행자의 협의기간 연장을 허용하는 것은 사업시행자가 일

방적으로 재결신청을 지연할 수 있도록 하는 부당한 결과를 가져올 수 있는 점 등을 종합해 보면, 사업시행자가 보상협의요청서에 기재한 협의기간을 토지소유자 및 관계인에게 통지하고, 토지소유자 및 관계인이 그 협의기간이 종료하기 전에 재결신청의 청구를 한 경우에는 사업시행자가 협의기간이 종료하기 전에 협의기간을 연장하였다고 하더라도 60일의 기간은 당초의 협의기간 만료일로부터 기산하여야 한다고 보는 것이 타당하다.

판례 54
대판 2015.4.9, 2014두46669 판결
[토지수용청구 거부에 대한 소송 판례 쟁점]

토지수용청구 거부재결에 대한 소송의 형태 및 상대방 – 제27회 기출 2번

토지보상법 제72조에 비추어 보면, 위 규정이 정한 수용청구권은 토지보상법 제74조 제1항이 정한 잔여지수용청구권과 같이 손실보상의 일환으로 토지소유자에게 부여되는 권리로서 그 청구에 의하여 수용효과가 생기는 형성권의 성질을 지니므로, 토지소유자의 토지수용청구를 받아들이지 아니한 토지수용위원회의 재결에 대하여 토지소유자가 불복하여 제기하는 소송은 토지보상법 제85조 제2항에 규정되어 있는 '보상금의 증감에 관한 소송'에 해당하고, 피고는 토지수용위원회가 아니라 사업시행자로 하여야 한다.

판례 55
대판 2014.11.13, 2013두19738 · 19745 판결
[공용수용 목적물의 범위에 대한 소송 판례 쟁점]

공용수용 목적물의 범위 : 허가 없이 건축된 건축물

(구)토지보상법 제25조 제2항은 "사업인정고시가 있은 후에는 고시된 토지에 건축물의 건축·대수선, 공작물의 설치 또는 물건의 부가·증치를 하고자 하는 자는 특별자

치도지사, 시장·군수 또는 구청장의 허가를 받아야 한다. 이 경우 특별자치도지사, 시장·군수 또는 구청장은 미리 사업시행자의 의견을 들어야 한다."고 규정하고, 같은 조 제3항은 "제2항의 규정에 위반하여 건축물의 건축·대수선, 공작물의 설치 또는 물건의 부가·증치를 한 토지소유자 또는 관계인은 해당 건축물·공작물 또는 물건을 원상으로 회복하여야 하며 이에 관한 손실의 보상을 청구할 수 없다."고 규정하고 있다. 이러한 규정의 취지에 비추어 보면, 건축법상 건축허가를 받았더라도 허가받은 건축행위에 착수하지 아니하고 있는 사이에 토지보상법상 사업인정고시가 된 경우 고시된 토지에 건축물을 건축하려는 자는 토지보상법 제25조에 정한 허가를 따로 받아야 하고, 그 허가 없이 건축된 건축물에 관하여는 토지보상법상 손실보상을 청구할 수 없다고 할 것이다.

<table><tr><td>판례
56</td><td>대판 2013.2.15, 2012두22096 판결
[손실보상의 대상에 대한 소송 판례 쟁점]</td></tr><tr><td colspan="2">손실보상의 대상 : 보상계획 공고 이후 설치한 지장물</td></tr></table>

(구)공익사업법상 손실보상 및 사업인정고시 후 토지 등의 보전에 관한 각 규정의 내용에 비추어 보면, 사업인정고시 전에 공익사업시행지구 내 토지에 설치한 공작물 등 지장물은 원칙적으로 손실보상의 대상이 된다고 보아야 한다. 그러나 손실보상은 공공필요에 의한 행정작용에 의하여 사인에게 발생한 특별한 희생에 대한 전보라는 점을 고려할 때, (구)공익사업법 제15조 제1항에 따른 사업시행자의 보상계획공고 등으로 공익사업의 시행과 보상대상토지의 범위 등이 객관적으로 확정된 후 해당 토지에 지장물을 설치하는 경우에 그 공익사업의 내용, 해당 토지의 성질, 규모 및 보상계획공고 등 이전의 이용실태, 설치되는 지장물의 종류, 용도, 규모 및 그 설치시기 등에 비추어 그 지장물이 해당 토지의 통상의 이용과 관계없거나 이용범위를 벗어나는 것으로 손실보상만을 목적으로 설치되었음이 명백하다면, 그 지장물은 예외적으로 손실보상의 대상에 해당하지 아니한다고 보아야 한다.

판례 57	대판 2013.2.15, 2012두22096 판결
	손실보상의 대상 : 보상계획 공고 이후 설치한 지장물이 해당하는지 여부

구 공익사업법상 손실보상 및 사업인정고시 후 토지 등의 보전에 관한 위 각 규정의 내용에 비추어 보면, 사업인정고시 전에 공익사업시행지구 내 토지에 설치한 공작물 등 지장물은 원칙적으로 손실보상의 대상이 된다고 보아야 한다. 그러나 손실보상은 공공필요에 의한 행정작용에 의하여 사인에게 발생한 특별한 희생에 대한 전보라는 점을 고려할 때, 구 공익사업법 제15조 제1항에 따른 사업시행자의 보상계획공고 등으로 공익사업의 시행과 보상 대상 토지의 범위 등이 객관적으로 확정된 후 해당 토지에 지장물을 설치하는 경우에 그 공익사업의 내용, 해당 토지의 성질, 규모 및 보상계획공고 등 이전의 이용실태, 설치되는 지장물의 종류, 용도, 규모 및 그 설치시기 등에 비추어 그 지장물이 해당 토지의 통상의 이용과 관계없거나 이용 범위를 벗어나는 것으로 손실보상만을 목적으로 설치되었음이 명백하다면, 그 지장물은 예외적으로 손실보상의 대상에 해당하지 아니한다고 보아야 한다.

… 이와 같은 이 사건 보상계획공고의 시기 및 내용, 이 사건 각 토지의 보상계획공고 이전의 이용실태, 원고가 설치한 이 사건 비닐하우스 등의 규모 및 설치기간, 이 사건 보상계획공고와 사업인정고시 사이의 시간적 간격 및 이 사건 비닐하우스 등의 설치시기 등에 비추어 보면, 이 사건 비닐하우스 등은 이 사건 공익사업의 시행 및 보상계획이 구체화된 상태에서 손실보상만을 목적으로 설치되었음이 명백하다고 할 것이고, 앞서 본 법리에 비추어 이 사건 비닐하우스 등은 손실보상의 대상이 되지 아니한다고 보아야 할 것이다.

판례 58	대판 2013.8.22, 2012다3517 판결
	[협의의 법적 성질에 대한 소송 판례 쟁점]
	손실보상금에 관한 협의의 법적 성질

토지보상법에 의한 보상합의는 공공기관이 사경제주체로서 행하는 사법상 계약의 실질을 가지는 것으로서, 당사자 간의 합의로 같은 법 소정의 손실보상의 기준에 의하지 아니한 손실보상금을 정할 수 있으며, 이와 같이 같은 법이 정하는 기준에 따르지 아

니하고 손실보상액에 관한 합의를 하였다고 하더라도 그 합의가 착오 등을 이유로 적법하게 취소되지 않는 한 유효하다. 따라서 토지보상법에 의한 보상을 하면서 손실보상금에 관한 당사자 간의 합의가 성립하면 그 합의 내용대로 구속력이 있고, 손실보상금에 관한 하의 내용이 토지보상법에서 정하는 손실보상기준에 맞지 않는다고 하더라도 합의가 적법하게 취소되는 등의 특별한 사정이 없는 한 추가로 토지보상법상 기준에 따른 손실보상금 청구를 할 수는 없다.

판례 59	대판 2020.5.28, 2017다265389 판결 [토지보상법에 따라 공공사업의 시행자가 토지를 협의취득하는 경우, 일방 당사자의 채무불이행에 대하여 민법에 따른 손해배상 또는 하자담보책임을 물을 수 있는지 여부] **한국토지공사가 토지보상법에 따라 택지개발사업지구 내 토지소유자와 체결한 매매계약이 상행위인지 여부, 협의취득의 법적성질 및 일방당사자의 채무불이행에 대한 손해배상 또는 하자담보책임을 물을 수 있는지 여부**

[판결 요지]

[1] 한국토지공사가 택지개발사업을 시행하기 위하여 공익사업을 위한 토지 등의 취득 및 보상에 관한 법률에 따라 토지소유자로부터 사업 시행을 위한 토지를 매수하는 행위를 하더라도 한국토지공사를 상인이라 할 수 없고, 한국토지공사가 택지개발사업 지구 내에 있는 토지에 관하여 토지소유자와 매매계약을 체결한 행위를 상행위로 볼 수 없다.

[2] 공익사업을 위한 토지 등의 취득 및 보상에 관한 법률에 따라 공공사업의 시행자가 토지를 협의취득하는 행위는 사법상의 법률행위로 일방 당사자의 채무불이행에 대하여 민법에 따른 손해배상 또는 하자담보책임을 물을 수 있다. 이 경우 매도인에 대한 하자담보에 기한 손해배상청구권에 대하여는 민법 제162조 제1항의 채권 소멸시효의 규정이 적용되고, 매수인이 매매의 목적물을 인도받은 때부터 소멸시효가 진행한다.

판례 60	대판 2014.7.10, 2012두22966 판결
	[재결신청청구 관련 권리구제에 대한 소송 판례 쟁점]
	재결신청청구 관련 권리구제 : 항고쟁송

[판시사항]

[1] 행정청이 국민의 신청에 대하여 한 거부행위가 항고소송의 대상이 되는 행정처분이 되기 위한 요건

[2] 문화재구역 내 토지소유자 甲이 문화재청장에게 (구)공익사업을 위한 토지 등의 취득 및 보상에 관한 법률 제30조 제1항에 의한 재결신청 청구를 하였으나, 문화재청장은 위 법 제30조 제2항에 따른 관할 토지수용위원회에 대한 재결신청의무를 부담하지 않는다는 이유로 거부 회신을 받은 사안에서, 위 회신은 항고소송의 대상이 되는 거부처분에 해당하지 않는다고 한 사례

[판결요지]

[1] 행정청이 국민의 신청에 대하여 한 거부행위가 항고소송의 대상이 되는 행정처분으로 되려면, 행정청의 행위를 요구할 법규상 또는 조리상의 신청권이 국민에게 있어야 하고, 이러한 신청권의 근거 없이 한 국민의 신청을 행정청이 받아들이지 아니한 경우에는 거부로 인하여 신청인의 권리나 법적 이익에 어떤 영향을 주는 것이 아니므로 이를 항고소송의 대상이 되는 행정처분이라 할 수 없다.

[2] 문화재보호법 제83조 제2항 및 (구)공익사업법 제30조 제1항은 문화재청장이 문화재의 보존·관리를 위하여 필요하다고 인정하여 지정문화재나 보호구역에 있는 토지 등을 (구)공익사업법에 따라 수용하거나 사용하는 경우에 비로소 적용되는데, 문화재청장이 토지조서 및 물건조서를 작성하는 등 위 토지에 대하여 (구)공익사업법에 따른 수용절차를 개시한 바 없으므로, 甲에게 문화재청장으로 하여금 관할 토지수용위원회에 재결을 신청할 것을 청구할 법규상의 신청권이 인정된다고 할 수 없어, 위 회신은 항고소송의 대상이 되는 거부처분에 해당하지 않는다고 한 사례

판례 61	대판 2009.11.26, 2009두11607 판결 [사업인정과 수용재결의 하자승계 관련 소송 판례 쟁점] 사업인정과 수용재결의 하자승계

[판시사항]

[1] 상고이유서에 법령위반에 관한 구체적이고 명시적인 이유의 설시가 없는 경우 적법한 상고이유의 기재로 볼 수 있는지 여부(소극)

[2] 도시계획사업허가의 공고 시에 토지세목의 고시를 누락하거나 사업인정을 함에 있어 수용 또는 사용할 토지의 세목을 공시하는 절차를 누락한 경우, 이를 이유로 수용재결처분의 취소를 구하거나 무효확인을 구할 수 있는지 여부(소극)

[판결요지]

[1] 상고법원은 상고이유에 의하여 불복신청한 한도 내에서만 조사·판단할 수 있으므로, 상고이유에서는 상고이유를 특정하여 원심판결의 어떤 점이 법령에 어떻게 위반되었는지에 관하여 구체적이고도 명시적인 이유의 설시가 있어야 할 것이어서, 상고인이 제출한 상고이유서에 위와 같은 구체적이고도 명시적인 이유의 설시가 없는 때에는 상고이유서를 제출하지 않은 것으로 취급할 수밖에 없다. 따라서 법령위반에 관한 구체적이고 명시적인 근거를 밝히지 아니한 경우 적법한 상고이유의 기재로 보기 어렵다.

[2] 도시계획사업허가의 공고시에 토지세목의 고시를 누락하거나 사업인정을 함에 있어 수용 또는 사용할 토지의 세목을 공시하는 절차를 누락한 경우, 이는 절차상의 위법으로서 수용재결단계전의 사업인정단계에서 다툴 수 있는 취소사유에 해당하기는 하나 더 나아가 그 사업인정 자체를 무효로 할 중대하고 명백한 하자라고 보기는 어렵고, 따라서 이러한 위법을 들어 수용재결처분의 취소를 구하거나 무효확인을 구할 수는 없다.

판례	대판 2012.4.13, 2010다94960 판결
62	[토지 · 물건의 인도 등에 대한 소송 판례 쟁점]
	토지 · 물건의 인도 또는 이전의무(이전비용에 못 미치는 물건가격으로 보상한 경우 지장물 소유권을 취득하는지 여부)

사업시행자가 사업시행에 방해가 되는 지장물에 관하여 토지보상법 제75조 제1항 단서 제2호에 따라 이전에 소요되는 실제 비용에 못 미치는 물건의 가격으로 보상한 경우, 사업시행자가 물건을 취득하는 제3호와 달리 수용절차를 거치지 아니한 이상 사업시행자가 보상만으로 물건의 소유권까지 취득한다고 보기는 어렵겠으나, 다른 한편으로 사업시행자는 지장물의 소유자가 시행규칙 제33조 제4항 단서에 따라 스스로의 비용으로 철거하겠다고 하는 등 특별한 사정이 없는 한 지장물의 소유자에 대하여 철거 및 토지의 인도를 요구할 수 없고 자신의 비용으로 직접 이를 제거할 수 있을 뿐이며, 이러한 경우 지장물의 소유자로서도 사업시행에 방해가 되지 않는 상당한 기한 내에 시행규칙 제33조 제4항 단서에 따라 스스로 지장물 또는 그 구성부분을 이전해 가지 않은 이상 사업시행자의 지장물 제거와 그 과정에서 발생하는 물건의 가치 상실을 수인하여야 할 지위에 있다고 보아야 한다.

판례	대판 2012.12.13, 2012다71978 판결
63	[실효성 확보수단(행정대집행)에 대한 소송 판례 쟁점]
	토지 · 물건의 인도 등 거부 시 실효성 확보수단 : 행정대집행

타인 소유의 토지 위에 권한 없이 건물이나 공작물 등을 소유하고 있는 자는 그 자체로서 특별한 사정이 없는 한 법률상 원인 없이 타인의 재산으로 토지의 차임에 상당하는 이익을 얻고 이로 인하여 타인에게 동액 상당의 손해를 주고 있다고 할 것이다.

기록에 의하면, 이 사건 지장물에 관한 행정대집행 당시 피고가 고철류 등에 관하여 원고가 임의 매각해도 좋다는 동의서 등을 작성 · 교부한 사실은 인정되나, 이는 상태가 불량한 고철류 등을 대상으로 한 것이고, 동의서 등의 작성 대상이 되지 아니한 군수용품은 행정대집행 절차에 따라 물류창고에 보관하게 되었는데, 90개의 컨테이

너에 나누어 보관될 정도로 그 양이 많을 뿐만 아니라, 감정을 거친 감정평가금액도 7,393만원에 이르며, 또한 피고는 군수용품에 대한 유체동산 강제집행 과정에서 압류 대상 선정이나 감정평가 등에 관하여 여러 차례 문제를 제기하고, 원고 측의 군수용품 폐기를 저지하기 위한 노력을 한 점 등을 감안하여 볼 때, 피고가 이 사건 지장물에 대한 소유권을 사실상 포기하였다고 단정할 수는 없다.

또한 기록에 의하면, 피고는 이 사건 토지의 소유자들로부터 이 사건 토지를 임차하여 그 지상에 창고 4동과 컨테이너 1개 등을 설치하고 약 600 t 에 이르는 군수용품 등을 보관하여 왔는데, 원고가 이 사건 토지를 협의취득한 이후에도 행정대집행 절차에 따라 위와 같은 지장물이 모두 철거·이전될 때까지 그 상태가 계속되었음을 알 수 있는 바, 피고는 원고가 이 사건 토지에 관한 소유권을 취득한 이후에도 창고, 컨테이너, 군수용품 등의 소유와 보관을 위하여 그 부지가 된 이 사건 토지를 점유하여 왔다고 보아야 할 것이므로, 앞서 본 법리에 비추어 볼 때, 특별한 사정이 없는 한 행정대집행 절차에 따라 위와 같은 지장물이 철거·이전되어 원고에게 이 사건 토지를 인도하게 된 시점까지 그 토지를 점유·사용함에 따른 차임 상당의 부당이득금을 반환할 의무가 있다고 할 것이다.

판례 64	대판 2017.3.15, 2015다238963 판결 [환매권 행사의 대항력]
	환매권 : 환매권 행사, 대항력, 환매권의 손해배상액 산정방법

[판시사항]

[1] 구 공익사업을 위한 토지 등의 취득 및 보상에 관한 법률 제91조 제5항에서 정한 '환매권은 부동산등기법이 정하는 바에 의하여 공익사업에 필요한 토지의 협의취득 또는 수용의 등기가 된 때에는 제3자에게 대항할 수 있다'의 의미

[2] 갑 지방자치단체가 도로사업 부지를 취득하기 위하여 을 등으로부터 토지를 협의 취득하여 소유권이전등기를 마쳤는데, 위 토지가 택지개발예정지구에 포함되자 이를 택지개발사업 시행자인 병 공사에 무상으로 양도하였고, 그 후 택지개발예 정지구 변경지정과 개발계획 변경승인 및 실시계획 승인이 고시되어 위 토지가

택지개발사업의 공동주택용지 등으로 사용된 사안에서, 택지개발사업의 개발계획 변경승인 및 실시계획 승인이 고시됨으로써 토지가 도로사업에 필요 없게 되어 을 등에게 환매권이 발생하였고, 을 등은 환매권이 발생한 때부터 제척기간 도과로 소멸할 때까지 사이에 언제라도 환매권을 행사하고, 이로써 제3자에게 대항할 수 있다고 한 사례

[3] 구 공익사업을 위한 토지 등의 취득 및 보상에 관한 법률상 원소유자 등의 환매권 상실로 인한 손해배상액을 산정하는 방법

[판결요지]

[1] (구)토지보상법 제91조 제5항은 협의취득 또는 수용의 목적물이 제3자에게 이전되더라도 협의취득 또는 수용의 등기가 되어 있으면 환매권자의 지위가 그대로 유지되어 환매권자는 환매권을 행사할 수 있고, 제3자에 대해서도 이를 주장할 수 있다는 의미이다.

[2] 택지개발사업의 개발계획 변경승인 및 실시계획 승인이 고시됨으로써 토지가 도로사업에 더 이상 필요 없게 되어 협의취득일 당시 토지소유자였던 乙 등에게 환매권이 발생하였고, 그 후 택지개발사업에 토지가 필요하게 된 사정은 환매권의 성립이나 소멸에 아무런 영향을 미치지 않으며, 위 토지에 관하여 甲 지방자치단체 앞으로 공공용지 협의취득을 원인으로 한 소유권이전등기가 마쳐졌으므로, 乙 등은 환매권이 발생한 때부터 제척기간 도과로 소멸할 때까지 사이에 언제라도 환매권을 행사하고, 이로써 제3자에게 대항할 수 있다고 한 사례.

[3] 환매권 상실 당시 환매목적물의 감정평가금액이 토지보상법 제91조 제1항에 정해진 '지급한 보상금'에 그때까지 사업과 관계없는 인근 유사토지의 지가변동률을 곱한 금액보다 적거나 같을 때에는 감정평가금액에서 '지급한 보상금'을 공제하는 방법으로 계산하면 되지만, 이를 초과할 때에는 [환매권 상실 당시의 감정평가금액 − (환매권 상실 당시의 감정평가금액 − 지급한 보상금 × 지가상승률)]로 산정한 금액, 즉 '지급한 보상금'에 당시의 인근 유사토지의 지가상승률을 곱한 금액이 손해로 된다.

판례	대판 2012.4.26, 2010다6611 판결
65	[환매권 행사요건에 대한 소송 판례 쟁점]
	환매권 행사의 요건 : 당사자와 목적물

1필지 토지 중 일부를 특정하여 매수하고 다만 소유권이전등기는 필지 전체에 관하여 공유지분권이전등기를 한 경우에는 특정 부분 이외의 부분에 관한 등기는 상호 명의신탁을 하고 있는 것으로서, 지분권자는 내부관계에서는 특정 부분에 한하여 소유권을 취득하고 이를 배타적으로 사용·수익할 수 있고, 다른 구분소유자의 방해행위에 대하여는 소유권에 터 잡아 그 배제를 구할 수 있다. 국가가 1필지 토지에 관하여 위와 같이 다른 공유자와 구분소유적 공유관계에 있는 경우 그 공유자는 국가와 관계에서 1필지의 특정 부분에 대하여 소유권을 취득하고 이를 배타적으로 사용·수익할 수 있고, 국가가 이러한 상태에서 군사상 필요 등에 의하여 다른 공유자가 1필지 토지에 관하여 가지고 있는 권리를 수용하는 경우 수용 대상은 공유자의 1필지 토지에 대한 공유지분권이 아니라 1필지의 특정 부분에 대한 소유권이다. 따라서 어느 공유자가 국가와 1필지 토지에 관하여 구분소유적 공유관계에 있는 상태에서 국가로부터 그 공유자가 가지는 1필지의 특정 부분에 대한 소유권을 수용당하였다가 그 후 환매권을 행사한 경우 그 공유자가 환매로 취득하는 대상은 당초 수용이 된 대상과 동일한 1필지의 특정 부분에 대한 소유권이고, 이와 달리 1필지 전체에 대한 공유지분이라고 볼 수는 없다.

판례 66	대판 2015.8.19, 2014다201391 판결 [환매권 행사의 제한에 대한 소송 판례 쟁점]
	환매권 행사의 제한 : 사업시행자 요건

토지보상법 제91조 제6항 전문은 당초의 공익사업이 공익성의 정도가 높은 다른 공익사업으로 변경되고 그 다른 공익사업을 위하여 토지를 계속 이용할 필요가 있을 경우에는, 환매권의 행사를 인정한 다음 다시 협의취득이나 수용 등의 방법으로 그 토지를 취득하는 번거로운 절차를 되풀이하지 않게 하기 위하여 이른바 '공익사업의 변환'을 인정함으로써 환매권의 행사를 제한하려는 것이다. 토지보상법 제91조 제6항 전문 중 '해당 공익사업이 제4조 제1호부터 제5호까지에 규정된 다른 공익사업으로 변경된 경우' 부분에는 별도의 사업주체에 관한 규정이 없음에도 그 앞부분의 사업시행 주체에 관한 규정이 뒷부분에도 그대로 적용된다고 해석하는 것은 문리해석에 부합하지 않는다.

무용한 수용절차의 반복을 피하자는 데 주안점을 두었을 뿐 변경된 공익사업의 사업주체에 관하여는 큰 의미를 두지 않았던 점, 공익성이 매우 높은 사업임에도 사업시행자가 민간기업이라는 이유만으로 공익사업의 변환을 인정하지 않는다면 공익사업변환제도를 마련한 취지가 무색해지는 점, 공익사업의 변환이 일단 토지보상법 제91조 제6항에 정한 공공기관이 협의취득 또는 수용한 토지를 대상으로 하고, 변경된 공익사업이 공익성이 높은 토지보상법 제4조 제1~5호에 규정된 사업인 경우에 한하여 허용되므로 공익사업 변환 제도의 남용을 막을 수 있는 점을 종합해 보면, 변경된 공익사업이 토지보상법 제4조 제1~5호에 정한 공익사업에 해당하면 공익사업의 변환이 인정되는 것이지, 변경된 공익사업의 시행자가 국가·지방자치단체 또는 일정한 공공기관일 필요까지는 없다.

판례 67	대판 2012.8.30, 2011다74109 판결 [환매권의 행사에 대한 소송 판례 쟁점]
	환매권 행사 : 환매대금의 지급 및 공탁

[판시사항]

[1] 공익사업을 위한 토지 등의 취득 및 보상에 관한 법률 제91조에서 정한 환매권 행사 시 환매기간 내 환매대금 상당의 지급 또는 공탁이 선이행의무인지 여부(적극)

[2] 환매대상인 토지 부분의 정확한 위치와 면적을 특정하기 어려운 사정이 있는 경우 환매기간 만료 전 지급하거나 공탁한 환매대금이 나중에 법원의 감정 등으로 특정된 토지 부분의 환매대금에 다소 미치지 못하더라도 환매기간 경과 후 추가로 부족한 환매대금을 지급하거나 공탁할 수 있는지 여부(한정 적극) 및 환매권자가 명백한 계산 착오 등으로 환매대금의 아주 적은 일부를 환매기간 만료 전에 지급하거나 공탁하지 못한 경우에도 마찬가지인지 여부(적극)

[3] 환매권자가 미리 지급하거나 공탁한 환매대금이 환매를 청구한 토지 부분 전체에 대한 환매대금에는 부족하더라도 실제 환매대상이 될 수 있는 토지 부분 대금으로는 충분한 경우, 환매대상이 되는 부분에 대하여 환매권 행사의 효력이 있는지 여부(적극)

[4] 합병 전 한국토지공사가 갑에게서 수용한 토지 중 일부가 사업에 이용할 필요가 없게 되었음을 이유로 갑이 환매기간 내에 최초 수용재결 금액을 기준으로 그 면적 비율에 상응하는 환매대금을 공탁한 후 환매를 요청한 사안에서, 원심으로서는 갑이 이의재결 금액이 아닌 수용재결 금액만을 공탁한 이유가 무엇인지 등을 지적하여 갑에게 변론할 기회를 주었어야 하고, 공탁금액이 해당 토지 전체의 환매대금에 모자라더라도 토지 중 환매요건을 충족하는 부분이 있는지, 그에 대한 환매대금 이상이 공탁되어 있는지 등에 관하여 심리하였어야 함에도, 그와 같은 필요한 조치를 취하지 않은 채 갑의 청구를 배척한 원심판결에 법리오해 등의 위법이 있다고 한 사례

[판결요지]

[1] 토지보상법 제91조에 의한 환매는 환매기간 내에 환매의 요건이 발생하면 환매권자가 지급 받은 보상금에 상당한 금액을 사업시행자에게 미리 지급하고 일방적으로 의사표시를 함으로써 사업시행자의 의사와 관계없이 환매가 성립한다. 따라서

환매기간 내에 환매대금 상당을 지급하거나 공탁하지 아니한 경우에는 환매로 인한 소유권이전등기 청구를 할 수 없다.

[2] 협의취득 또는 수용된 토지 중 일부가 필요 없게 되어 그 부분에 대한 환매권을 행사하는 경우와 같이 환매대상 토지 부분의 정확한 위치와 면적을 특정하기 어려운 특별한 사정이 있는 경우에는, 비록 환매기간 만료 전에 사업시행자에게 미리 지급하거나 공탁한 환매대금이 나중에 법원의 감정 등을 통하여 특정된 토지 부분에 대한 환매대금에 다소 미치지 못한다고 하더라도 그 환매대상인 토지 부분의 동일성이 인정된다면 환매기간 경과 후에도 추가로 부족한 환매대금을 지급하거나 공탁할 수 있다고 보아야 한다. 그리고 이러한 법리는 환매권자가 명백한 계산 착오 등으로 환매대금의 아주 적은 일부를 환매기간 만료 전에 지급하거나 공탁하지 못한 경우에도 적용된다고 봄이 신의칙상 타당하다.

[3] 환매권자가 미리 지급하거나 공탁한 환매대금이 환매권자가 환매를 청구한 토지 부분 전체에 대한 환매대금에는 부족하더라도 실제 환매대상이 될 수 있는 토지 부분의 대금으로는 충분한 경우에는 그 부분에 대한 환매대금은 미리 지급된 것으로 보아야지, 환매를 청구한 전체 토지와 대비하여 금액이 부족하다는 이유만으로 환매대상이 되는 부분에 대한 환매권의 행사마저 효력이 없다고 볼 것은 아니다.

[4] 합병 전 한국토지공사가 甲에게서 수용한 토지 중 일부가 사업에 이용할 필요가 없게 되었음을 이유로 甲이 환매기간 내에 최초 수용재결 금액을 기준으로 그 면적 비율에 상응하는 환매대금을 공탁한 후 환매를 요청한 사안에서, 원심으로서는 甲이 이의재결 금액이 아닌 수용재결 금액만을 공탁한 이유가 무엇인지 등을 지적하여 甲에게 변론할 기회를 주었어야 하고, 공탁금액이 해당 토지 전체의 환매대금에 모자라더라도 토지 중 환매요건을 충족하는 부분이 있는지, 그에 대한 환매대금 이상이 공탁되어 있는지 등에 관하여 심리하였어야 함에도, 그와 같은 필요한 조치를 취하지 않은 채 甲이 공탁한 환매대금이 이의재결 금액을 기준으로 계산하면 부족하다는 점만을 이유로 甲의 청구를 배척한 원심판결에 법리오해 등의 위법이 있다고 한 사례

판례 68	대판 2012.3.15, 2011다77849 판결 [환매권의 행사에 대한 소송 판례 쟁점]
	환매권의 행사 : 환매대금 공탁의 효력

[판시사항]

[1] 매수인이 매도인을 대리하여 매매대금을 수령할 권한을 가진 자에게 잔대금의 수령을 최고하고 그 자를 공탁물수령자로 지정하여 변제공탁을 한 경우, 매도인에 대한 잔대금 지급의 효력이 있는지 여부(적극)

[2] 한국수자원공사가 갑 소유의 부동산을 수용하였는데, 이후 갑이 한국수자원공사에게서 환매업무를 위임받은 합병 전 한국토지공사에 환매를 요청하면서 한국토지공사를 피공탁자로 하여 환매대금을 공탁한 사안에서, 갑의 공탁은 한국수자원공사에 환매대금을 지급한 것과 같은 효력이 발생한다고 보아야 함에도, 이와 달리 본 원심판결에 법리오해의 위법이 있다고 한 사례

[판결요지]

[1] 매수인이 매도인을 대리하여 매매대금을 수령할 권한을 가진 자에게 잔대금의 수령을 최고하고 그 자를 공탁물수령자로 지정하여 한 변제공탁은 매도인에 대한 잔대금 지급의 효력이 있다.

[2] 한국수자원공사가 甲 소유의 부동산을 수용하였는데, 이후 甲이 한국수자원공사에게서 환매업무를 위임받은 합병 전 한국토지공사에 환매를 요청하면서 한국토지공사를 피공탁자로 하여 환매대금을 공탁한 사안에서, 제반 사정에 비추어 한국토지공사는 한국수자원공사를 대리하여 환매대금을 수령할 권한을 가지고 있었고, 甲이 한국토지공사에 환매대금 수령을 최고하고 한국토지공사를 공탁물수령자로 지정하여 환매대금을 공탁한 것은 환매당사자인 한국수자원공사에 환매대금을 지급한 것과 같은 효력이 발생한다고 보아야 함에도, 이와 달리 본 원심판결에 공탁과 환매요건에 관한 법리오해의 위법이 있다고 한 사례

판례	대판 2013.1.16, 2012다71305 판결
69	[환매권의 소멸로 인한 손해배상 관련 소송 판례 쟁점]
	사업시행자의 불법행위(환매권 통지의무 불이행)로 인한 손해배상

토지보상법 제91조 제1항에서 정하는 환매권은 '해당 사업의 폐지·변경 그 밖의 사유로 인하여 취득한 토지의 전부 또는 일부가 필요 없게 된 경우'에 행사할 수 있다. 여기서 '해당 사업'이란 토지의 협의취득 또는 수용의 목적이 된 구체적인 특정의 공익사업으로서 토지보상법 제20조 제1항에 의한 사업인정을 받을 때 구체적으로 특정된 공익사업을 말하고, 해당 사업의 '폐지·변경'이란 해당 사업을 아예 그만두거나 다른 사업으로 바꾸는 것을 말하며, 취득한 토지의 전부 또는 일부가 '필요 없게 된 경우'란 사업시행자가 취득한 토지의 전부 또는 일부가 그 취득목적사업을 위하여 사용할 필요 자체가 없어진 경우를 말한다. 그리고 협의취득 또는 수용된 토지가 필요 없게 되었는지 여부는 사업시행자의 주관적인 의사를 표준으로 할 것이 아니라 해당 사업의 목적과 내용, 협의취득의 경위와 범위, 해당 토지와 사업의 관계, 용도 등 제반 사정에 비추어 객관적·합리적으로 판단하여야 한다.

원심은, 이 사건 합의에서 정한 '기존 수도부지에 대한 재산권 처리에 관한 업무'에 환매 관련 업무가 포함된다고 단정하기 어렵고, 설령 포함되더라도 위 합의는 피고와 한국토지공사 사이의 내부적인 약정으로 소외 공사가 피고를 대신하여 환매 관련 제반 행위를 하기로 한 것에 불과할 뿐이어서 피고는 이와 상관없이 여전히 공익사업법 소정의 환매권 통지의무를 부담하며, 그 판시와 같은 사정만으로 토지보상법상 사업시행자로서 부담하는 법률상 의무를 이행하지 아니한 데에 정당한 사유가 있다거나 귀책사유가 없다고 볼 수는 없다고 판단하였다. 나아가 원심은 환매권 상실로 인한 원고의 손해배상액을 산정함에 있어, '이 사건 택지개발사업 승인·고시 당시 이 사건 각 토지가 환매의 대상이 된다는 것을 알았거나 알 수 있었음에도 환매권을 행사하지 아니한 원고의 과실을 손해배상액 산정에 참작하여야 한다'는 피고의 주장을 그 판시와 같은 이유를 들어 배척하였다. 관련 법리와 기록에 비추어 살펴보면 원심의 위와 같은 조치는 정당한 것으로 수긍할 수 있고, 거기에 상고이유에서 주장하는 바와 같은 계약해석이나 불법행위의 성립, 과실상계나 손해배상 책임의 범위 등에 관한 법리오해 또는 대법원 판례 위반, 심리미진 등의 위법이 없다.

판례 70	대판 2014.2.27, 2013두21182 판결 [개발이익 배제원칙에 대한 소송 판례 쟁점]
	개발이익 배제의 원칙 : 다른 사업의 시행으로 인한 개발이익의 반영

토지보상법 제67조 제2항은 '보상액을 산정할 경우에 해당 공익사업으로 인하여 토지 등의 가격이 변동되었을 때에는 이를 고려하지 아니한다'라고 규정하고 있는바, 수용 대상토지의 보상액을 산정함에 있어 해당 공익사업의 시행을 직접 목적으로 하는 계획의 승인, 고시로 인한 가격변동은 이를 고려함이 없이 재결 당시의 가격을 기준으로 하여 적정가격을 정하여야 하나, 해당 공익사업과는 관계없는 다른 사업의 시행으로 인한 개발이익은 이를 포함한 가격으로 평가하여야 하고, 개발이익이 해당 공익사업 의 사업인정고시일 후에 발생한 경우에도 마찬가지이다.

판례 71	대판 2014.2.27, 2013두10885 판결
	이주대책대상자 확인 · 결정의 법적성질(=행정처분)과 이에 대한 쟁송방법 (=항고소송)

토지보상법상의 공익사업시행자가 하는 이주대책대상자 확인 · 결정은 구체적인 이주 대책상의 수분양권을 부여하는 요건이 되는 행정작용으로서의 처분이지 이를 단순히 절차상의 필요에 따른 사실행위에 불과한 것으로 평가할 수는 없다. 따라서 수분양권 의 취득을 희망하는 이주자가 소정의 절차에 따라 이주대책대상자 선정신청을 한 데 대하여 사업시행자가 이주대책대상자가 아니라고 하여 위 확인 · 결정 등의 처분을 하 지 않고 이를 제외시키거나 거부조치한 경우에는, 이주자로서는 사업시행자를 상대로 항고소송에 의하여 제외처분이나 거부처분의 취소를 구할 수 있다. 나아가 이주대책 의 종류가 달라 각 그 보장하는 내용에 차등이 있는 경우 이주자의 희망에도 불구하고 사업시행자가 요건 미달 등을 이유로 그중 더 이익이 되는 내용의 이주대책대상자로 선정하지 않았다면 이 또한 이주자의 권리의무에 직접적 변동을 초래하는 행위로서 항고소송의 대상이 된다.

판례	대판 2013.8.23, 2012두24900 판결
72	[이주대책대상자 요건에 대한 소송 판례 쟁점]
	이주대책의 대상자 요건

[판시사항]

관할 행정청으로부터 건축허가를 받아 택지개발사업구역 안에 있는 토지 위에 주택을 신축하였으나 사용승인을 받지 않은 주택의 소유자 甲이 사업시행자인 한국토지주택 공사에 이주자택지 공급대상자 선정신청을 하였는데 위 주택이 사용승인을 받지 않았 다는 이유로 한국토지주택공사가 이주자택지 공급대상자 제외 통보를 한 사안에서, 위 처분이 위법하다고 본 원심판단을 정당하다고 한 사례

[판결요지]

공공사업의 시행에 따라 생활의 근거를 상실하게 되는 이주자들에 대하여는 가급적 이주대책의 혜택을 받을 수 있도록 하는 것이 토지보상법상의 이주대책제도의 취지에 부합하는 점, 토지보상법 시행령 제40조 제3항 제1호는 무허가건축물 또는 무신고건 축물의 경우를 이주대책대상에서 제외하고 있을 뿐 사용승인을 받지 않은 건축물에 대하여는 아무런 규정을 두고 있지 않은 점, 건축법은 무허가건축물 또는 무신고건축 물과 사용승인을 받지 않은 건축물을 요건과 효과 등에서 구별하고 있고, 허가와 사용 승인은 법적 성질이 다른 점 등의 사정을 고려하여 볼 때, 건축허가를 받아 건축되었 으나 사용승인을 받지 못한 건축물의 소유자는 그 건축물이 건축허가와 전혀 다르게 건축되어 실질적으로는 건축허가를 받은 것으로 볼 수 없는 경우가 아니라면 무허가 건축물의 소유자에 해당하지 않는다는 이유로 甲을 이주대책대상자에서 제외한 위 처 분이 위법하다.

판례 73	대판 2020.7.9, 2020두34841 판결
	사망한 공유자가 이주대책대상자 선정 특례에 관한 한국토지주택공사의 '이주 및 생활대책 수립 지침' 제8조 제2항 전문의 '종전의 소유자'에 해당하는지 여부

이 사건 지침 제8조 제2항 전문은 이 사건 지침에 따른 이주대책대상자가 될 수 있었던 사람이 사망한 경우, 그 상속인이 그 규정에서 정하는 취득 및 거주요건을 갖출 경우에는 그 상속인에게 종전의 소유자가 갖고 있던 이주대책대상자 지위의 승계를 인정한다는 취지이다.

민법 제1015조는 "상속재산의 분할은 상속개시된 때에 소급하여 그 효력이 있다. 그러나 제삼자의 권리를 해하지 못한다."라고 규정함으로써 상속재산분할의 소급효를 인정하고 있다. 그러나 상속재산분할에 소급효가 인정된다고 하더라도, 상속개시 이후 공동상속인들이 상속재산의 공유관계에 있었던 사실 자체가 소급하여 소멸하는 것은 아니다.

따라서 대상 가옥에 관한 공동상속인 중 1인에 해당하는 공유자가 그 가옥에서 계속 거주하여 왔고 사망하지 않았더라면 이주대책 수립대상자가 될 수 있었던 경우, 비록 그가 사망한 이후 대상 가옥에 관하여 나머지 상속인들 사이에 상속재산분할협의가 이루어졌다고 하더라도 사망한 공유자가 생전에 공동상속인 중 1인으로서 대상 가옥을 공유하였던 사실 자체가 부정된다고 볼 수 없고, 이 사건 지침 제8조 제2항 전문의 '종전의 소유자'에 해당한다고 해석하는 것이 타당하다.

판례 74	대판 2020.1.30, 2018두66067 판결
	공익사업의 시행에 따라 이주하는 주거용 건축물의 세입자에게 지급해야 하는 주거이전비, 이사비 지급의무의 이행지체 책임 기산시점(= 채무자가 이행청구를 받은 다음 날)

공익사업의 시행에 따라 이주하는 주거용 건축물의 세입자에게 지급해야 하는 주거이전비, 이사비 지급의무의 이행기에 관하여는 관계 법령에 특별한 규정이 없으므로, 이행기의 정함이 없는 채무로서 채무자는 이행청구를 받은 다음 날부터 이행지체 책임이 있다

판례 75	대판 2011.10.13, 2008두17905 판결
	[이주대책 관련 – 생활대책 권리구제에 대한 소송 판례 쟁점]
	이주대책 관련 – 생활대책 권리구제

[판시사항]

[1] 사업시행자 스스로 공익사업의 원활한 시행을 위하여 생활대책을 수립·실시할 수 있도록 하는 내부규정을 두고 이에 따라 생활대책대상자 선정기준을 마련하여 생활대책을 수립·실시하는 경우, 생활대책대상자 선정기준에 해당하는 자가 자신을 생활대책대상자에서 제외하거나 선정을 거부한 사업시행자를 상대로 항고소송을 제기할 수 있는지 여부(적극)

[2] 뉴타운개발 사업시행자가 사업시행으로 생활근거 등을 상실하는 주민들을 위한 주거대책 및 생활대책을 공고함에 따라 화훼도매업을 하던 갑이 사업시행자에게 생활대책신청을 하였으나 사업시행자가 이를 거부한 사안에서, 위 거부행위가 행정처분에 해당한다고 본 원심판단을 정당하다고 한 사례

[3] 뉴타운개발 사업시행자가 사업시행으로 생활근거 등을 상실하는 주민들을 위한 주거대책 및 생활대책을 공고함에 따라 화훼도매업을 하던 갑이 사업시행자에게 생활대책신청을 하였으나, 사업시행자가 갑은 주거대책 및 생활대책에서 정한 '이주대책 기준일 3개월 이전부터 사업자등록을 하고 영업을 계속한 화훼영업자'에 해당하지 않는다는 이유로 화훼용지 공급대상자에서 제외한 사안에서, 갑이 동생

명의를 빌려 사업자등록을 하다가 기준일 이후에 자신 명의로 사업자등록을 마쳤다 하더라도 위 대책에서 정한 화훼용지 공급대상자에 해당한다고 본 원심판단을 정당하다고 한 사례

[판결요지]

[1] 생활대책 역시 "공공필요에 의한 재산권의 수용·사용 또는 제한 및 그에 대한 보상은 법률로써 하되, 정당한 보상을 지급하여야 한다."고 규정하고 있는 헌법 제23조 제3항에 따른 정당한 보상에 포함되는 것으로 보아야 한다. 따라서 이러한 생활대책대상자 선정기준에 해당하는 자는 사업시행자에게 생활대책대상자 선정 여부의 확인·결정을 신청할 수 있는 권리를 가지는 것이어서, 만일 사업시행자가 그러한 자를 생활대책대상자에서 제외하거나 선정을 거부하면, 이러한 생활대책대상자 선정기준에 해당하는 자는 사업시행자를 상대로 항고소송을 제기할 수 있다고 보는 것이 타당하다.

[2] 뉴타운개발 사업시행자가 사업시행으로 생활근거 등을 상실하는 주민들을 위한 주거대책 및 생활대책을 공고함에 따라 화훼도매업을 하던 갑이 사업시행자에게 생활대책신청을 하였으나 사업시행자가 이를 거부한 사안에서, 사업시행자의 거부행위가 행정처분에 해당한다.

[3] 뉴타운개발 사업시행자가 사업시행으로 생활근거 등을 상실하는 주민들을 위한 주거대책 및 생활대책을 공고함에 따라 화훼도매업을 하던 甲이 사업시행자에게 생활대책신청을 하였으나, 사업시행자가 甲은 위 주거대책 및 생활대책에서 정한 '이주대책 기준일 3개월 이전부터 사업자등록을 하고 영업을 계속한 화훼영업자'에 해당하지 않는다는 이유로 화훼용지 공급대상자에서 제외한 사안에서, 甲이 이주대책기준일 3개월 이전부터 동생 명의를 빌려 사업자등록을 하고 화원 영업을 하다가 기준일 이후에 비로소 사업자등록 명의만을 자신 명의로 바꾸어 종전과 같은 화원 영업을 계속하였더라도 '기준일 3개월 이전부터 사업자등록을 하고 계속 영업을 한 화훼영업자'에 해당한다.

판례	대판 2015.8.27, 2012두26746 판결
76	[이주대책의 대상과 사업시행자 재량에 대한 소송 판례 쟁점]
	이주대책의 대상과 사업시행자의 재량 여부 및 범위 1

[판시사항]

[1] 도시개발사업에서 '공익사업을 위한 관계 법령에 의한 고시 등이 있은 날에 해당하는 법정 이주대책기준일(=도시개발구역의 지정에 관한 공람공고일) 및 이를 기준으로 공익사업을 위한 토지 등의 취득 및 보상에 관한 법률 시행령 제40조 제3항 본문에 따라 법이 정한 이주대책대상자인지를 가려야 하는지 여부(적극)

[2] 공익사업의 시행자가 법정 이주대책대상자를 포함하여 그 밖의 이해관계인에게까지 대상자를 넓혀 이주대책 수립 등을 시행할 수 있는지 여부(적극) / 시혜적으로 시행되는 이주대책 수립 등의 경우, 대상자의 범위나 그들에 대한 이주대책 수립 등의 내용을 어떻게 정할 것인지에 관하여 사업시행자에게 폭넓은 재량이 있는지 여부(적극)

[판결요지]

[1] 이주대책대상자의 기준이 되는 '공익사업을 위한 관계 법령에 의한 고시 등이 있은 날에는 사업인정의 고시일뿐만 아니라 공람공고일도 포함될 수 있다. 그렇지만 법령이 정하는 이주대책대상자에 해당되는지 여부를 판단하는 기준은 개별적으로 특정되어야 한다. 강행규정인 이주대책 수립 등에 관한 공익사업법령의 적용대상은 일관성 있게 정해져야 하므로 그 기준이 되는 개별 법령의 이주대책기준일은 하나로 해석함이 타당하다. 만약 그와 반대로 이를 둘 이상으로 보아 사업시행자가 그 중 하나를 마음대로 선택할 수 있다면 사업마다 그 기준이 달라지게 되어 혼란을 초래하고 형평에 반할 수 있다. 따라서 이러한 사정들과 아울러, 사업 시행에 따른 투기적 거래를 방지하여야 할 정책적 필요성 등을 종합해보면, 도시개발사업에서 '공익사업을 위한 관계법령에 의한 고시 등이 있은 날에 해당하는 법정 이주대책기준일은 도시개발구역의 지정에 관한 공람공고일이라고 봄이 타당하며, 이를 기준으로 이주대책대상자인지 여부를 가려야 한다.

[2] 토지보상법이 이주대책대상자의 범위를 정하고 이주대책대상자에게 시행할 이주대책 수립등의 내용에 관하여 구체적으로 규정하고 있으므로, 사업시행자는 이주대책대상자를 법령이 예정하고 있는 이주대책 수립 등의 대상에서 임의로 제외하여서는 아니된다. 그러나 그 규정취지가 사업시행자가 시행하는 이주대책 수립

등의 대상자를 법이 정한 이주대책대상자로 한정하는 것은 아니므로, 사업시행자는 제반 사정을 고려하여 법이 정한 이주대책대상자를 포함하여 그 밖의 이해관계인에게까지 넓혀 이주대책 수립 등을 시행할 수 있다고 할 것이다. 그런데 사업시행자가 이와 같이 이주대책 수립 등의 시행 범위를 넓힌 경우에, 그 내용은 법이 정한 이주대책대상자에 관한 것과 그 밖의 이해관계인에 관한 것으로 구분되고, 그 밖의 이해관계인에 관한 이주대책 수립 등은 법적 의무가 없는 시혜적인 것으로 보아야 한다. 그리고 시혜적으로 시행되는 이주대책 수립 등의 경우에 그 대상자의 범위나 내용에 관하여는 사업시행자에게 폭넓은 재량이 있다고 할 것이다. 따라서 피고가 그 이주대책을 위하여 설정한 기준은 형평에 반하는 등 객관적으로 합리적이지 아니하다고 볼 특별한 사정이 없는 한 존중되어야 한다.

판례	대판 1999.8.20, 98두17043 판결
77	**특별분양 요구에 대해 거부하는 행위가 항고소송의 대상이 되는 거부처분이 되는지 여부**

[판시사항]

[1] 사업시행자가 공공용지의 취득 및 손실보상에 관한 특례법 제8조 제1항에 기한 특별분양 신청을 거부한 행위가 항고소송의 대상이 되는 행정처분인지 여부(적극)

[2] 공공용지의 취득 및 손실보상에 관한 특례법 제8조 제1항 소정의 이주대책업무가 종결되고 그 공공사업을 완료하여 사업지구 내에 더 이상 분양할 이주대책용 단독택지가 없는 경우에도 이주대책대상자 선정신청을 거부한 행정처분의 취소를 구할 법률상 이익이 있는지 여부(적극)

[3] 취소소송에서 행정청의 처분사유의 추가·변경 시한(=사실심 변론종결시)

[4] 공공용지의 취득 및 손실보상에 관한 특례법 소정의 이주대책 대상자로서의 가옥소유자는 실질적인 처분권을 가진 자를 의미하는지 여부(적극)

[판결요지]

[1] 공공용지의 취득 및 손실보상에 관한 특례법 제8조 제1항이 사업시행자로 하여금 공공사업의 시행에 필요한 토지 등을 제공함으로 인하여 생활근거를 상실하게 되는 자에게 이주대책을 수립 실시하도록 하고 있는바, 택지개발촉진법에 따른 사업시행을 위하여 토지 등을 제공한 자에 대한 이주대책을 세우는 경우 위 이주대책은 공공사업에 협력한 자에게 특별공급의 기회를 요구할 수 있는 법적인 이익을 부여하고 있는 것이라고 할 것이므로 그들에게는 특별공급신청권이 인정되며, 따라서 사업시행자가 위 조항에 해당함을 이유로 특별분양을 요구하는 자에게 이를 거부하는 행위는 비록 이를 민원회신이라는 형식을 통하여 하였더라도, 항고소송의 대상이 되는 거부처분이라고 할 것이다.

[2] 사업시행자는 이주대책의 수립, 실시의무가 있고, 그 의무이행에 따른 이주대책계획을 수립하여 공고하였다면, 이주대책대상자라고 하면서 선정신청을 한 자에 대해 대상자가 아니라는 이유로 거부한 행정처분에 대하여 그 취소를 구하는 것은 이주대책대상자라는 확인을 받는 의미도 함께 있는 것이며, 사업시행자가 하는 확인, 결정은 이주대책상의 택지분양권이나 아파트 입주권 등을 받을 수 있는 구체적인 권리를 취득하기 위한 요건에 해당하므로 현실적으로 이미 수립, 실시한 이주대책업무가 종결되었고, 그 사업을 완료하여 이 사건 사업지구 내에 더 이상 분양할 이주대책용 단독택지가 없다 하더라도 보상금청구권 등의 권리를 확정하는 법률상의 이익은 여전히 남아 있는 것이므로 그러한 사정만으로 이 거부처분의 취소를 구할 법률상 이익이 없다고 할 것은 아니다.

[3] 행정청은 기본적 사실관계의 동일성이 있다고 인정되는 한도 내에서만 다른 처분사유를 추가, 변경할 수 있다고 할 것이나 이는 사실심 변론종결시까지만 허용된다.

[4] 가옥 소유자는 대외적인 소유권을 가진 자를 의미하는 것이 아니라 실질적인 처분권을 가진 자를 의미하는 것으로 봄이 상당하고, 또한 건물등기부등본 이외의 다른 신빙성 있는 자료에 의하여 그와 같은 실질적인 처분권이 있음의 입증을 배제하는 것도 아니라고 할 것이다.

판례 78	대판 2011.7.14, 2011두3685 판결
	주거이전비 포기각서를 제출한 경우 주거이전비를 받을 수 없는지 여부 - 토지보상법 시행규칙 제54조 제2항은 강행규정으로 포기각서는 무효임

[판시사항]

[1] 도시 및 주거환경정비법에 따라 사업시행자에게서 임시수용시설을 제공받는 세입자가 공익사업을 위한 토지 등의 취득 및 보상에 관한 법률 및 같은 법 시행규칙에서 정한 주거이전비를 별도로 청구할 수 있는지 여부(적극)

[2] 사업시행자의 세입자에 대한 주거이전비 지급의무를 정하고 있는 공익사업을 위한 토지 등의 취득 및 보상에 관한 법률 시행규칙 제54조 제2항이 강행규정인지 여부(적극)

[3] 주택재개발사업 정비구역 안에 있는 주거용 건축물에 거주하던 세입자 갑이 주거이전비를 받을 수 있는 권리를 포기한다는 취지의 주거이전비 포기각서를 제출하고 사업시행자가 제공한 임대아파트에 입주한 다음 별도로 주거이전비를 청구한 사안에서, 위 포기각서의 내용은 강행규정에 반하여 무효라고 한 사례

[판결요지]

[1] 공익사업 시행에 따라 이주하는 주거용 건축물의 세입자에게 지급하는 주거이전비는 당해 공익사업시행지구 안에 거주하는 세입자들의 조기이주를 장려하여 사업추진을 원활하게 하려는 정책적인 목적과 주거이전으로 말미암아 특별한 어려움을 겪게 될 세입자들을 대상으로 하는 사회보장적인 차원에서 지급하는 돈의 성격을 갖는 것으로 볼 수 있는 점, 도시정비법 및 공익사업법 시행규칙 등의 관련 법령에서 임시수용시설 등 제공과 주거이전비 지급을 사업시행자의 의무사항으로 규정하면서 임시수용시설 등을 제공받는 자를 주거이전비 지급대상에서 명시적으로 배제하지 않은 점을 비롯한 위 각 규정의 문언, 내용 및 입법 취지 등을 종합해 보면, 도시정비법에 따라 사업시행자에게서 임시수용시설을 제공받는 세입자라 하더라도 공익사업법 및 공익사업법 시행규칙에 따른 주거이전비를 별도로 청구할 수 있다고 보는 것이 타당하다.

[2] 토지보상법에서 정하고 있는 세입자에 대한 주거이전비는 공익사업 시행으로 인하여 생활 근거를 상실하게 되는 세입자를 위하여 사회보장적 차원에서 지급하는 금원으로 보아야 하므로, 사업시행자의 세입자에 대한 주거이전비 지급의무를 정하고 있는 토지보상법 시행규칙 제54조 제2항은 당사자 합의 또는 사업시행자 재량에 의하여 적용을 배제할 수 없는 강행규정이라고 보아야 한다.

[3] 甲이 토지보상법 시행규칙 제54조 제2항에 규정된 주거이전비 지급요건에 해당하는 세입자인 경우, 임시수용시설인 임대아파트에 거주하게 하는 것과 별도로 주거이전비를 지급할 의무가 있고, 甲이 임대아파트에 입주하면서 주거이전비를 포기하는 취지의 포기각서를 제출하였다 하더라도, 포기각서의 내용은 강행규정인 공익사업법 시행규칙 제54조 제2항에 위배되어 무효이다.

판례 79	대판 2008.5.29, 2007다8129 판결
	주거이전비 보상청구권 법적 성격(공법상 권리) 및 그 보상에 관한 분쟁의 쟁송절차(=행정소송). 주거이전비 보상을 소구하는 경우 그 소송의 형태(주거이전비 제외처분은 토지보상법 제85조 제1항 적용, 주거이전비 보상금증감을 다투는 경우 보상금증감청구소송)

[판시사항]

[1] 구 공익사업을 위한 토지 등의 취득 및 보상에 관한 법령에 의하여 주거용 건축물의 세입자에게 인정되는 주거이전비 보상청구권의 법적 성격(=공법상의 권리) 및 그 보상에 관한 분쟁의 쟁송절차(=행정소송)

[2] 구 공익사업을 위한 토지 등의 취득 및 보상에 관한 법령에 따라 주거용 건축물의 세입자가 주거이전비 보상을 소구하는 경우 그 소송의 형태

[판결요지]

[1] 주거이전비는 당해 공익사업시행지구 안에 거주하는 세입자들의 조기이주를 장려하여 사업추진을 원활하게 하려는 정책적인 목적과 주거이전으로 인하여 특별한 어려움을 겪게 될 세입자들을 대상으로 하는 사회보장적인 차원에서 지급되는 금원의 성격을 가지므로, 적법하게 시행된 공익사업으로 인하여 이주하게 된 주거용 건축물 세입자의 주거이전비 보상청구권은 공법상의 권리이고, 따라서 그 보상을 둘러싼 쟁송은 민사소송이 아니라 공법상의 법률관계를 대상으로 하는 행정소송에 의하여야 한다.

[2] 세입자의 주거이전비 보상에 관하여 재결이 이루어진 다음 세입자가 보상금의 증감 부분을 다투는 경우에는 같은 법 제85조 제2항에 규정된 행정소송에 따라, 보

> 상금의 증감 이외의 부분을 다투는 경우에는 같은 조 제1항에 규정된 행정소송에
> 따라 권리구제를 받을 수 있다.

판례	대판 2015.2.26, 2012두19519 판결
80	대판 2013.5.23, 2013두437 판결
	대판 2013.1.10, 2011두19031 판결
	[주거이전비 보상요건에 대한 소송 판례 쟁점]
	소유자에 대한 주거이전비 보상요건

1. 2012두19519 판결

[판시사항]

(구)도시 및 주거환경정비법상 주거용 건축물 소유자에 대한 주거이전비 보상은 정비
계획에 관한 공람·공고일부터 해당 건축물에 대한 보상을 하는 때까지 계속하여 소
유 및 거주한 주거용 건축물 소유자를 대상으로 하는지 여부(적극)

[판결요지]

관련 법 규정의 문언과 규정형식 등을 종합하면, (구)도시 및 주거환경정비법상 주거
용 건축물의 소유자에 대한 주거이전비의 보상은 주거용 건축물에 대하여 정비 계획
에 관한 공람·공고일부터 해당 건축물에 대한 보상을 하는 때까지 계속하여 소유 및
거주한 주거용 건축물의 소유자를 대상으로 한다.

2. 2013두437 판결

[판시사항]

주거용이 아닌 다른 용도로 허가받거나 신고한 건축물의 소유자가 공익사업시행지구
에 편입될 당시 적법한 절차에 의하지 않고 임의로 주거용으로 용도를 변경하여 사용
하고 있는 경우, (구)공익사업을 위한 토지 등의 취득 및 보상에 관한 법률 시행규칙
제54조 제1항 단서의 '무허가 건축물 등'에 포함되는지 여부(소극)

[판결요지]

주거용 용도가 아닌 다른 용도로 이미 허가를 받거나 신고를 한 건축물은 그 소유자가 공익사업시행지구에 편입될 당시 허가를 받거나 신고를 하는 등의 적법한 절차에 의하지 아니하고 임의로 주거용으로 용도를 변경하여 사용하고 있는 경우에는 토지보상법 시행규칙 제54조 제1항 단서에서 주거이전비를 보상하지 아니한다고 규정한 '무허가건축물 등'에 포함되는 것으로 해석함이 타당하다.

3. 2011두19031 판결

[판시사항]

(구)도시 및 주거환경정비법상 주택재개발사업에 편입되는 주거용 건축물의 소유자 중 현금청산대상자에 대하여도 (구)공익사업을 위한 토지 등의 취득 및 보상에 관한 법률에 따른 주거이전비 및 이사지를 지급해야 하는지 여부(적극)

[판결요지]

(구)도시정비법상 주택재개발사업의 경우 주거용 건축물의 소유자인 현금청산대상자로서 현금청산에 관한 협의가 성립되어 사업시행자에게 주거용 건축물의 소유권을 이전한 자이거나 현금청산에 관한 협의가 성립되지 않아 토지보상법에 따라 주거용 건축물이 수용된 자에 대하여는 토지보상법을 준용하여 주거이전비 및 이사비를 지급해야 한다고 보는 것이 타당하다.

판례 81	대판 2011.8.25, 2010두4131 판결 대판 2012.4.26, 2010두7475 판결 대구지법 2009.10.28, 2009구합1193 판결 대판 2016.12.15, 2016두49754 판결 [주거이전비 보상요건에 대한 소송 판례 쟁점]
	소유자 외(세입자 등)에 대한 주거이전비 보상요건

1. 2010두4131

[판시사항]

[1] 공익사업시행지구에 편입되는 주거용 건축물의 소유자 또는 세입자가 아닌 가구원이 사업시행자를 상대로 직접 주거이전비 지급을 구할 수 있는지 여부(소극)

[2] 택지개발사업지구 안에 있는 주택소유자 甲이 주택에 관한 보상협의를 하여 사업시행자에게서 주거이전비를 수령하였는데, 이후 보상대상에서 제외되었던 甲의 아버지 乙이 사업인정고시일 당시 위 주택에서 함께 거주하였다고 주장하면서 사업시행자에게 주거이전비 지급을 청구한 사안에서, 乙에게 주거이전비 지급청구권이 있다고 본 원심판결에 법리오해의 위법이 있다고 한 사례

[판결요지]

[1] 주거이전비는 가구원 수에 따라 소유자 또는 세입자에게 지급되는 것으로서 소유자와 세입자가 지급청구권을 가지는 것으로 보아야 하므로, 소유자 또는 세입자가 아닌 가구원은 사업시행자를 상대로 직접 주거이전비 지급을 구할 수 없다.

[2] 택지개발사업지구 안에 있는 주택소유자 甲이 주택에 관한 보상합의를 하면서 사업시행자에게서 4인 가족에 대한 주거이전비를 수령하였는데, 이후 보상대상에서 제외되었던 甲의 아버지 乙이 사업인정고시일 당시 위 주택에서 함께 거주하였다고 주장하면서 사업시행자에게 주거이전비 지급을 청구한 사안에서, 소유자 아닌 가구원은 사업시행자를 상대로 직접 주거이전비 지급을 구할 수 없다는 이유로, 이와 달리 乙에게 주거이전비 지급청구권이 있다고 본 원심판결은 위법하다.

2. 2010두7475 판결

[판시사항]

공익사업의 시행에 따라 이주하는 주거용 건축물의 세입자에게 지급해야 하는 주거이전비 및 이사비 지급의무의 이행지체 책임 기산시점(=채무자가 이행청구를 받은 다음 날)

[판결요지]

공익사업의 시행에 따라 이주하는 주거용 건축물의 세입자에게 지급해야 하는 주거이전비 및 이사비의 지급의무는 사업인정고시일 등 당시 또는 공익사업을 위한 관계법령에 의한 고시 등이 있은 당시에 바로 발생한다. 그러나 그 지급의무의 이행기에 관하여는 특별한 규정이 없으므로, 위 주거이전비 및 이사비의 지급의무는 이행기의 정함이 없는 채무로서 채무자는 이행청구를 받은 다음 날부터 이행지체 책임이 있다.

3. 2009구합1193 판결

[판시사항]

[1] 공익사업을 위한 토지 등의 취득 및 보상에 관한 법률 제78조, 같은 법 시행규칙 제54조 등에 정한 '주거용 건축물'에 해당하는지 여부를 판단하는 방법

[2] 공익사업시행지구에 편입되어 있는 건물에 거주하는 세입자가 사업시행자에게 주거이전비 등을 청구하였으나 그 건물의 건축물대장상 용도가 '일반음식점'으로 주거이전비 지급대상이 아니라는 이유로 주거이전비의 지급을 거절한 사안에서, 위 건물이 주거이전비 등의 지급대상이 되는 '주거용 건축물'에 해당한다고 한 사례

[판결요지]

[1] 이주대책은 이주자들에 대하여 종전의 생활상태를 원상회복시키는 등 생활보상의 일환으로 국가의 적극적이고 정책적인 배려에 의하여 마련된 제도라는 점, 이와 같은 이주대책을 마련한 본래의 취지가 생활의 근거지는 그 이전이 용이하지 않고 생활의 근거지를 상실하게 되는 거주자가 종전의 생활상태를 원상으로 회복하기 위하여는 상당한 비용이 필요하므로 생활보장의 측면에서 이를 보상해 주어야 한다는 점 등에 비추어 보면, 위 관계법령상 '주거용 건축물'을 판단할 때에는 실제 그 건축물의 공부상 용도와 관계없이 실제 주거용으로 사용되는지 여부에 따라 결정하여야 하고, 그 사용목적, 건물의 구조와 형태 및 이용관계 그리고 그곳에서 일상생활을 영위하는지 여부 등을 아울러 고려하여 합목적적으로 결정하여야 한다.

[2] 공익사업시행지구에 편입되어 있는 건물에 거주하는 세입자가 사업시행자에게 주거이전비 등을 청구하였으나 그 건물의 건축물대장상 용도가 '일반음식점'으로 주거이전비 지급대상이 아니라는 이유로 주거이전비의 지급을 거절한 사안에서, 건물이 외관상 주택의 형태로 건축되어 있고 그 내부에 주거시설이 되어 있는 점, 세입자가 위 건물에 전입신고를 마치고 실제로 거주하여 온 점 등에 비추어, 위 건물이 주거이전비 등의 지급대상이 되는 '주거용 건축물'에 해당한다.

4. 2016두49754 판결

[판시사항]

[1] 도시 및 주거환경정비법상 주거용 건축물의 소유자에 대한 주거이전비의 보상은 주거용 건축물에 대하여 정비계획에 관한 공람공고일부터 해당 건축물에 대한 보상을 하는 때까지 계속하여 소유 및 거주한 주거용 건축물의 소유자를 대상으로 하는지 여부(적극)

[2] 주택재개발정비사업구역 지정을 위한 공람공고 당시 사업구역에 위치한 자신 소유의 주거용 건축물에 거주하던 중 분양신청을 하고 그에 따른 이주의무를 이행하기 위해 정비구역 밖으로 이주한 후 을 주택재개발정비사업조합과의 분양계약 체결을 거부함으로써 현금청산대상자가 된 갑이 을 조합을 상대로 이주정착금의 지급을 청구한 사안에서, 갑이 도시 및 주거환경정비법상 이주정착금 지급자로서의 요건을 갖추지 않았다고 한 사례

[3] 공익사업을 위한 토지 등의 취득 및 보상에 관한 법률 제78조 제5항 등에 따른 이사비 보상대상자가 공익사업시행지구에 편입되는 주거용 건축물의 거주자로서 공익사업의 시행으로 인하여 이주하게 되는 자인지 여부(적극) 및 이는 도시 및 주거환경정비법에 따른 정비사업의 경우에도 마찬가지인지 여부(적극)

[판결요지]

[1] 토지보상법 제78조 제5항은 "주거용 건물의 거주자에 대하여는 주거 이전에 필요한 비용과 가재도구 등 동산의 운반에 필요한 비용을 산정하여 보상하여야 한다."라고 규정하고, 구 토지보상법 시행규칙 제54조 제1항은 "공익사업시행지구에 편입되는 주거용 건축물의 소유자에 대하여는 당해 건축물에 대한 보상을 하는 때에 가구원 수에 따라 2월분의 주거이전비를 보상하여야 한다. 다만, 건축물의 소유자가 당해 건축물에 실제 거주하고 있지 아니하거나 당해 건축물이 무허가건축물등인 경우에는 그러하지 아니하다."라고 규정하고 있다. 여기서 위 각 규정을 준용하는 도시정비법상 주거용 건축물의 소유자에 대한 주거이전비의 보

상은 주거용 건축물에 대하여 정비계획에 관한 공람공고일부터 해당 건축물에 대한 보상을 하는 때까지 계속하여 소유 및 거주한 주거용 건축물의 소유자를 대상으로 한다.

[2] 甲은 조합원으로서 정비사업의 원활한 진행을 위하여 정비구역 밖으로 이주하였다가 자신의 선택으로 분양계약 체결신청을 철회하고 현금청산대상자가 된 것에 불과하므로, 도시 및 주거환경정비법 시행령 제44조의2 제1항에서 정한 '질병으로 인한 요양, 징집으로 인한 입영, 공무, 취학 그 밖에 이에 준하는 부득이한 사유로 인하여 거주하지 아니한 경우'에 해당한다고 보기 어려워 甲이 도시 및 주거환경정비법상 이주정착금 지급자로서의 요건을 갖추지 않았음에도, 이와 달리 본 원심판단에 법리를 오해한 잘못이 있다고 한 사례

[3] 토지보상법 제78조 제5항, (구)토지보상법 시행규칙 제55조 제2항의 각 규정 및 공익사업의 추진을 원활하게 함과 아울러 주거를 이전하게 되는 거주자들을 보호하려는 이사비 제도의 취지에 비추어 보면, 이사비 보상대상자는 공익사업시행지구에 편입되는 주거용 건축물의 거주자로서 공익사업의 시행으로 인하여 이주하게 되는 자로 보는 것이 타당하다. 이러한 취지는 도시 및 주거환경정비법에 따른 정비사업의 경우에도 마찬가지이다.

판례 82	대판 2012.10.11, 2010다23210 판결
	대판 2014.5.29, 2013두12478 판결
	[간접손실보상에 대한 불복 관련 판례 쟁점]
	그 밖의 보상(간접손실보상)에 대한 불복 : 행정소송

1. 2010다23210 판결

[판시사항]

(구)공익사업을 위한 토지 등의 취득 및 보상에 관한 법률 제79조 제2항에 따른 사업폐지 등에 대한 보상청구권에 관한 쟁송형태(=행정소송) 및 공익사업으로 인한 사업폐지 등으로 손실을 입은 자가 위 법률에 따른 보상을 받기 위해서 재결절차를 거쳐야하는지 여부(적극)

[판결요지]

(구)공익사업법 제79조 제2항, 토지보상법 시행규칙 제57조에 따른 사업폐지 등에 대한 보상청구권은 공익사업의 시행 등 적법한 공권력의 행사에 의한 재산상 특별한 희생에 대하여 전체적인 공평부담의 견지에서 공익사업의 주체가 손해를 보상하여 주는 손실보상의 일종으로 공법상 권리임이 분명하므로 그에 관한 쟁송은 민사소송이 아닌 행정소송절차에 의하여야 한다. 또한 관련 규정들의 내용·체계 및 입법취지 등을 종합하여 보면, 공익사업으로 인한 사업폐지 등으로 손실을 입게 된 자는 (구)공익사업법 제34조, 제50조 등에 규정된 재결절차를 거친 다음 재결에 대하여 불복이 있는 때에 비로소 (구)공익사업법 제83조 내지 제85조에 따라 권리구제를 받을 수 있다고 보아야 한다.

2. 2013두12478 판결

[판시사항]

(구)수산업법 제81조의 규정에 의한 손실보상청구권이나 손실보상 관련법령의 유추적용에 의한 손실보상청구권의 행사방법(=민사소송) 및 (구)공익사업을 위한 토지 등의 취득 및 보상에 관한 법률의 관련규정에 의하여 취득하는 어업피해에 관한 손실보상청구권의 행사방법(=행정소송)

[판결요지]

(구)수산업법 제81조의 규정에 의한 손실보상청구권이나 손실보상 관련법령의 유추적용에 의한 손실보상청구권은 사업시행자를 상대로 한 민사소송의 방법에 의하여 행사하여야 한다. 그러나 (구) 공익사업법의 관련규정에 의하여 취득하는 어업피해에 관한 손실보상청구권은 민사소송의 방법으로 행사할 수는 없고, 재결절차를 거친 다음 그 재결에 대하여 불복이 있는 때에 비로소 (구)토지보상법 제83조 내지 제85조에 따라 권리구제를 받아야 하며, 이러한 재결절차를 거치지 않은 채 곧바로 사업시행자를 상대로 손실보상을 청구하는 것은 허용되지 않는다고 봄이 타당하다.

판례 83	대판 1999.10.8, 99다27231 판결
	공공사업의 시행 결과 공공사업의 기업지 밖에서 발생한 간접손실에 대하여 사업시행자와 협의가 이루어지지 아니하고, 그 보상에 관한 명문의 법령이 없는 경우, 피해자는 헌법 제23조 제3항, 토지보상법과 동법 시행규칙 등을 유추적용하여 사업시행자에게 보상을 청구할 수 있는지 여부(적극)

공공사업의 시행 결과 그 공공사업의 기업지 밖에서 발생한 간접손실에 대하여 사업시행자와 협의가 이루어지지 아니하고, 그 보상에 관한 명문의 법령이 없는 경우, 헌법 제23조 제3항은 "공공필요에 의한 재산권의 수용·사용 또는 제한 및 그에 대한 보상은 법률로써 하되, 정당한 보상을 지급하여야 한다."고 규정하고 있고, 이에 따라 국민의 재산권을 침해하는 행위는 형식적 법률에 근거하여야 하며, 토지수용법 등의 개별법률에서 재산권 침해의 근거와 그로 인한 손실보상 규정을 두고 있는 점, 공공용지의 취득 및 손실보상에 관한 특례법 제3조 제1항은 "공공사업을 위한 토지 등의 취득 또는 사용으로 인하여 토지 등의 소유자가 입은 손실은 사업시행자가 이를 보상하여야 한다."고 규정하고, 같은 법 시행규칙 제23조의2 내지 7에서 공공사업시행지구 밖에 위치한 영업과 공작물 등에 대한 간접손실에 대하여도 일정한 조건하에서 이를 보상하도록 규정하고 있는 점에 비추어, 공공사업의 시행으로 인하여 그러한 손실이 발생하리라는 것을 쉽게 예견할 수 있고 그 손실의 범위도 구체적으로 이를 특정할 수 있는 경우라면 그 손실보상에 관하여 공공용지의 취득 및 손실보상에 관한 특례법 시행규칙의 관련 규정 등을 유추적용할 수 있다고 해석함이 상당하다.

판례	대판 2018.1.25, 2017두61799 판결
84	[공법상제한의 종류에 따른 손실보상 시 고려사항]
	공법상 제한에 따른 손실보상 : 일반적 제한 및 개별적 제한

[판시사항]

[1] 공법상 제한이 그 자체로 제한목적이 달성되는 일반적 계획제한으로서 구체적 도 시계획사업과 직접 관련되지 아니한 때와 공법상 제한이 구체적 사업이 따르는 개별적 계획제한이거나, 일반적 계획제한에 해당하는 용도지역 등의 지정 또는 변경에 따른 제한이더라도 그 용도지역 등의 지정 또는 변경이 특정 공익사업의 시행을 위한 것일 때의 각 경우에 보상액 산정을 위한 토지의 평가방법

[2] 수용대상토지에 관하여 특정 시점에서 용도지역 등을 지정 또는 변경을 하지 않 은 것이 특정 공익사업의 시행을 위한 것인 경우, 공익사업의 시행을 직접 목적으 로 하는 제한으로 보아 용도지역 등의 지정 또는 변경이 이루어진 상태를 상정하 여 토지가격을 평가해야 하는지 여부(적극) 및 특정 공익사업의 시행을 위하여 용 도지역 등을 지정 또는 변경을 하지 않았다고 보기 위한 요건

[판결요지]

[1] 공법상 제한을 받는 토지에 대한 보상액을 산정할 때에 해당 공법상 제한이 그 자체로 제한목적이 달성되는 일반적 계획제한으로서 구체적 도시계획사업과 직접 관련되지 아니한 경우에는 그러한 제한을 받는 상태 그대로 평가하여야 한다. 반 면 구체적 사업이 따르는 개별적 계획제한이거나, 일반적 계획제한에 해당하는 용도지역 등의 지정 또는 변경에 따른 제한이더라도 그 용도지역 등의 지정 또는 변경이 특정 공익사업의 시행을 위한 것일 때에는, 그 공익사업의 시행을 직접 목적으로 하는 제한으로 보아 그 제한을 받지 아니하는 상태를 상정하여 평가하 여야 한다.

[2] 수용대상토지에 관하여 특정 시점에서 용도지역 등을 지정 또는 변경하지 않은 것 이 특정 공익사업의 시행을 위한 것일 경우 이는 해당 공익사업의 시행을 직접 목 적으로 하는 제한이라고 보아 용도지역 등의 지정 또는 변경이 이루어진 상태를 상정하여 토지가격을 평가하여야 한다. 여기에서 특정 공익사업의 시행을 위하여 용도지역 등을 지정 또는 변경하지 않았다고 볼 수 있으려면, 토지가 특정 공익사 업에 제공된다는 사정을 배제할 경우 용도지역 등을 지정 또는 변경하지 않은 행 위가 계획재량권의 일탈·남용에 해당함이 객관적으로 명백하여야만 한다.

판례	대판 2012.3.29, 2011다104253 판결
85	[공익사업법 시행규칙 제22조(보상액 산정에 관한 구체적 기준)에 대한 판례 쟁점] **공익사업을 위한 토지 등의 취득 및 보상에 관한 법률 시행규칙 제22조의 대외적 구속력 여부**

[판시사항]

[1] 공익사업을 위한 토지 등의 취득 및 보상에 관한 법률 제68조 제3항의 위임에 따라 협의취득의 보상액 산정에 관한 구체적 기준을 정하고 있는 공익사업을 위한 토지 등의 취득 및 보상에 관한 법률 시행규칙 제22조가 대외적인 구속력을 가지는지 여부(적극)

[2] 한국토지주택공사가 갑 등에게서 토지를 협의취득하면서 '매매대금이 고의·과실 내지 착오평가 등으로 과다 또는 과소하게 책정되어 지급되었을 때에는 과부족금액을 상대방에게 청구할 수 있다'고 약정하였는데, 공사가 협의취득을 위한 보상액을 산정하면서 한국감정평가업협회의 구 토지보상평가지침에 따라 토지를 지상에 설치된 철탑 및 고압송전선의 제한을 받는 상태로 평가한 사안에서, 위 약정은 감정평가기준을 잘못 적용하여 협의매수금액을 산정한 경우에도 적용되고, 위 협의매수금액 산정은 위 약정에서 정한 고의·과실 내지 착오평가 등으로 과소하게 책정하여 지급한 경우에 해당한다고 본 원심판결에 이유불비 등의 잘못이 없다고 한 사례

[판결요지]

[1] 토지보상법 제68조 제3항은 협의취득의 보상액 산정에 관한 구체적 기준을 시행규칙에 위임하고 있고, 위임 범위 내에서 토지보상법 시행규칙 제22조는 토지에 건축물 등이 있는 경우에는 건축물 등이 없는 상태를 상정하여 토지를 평가하도록 규정하고 있는데, 이는 비록 행정규칙의 형식이나 공익사업법의 내용이 될 사항을 구체적으로 정하여 내용을 보충하는 기능을 갖는 것이므로, 토지보상법 규정과 결합하여 대외적인 구속력을 가진다.

[2] 한국토지주택공사가 갑 등에게서 토지를 협의취득하면서 '매매대금이 고의·과실 내지 착오평가 등으로 과다 또는 과소하게 책정되어 지급되었을 때에는 과부족금액을 상대방에게 청구할 수 있다'고 약정하였는데, 공사가 협의취득을 위한 보상액을 산정하면서 한국감정평가업협회의 구 토지보상평가지침에 따라 토지를 지상

에 설치된 철탑 및 고압송전선의 제한을 받는 상태로 평가한 사안에서, 위 약정은
단순히 협의취득 대상토지 현황이나 면적을 잘못 평가하거나 계산상 오류 등으로
감정평가금액을 잘못 산정한 경우뿐만 아니라 토지보상법상 보상액 산정기준에
적합하지 아니한 감정평가기준을 적용함으로써 감정평가금액을 잘못 산정하여 이
를 기준으로 협의매수금액을 산정한 경우에도 적용되고, 한편 공사가 협의취득을
위한 보상액을 산정하면서 대외적 구속력을 갖는 토지보상법 시행규칙 제22조에
따라 토지에 건축물 등이 있는 때에는 건축물 등이 없는 상태를 상정하여 토지를
평가하여야 함에도, 대외적 구속력이 없는 (구)토지보상평가지침에 따라 토지를
제한받는 상태로 평가한 것은 정당한 토지평가라고 할 수 없는 점 등에 비추어
위 협의매수금액 산정은 공사가 고의·과실 내지 착오평가 등으로 과소하게 책정
하여 지급한 경우에 해당한다고 본 원심판결에 판단누락이나 이유불비 등의 잘못
이 없다고 한 사례

판례 86

대판 2012.12.13, 2011두24033 판결
[현황평가의 원칙에 대한 판례 쟁점]

현황평가 원칙의 예외(토지의 형질변경)

[판시사항]

국토의 계획 및 이용에 관한 법률 시행령 제51조 제3호에서 정한 토지의 형질변경의
의미 및 토지의 형질변경에 형질변경허가에 관한 준공검사를 받거나 토지의 지목을
변경할 것을 필요로 하는지 여부(소극)

[판결요지]

토지의 형질변경이라 함은 절토, 성토, 정지 또는 포장 등으로 토지의 형상을 변경하
는 행위와 공유수면의 매립을 뜻하는 것으로서, 토지의 형질을 외형상으로 사실상 변
경시킬 것과 그 변경으로 인하여 원상회복이 어려운 상태에 있을 것을 요하지만, 형질
변경허가에 관한 준공검사를 받거나, 토지의 지목까지 변경시킬 필요는 없다.

토지소유자가 지목 및 현황이 전(田)인 토지에 관하여 관계법령에 의하여 건축물의
부지조성을 목적으로 한 개발행위(토지의 형질변경)허가를 받아 그 토지의 형질을 대

지로 변경한 다음 토지에 건축허가를 받고 그 착공신고서까지 제출하였고, 형질변경 허가에 관한 준공검사를 받은 다음 지목변경절차에 따라 그 토지의 지목을 대지로 변경할 여지가 있었으며, 그와 같이 형질을 변경한 이후에는 그 토지를 더 이상 전으로 사용하지 않았고, 한편 행정청도 그 토지가 장차 대지로 사용됨을 전제로 건축허가를 하였을 뿐만 아니라, 그 현황이 대지임을 전제로 개별공시지가를 산정하고 재산세를 부과하였으며, 나아가 그와 같이 형질이 변경된 이후에 그 토지가 대지로서 매매되는 등 형질이 변경된 현황에 따라 정상적으로 거래된 사정이 있는 경우, 비록 토지소유자가 그 토지에 건축물을 건축하는 공사를 착공하지 못하고 있던 중 토지가 수용됨으로써 실제로 그 토지에 건축물이 건축되지 않아 대지로 볼 수 없다고 하더라도, 그 토지의 수용에 따른 보상액을 산정함에 있어서는 토지보상법 제70조 제2항의 '현실적인 이용상황'을 대지로 평가함이 상당하다.

판례 87	대판 2012.5.24, 2012두1020 판결
	– 공시지가기준 평가의 원칙 : 시점수정
	– 감정평가실무기준 및 토지보상평가지침의 기속력 여부

[판시사항]

[1] 수용대상토지가 개발제한구역으로 지정되어 있는 경우 손실보상금 산정에서 참작할 지가변동률 및 이러한 법리는 개발제한구역의 지정 및 관리에 관한 특별조치법이 제정·시행되었어도 마찬가지인지 여부(적극)

[2] 감정평가에 관한 규칙에 따른 '감정평가실무기준'이나 한국감정평가업협회가 제정한 '토지보상평가지침'이 일반 국민이나 법원을 기속하는지 여부(소극)

[3] 손실보상금의 증감에 관한 소송에서 이의재결의 기초가 된 감정평가와 법원 감정인의 감정평가가 개별요인비교에 관하여만 평가를 달리하여 감정 결과에 차이가 생긴 경우, 그중 어느 것을 신뢰할 것인지가 법원의 재량에 속하는지 여부(적극) 및 이의재결 감정기관의 감정평가와 법원 감정인의 감정평가가 품등비교를 제외한 나머지 요인에서도 견해가 다르거나 평가방법에 위법사유가 있을 경우, 법원의 감정평가 채택방법

[판결요지]

[1] 지가변동률을 참작함에 있어서는 수용대상토지가 도시지역 내에 있는 경우에는 원칙적으로 용도지역별 지가변동률에 의하여 보상금을 산정하는 것이 더 타당하나, 개발제한구역으로 지정되어 있는 경우에는 일반적으로 이용상황에 따라 지가변동률이 영향을 받으므로 특별한 사정이 없는 한 이용상황별 지가변동률을 적용하는 것이 상당하고, 개발제한구역의 지정 및 관리에 관한 특별조치법이 제정되어 시행되었다고 하여 달리 볼 것은 아니다.

[2] 감칙에 따른 '감정평가실무기준'은 감정평가의 구체적 기준을 정함으로써 감정평가업자가 감정평가를 수행할 때 이 기준을 준수하도록 권장하여 감정평가의 공정성과 신뢰성을 제고하는 것을 목적으로 하는 것이고, 한국감정평가협회가 제정한 '토지보상평가지침'은 단지 한국감정평가업협회가 내부적으로 기준을 정한 것에 불과하여 어느 것도 일반국민이나 법원을 기속하는 것이 아니다.

[3] 보상금증감에 관한 소송에 있어서 이의재결의 기초가 된 감정기관의 감정평가와 각 법원 감정인의 감정평가 평가방법에 있어 위법사유가 없고 개별요인비교를 제외한 나머지 가격산정요인의 참작에 있어서는 서로 견해가 일치하나 개별요인비교에 관하여만 평가를 다소 달리한 관계로 감정결과(수용대상토지의 보상평가액)에 차이가 생기게 된 경우 그중 어느 감정평가의 개별요인비교의 내용에 오류가 있음을 인정할 자료가 없는 이상 각 감정평가 중 어느 것을 취신하여 정당보상가액으로 인정하는가 하는 것은 그것이 논리칙과 경험칙에 반하지 않는 이상 법원의 재량에 속한다. 그러나 이의재결 감정기관의 감정평가와 법원 감정인의 감정평가가 품등비교를 제외한 나머지 요인에서도 견해가 다르거나 그 평가방법에 위법사유가 있을 경우 그 각 감정평가 중 어느 것을 받아들일 것인지는 더 이상 재량의 문제라고 할 수 없으므로, 법원은 적법한 감정평가에 따라 정당한 손실보상금을 산정하여야 한다고 판시하고 있다.

판례 88	대판 2014.6.12, 2013두4620 판결 대판 2015.8.27, 2012두7950 판결 대판 2012.2.23, 2010다91206 판결 [보상기준에 대한 판례 쟁점]
	보상기준 : 공익사업의 시행을 직접 목적으로 한 용도지역 등의 변경

1. 2013두4620 판결

[판시사항]

[1] 공법상 제한을 받는 토지의 토상평가방법

[2] 관할 구청장이 공원조성사업을 위하여 수용한 甲 소유 토지에 대하여 녹지지역으로 지정된 상태로 평가한 감정결과에 따라 수용보상금을 결정한 사안에서, 공원 설치에 관한 도시계획결정은 개별적 계획제한이고, 제반 사정에 비추어 볼 때, 위 토지를 녹지지역으로 지정·변경한 것은 도시계획시설인 공원의 설치를 직접 목적으로 한 것이므로, 위 녹지지역의 지정·변경에 따른 공법상 제한은 위 토지에 대한 보상금을 평가할 때 고려 대상에서 배제되어야 한다는 이유로, 이와 달리 본 원심판결에 법리를 오해한 위법이 있다고 한 사례

[판결요지]

[1] 토지보상법 시행규칙 제23조 제1항은 "공법상 제한을 받는 토지에 대하여는 제한 받는 상태대로 평가한다. 다만, 그 공법상 제한이 해당 공익사업의 시행을 직접 목적으로 하여 가하여진 경우에는 제한이 없는 상태를 상정하여 평가한다."고 규정하고 있다. 따라서 공법상 제한을 받는 토지에 대한 보상액을 산정할 때에 해당 공법상 제한이 그 자체로 제한목적이 달성되는 일반적 계획제한으로서 구체적 도시계획사업과 직접 관련되지 아니한 경우에는 그러한 제한을 받는 상태 그대로 평가하여야 하지만, 특정 도시계획시설의 설치를 위한 계획결정과 같이 구체적 사업이 따르는 개별적 계획제한이거나 일반적 계획제한에 해당하는 용도지역·지구·구역의 지정 또는 변경에 따른 제한이더라도 그 용도지역·지구·지정 또는 변경이 특정 공익사업의 시행을 위한 것일 때에는 해당 공익사업의 시행을 직접 목적으로 하는 제한으로 보아 위 제한을 받지 아니하는 상태를 상정하여 평가하여야 한다.

[2] 이 사건 토지를 포함한 인천 부평구 갈산동 일대가 인천시가지계획공원으로 결정되고 이후 계속하여 위 공원의 설치에 관한 도시계획결정이 유지되어 왔다고 하

더라도 이러한 공원 설치에 관한 도시계획결정은 개별적 계획제한에 지나지 않고, 또한 이 사건 토지가 위와 같은 도시계획공원의 구역 내에 속함으로써 구 도시계획법상 용도지역 가운데 녹지지역으로 지정·변경된 바 있다고 하더라도, 기록에 나타난 이 사건 토지 및 인근 토지의 연혁 및 현황, 특히 1965.10.19. 건설부고시 제1915호에 의하여 이 사건 토지가 주거지역으로 지정되었다가 공원 설치에 관한 도시계획을 이유로 다시 녹지지역으로 환원된 점 등에 비추어 보면 이러한 녹지지역으로의 지정·변경은 도시계획시설인 위 공원의 설치를 직접 목적으로 한 것임을 충분히 알 수 있으므로, 위 도시계획공원의 결정이나 녹지지역의 지정·변경에 따른 공법상 제한은 이 사건 토지에 관한 보상금을 평가할 때 고려의 대상에서 배제되어야 할 것이다. 그럼에도 원심은 이 사건 토지에 관한 도시계획공원의 결정 등에 따른 제한이 이 사건 공원조성사업과 무관하게 가하여진 일반적 계획제한에 해당한다는 이유로 이를 보상평가에 반영하여야 한다고 판단하였으니, 이러한 원심판결에는 공법상 제한을 받는 토지의 평가에 관한 법리를 오해하여 판결에 영향을 미친 위법이 있음이 명백하다.

2. 2012두7950 판결

[판시사항]

수용대상토지에 관하여 특정 시점에서 용도지역 등의 지정 또는 변경을 하지 않은 것이 특정 공익사업의 시행을 위한 것인 경우, 공익사업의 시행을 직접 목적으로 하는 제한으로 보아 용도지역 등의 지정 또는 변경이 이루어진 상태를 상정하여 토지가격을 평가해야 하는지 여부(적극) 및 특정 공익사업의 시행을 위하여 용도지역 등의 지정 또는 변경을 하지 않았다고 보기 위한 요건

[판결요지]

공익사업을 위하여 취득하는 토지에 대한 보상액 산정을 위하여 토지가격을 평가할 때 일반적 계획제한에 해당하는 용도지역 등의 지정 또는 변경이라도 특정 공익사업의 시행을 위한 것이라면 해당 공익사업의 시행을 직접 목적으로 하는 제한이라고 보아야 하는 점 등을 종합적으로 고려하면, 어느 수용대상토지에 관하여 특정 시점에서 용도지역 등의 지정 또는 변경을 하지 않은 것이 특정 공익사업의 시행을 위한 것인 경우 이는 해당 공익사업의 시행을 직접 목적으로 하는 제한으로 보아 용도지역 등의 지정 또는 변경이 이루어진 상태를 상정하여 토지가격을 평가해야 한다. 여기에서 특정 공익사업의 시행을 위하여 용도지역 등의 지정 또는 변경을 하지 않았다고 볼 수 있으려면, 토지가 특정 공익사업에 제공된다는 사정을 배제할 경우 용도지역 등의 지

정 또는 변경을 하지 않은 행위가 계획재량권의 일탈·남용에 해당함이 객관적으로 명백해야 한다.

3. 2010다91206 판결

[판시사항]

[1] 공익사업을 위한 토지 등의 취득 및 보상에 관한 법령에 따른 협의취득에서 채무불이행책임이나 매매대금 과부족금에 대한 지급의무를 약정할 수 있는지 여부(적극) 및 협의취득을 위한 매매계약의 해석 방법

[2] 한국토지주택공사가 갑 등에게서 토지를 협의취득하면서 매매대금 과부족금에 대한 지급의무를 약정한 사안에서, 위 약정은 종전 감정평가가 관계 법령 또는 통상적 평가지침에 따르지 않거나 대상 토지의 현황과 특성을 제대로 반영하지 아니하여 부당한 평가액을 도출하였고 이것이 당사자 쌍방 또는 일방(그 의뢰를 받은 감정평가업자를 포함한다)의 고의, 과실 또는 착오에 기인한 경우에 적용되는데, 매매대금 책정의 기초가 된 감정평가에 개발제한구역이 해제되지 아니한 상태를 기준으로 이루어진 중대한 하자가 있고, 이는 공사 또는 그 의뢰를 받은 감정평가업자의 고의, 과실, 착오평가에 기인한 것이라고 본 원심판단이 정당하다고 한 사례

[판결요지]

[1] 토지보상법에 의한 협의취득은 사법상의 법률행위이므로 당사자 사이의 자유로운 의사에 따라 채무불이행 책임이나 매매대금 과부족금에 대한 지급의무를 약정할 수 있다. 그리고 협의취득을 위한 매매계약을 해석함에 있어서도 처분문서 해석의 일반원칙으로 돌아와 매매계약서에 기재되어 있는 문언대로의 의사표시의 존재와 내용을 인정하여야 하고, 당사자 사이에 계약의 해석을 둘러싸고 이견이 있어 처분문서에 나타난 당사자의 의사해석이 문제되는 경우에는 그 문언의 내용, 그러한 약정이 이루어진 동기와 경위, 그 약정에 의하여 달성하려는 목적, 당사자의 진정한 의사 등을 종합적으로 고찰하여 논리와 경험칙에 따라 합리적으로 해석하여야 한다.

[2] 한국토지공사가 甲 등에게서 토지를 협의취득하면서 매매대금 과부족금에 대한 지급의무를 약정한 사안에서, 위 약정은 종전 감정평가가 관계법령 또는 통상적 평가지침에 따르지 않거나 대상토지의 현황과 특성을 제대로 반영하지 아니하여 부당한 평가액을 도출하였고 이것이 당사자 쌍방 또는 일방의 고의, 과실 또는 착오에 기인한 경우에 적용되는데, 매매대금 책정의 기초가 된 감정평가에 개발

제한구역이 해제되지 아니한 상태를 기준으로 이루어진 중대한 하자가 있고, 이는 공사 또는 그 의뢰를 받은 감정평가업자의 고의, 과실, 착오평가에 기인한 것이라고 본 원심판단이 정당하다.

판례 89	대판 2013.6.13, 2012두300 판결 [불법형질변경에 대한 판례 쟁점] **불법형질변경토지의 보상평가기준**

[판시사항]

[1] 구 국토의 계획 및 이용에 관한 법률 시행령 제51조 제3호에서 정한 '토지의 형질변경'에 형질변경허가에 관한 준공검사나 토지의 지목변경을 요하는지 여부(소극)

[2] 택지개발사업을 위한 토지의 수용에 따른 보상금액의 산정이 문제된 사안에서, 농지가 이미 공장용지로 형질변경이 완료되었고 공장용지의 요건을 충족한 이상 비록 공부상 지목변경절차를 마치지 않았다고 하더라도 그 수용에 따른 보상액을 산정할 때에는 공익사업을 위한 토지 등의 취득 및 보상에 관한 법률 제70조 제2항의 '현실적인 이용상황'을 공장용지로 평가해야 한다고 한 사례

[판결요지]

[1] 토지의 형질변경이란 절토, 성토, 정지 또는 포장 등으로 토지의 형상을 변경하는 행위와 공유수면의 매립을 뜻하는 것으로서, 토지의 형질을 외형상으로 사실상 변경시킬 것과 그 변경으로 인하여 원상회복이 어려운 상태에 있을 것을 요하지만, 형질변경허가에 관한 준공검사를 받거나 토지의 지목까지 변경시킬 필요는 없다.

[2] 택지개발사업을 위한 토지의 수용에 따른 보상금액의 산정이 문제된 사안에서, 농지를 공장부지로 조성하기 위하여 농지전용허가를 받아 농지조성비 등을 납부한 후 공장설립 및 변경신고를 하고, 실제로 일부 공장건물을 증축하기까지 하여 토지의 형질이 원상회복이 어려울 정도로 사실상 변경됨으로써 이미 공장용지로 형질변경이 완료되었으며, 당시 농지법령에 농지전용허가와 관련하여 형질변경 완료 시 준공검사를 받도록 하는 규정을 두고 있지 않아 별도로 준공검사를 받지

않았다고 하더라도 구 지적법 시행령에서 정한 '공장부지 조성을 목적으로 하는 공사가 준공된 토지'의 요건을 모두 충족하였다고 보아야 하고, 수용대상 토지가 이미 공장용지의 요건을 충족한 이상 비록 공부상 지목변경절차를 마치지 않았다고 하더라도 그 토지의 수용에 따른 보상액을 산정할 때에는 토지보상법 제70조 제2항의 '현실적인 이용상황'을 공장용지로 평가해야 한다.

판례 90

대판 2012.4.26, 2011두2521 판결
[불법형질변경에 대한 판례 쟁점]

불법형질변경토지에 대한 입증책임

[판시사항]

[1] 공익사업을 위한 토지 등의 취득 및 보상에 관한 법률 시행규칙 제24조가 정한 '불법형질변경토지'라는 이유로 형질변경 당시의 이용상황에 의하여 보상액을 산정하는 경우, 수용대상토지가 불법형질변경토지라는 사실에 관한 증명책임의 소재 및 증명의 정도

[2] 국민임대주택단지 조성사업시행자가 현실적 이용상황이 과수원인 甲의 토지가 불법으로 형질변경된 것이라고 하여 개간 전 상태인 임야로 평가한 재결감정결과에 따라 손실보상액을 산정한 사안에서, 위 토지가 불법형질변경토지라는 사업시행자의 주장을 배척한 원심판단을 정당하다고 한 사례

[판결요지]

[1] 토지에 대한 보상액은 현실적인 이용상황에 따라 산정하는 것이 원칙이므로, 수용대상 토지의 이용상황이 일시적이라거나 불법형질변경토지라는 이유로 본래의 이용상황 또는 형질변경 당시의 이용상황에 의하여 보상액을 산정하기 위해서는 그와 같은 예외적인 보상액 산정방법의 적용을 주장하는 쪽에서 수용대상 토지가 불법형질변경토지임을 증명해야 한다. 그리고 수용대상 토지가 불법형질변경토지에 해당한다고 인정하기 위해서는 단순히 수용대상 토지의 형질이 공부상 지목과 다르다는 점만으로는 부족하고, 수용대상 토지의 형질변경 당시 관계 법령에

의한 허가 또는 신고의무가 존재하였고 그럼에도 허가를 받거나 신고를 하지 않은 채 형질변경이 이루어졌다는 점이 증명되어야 한다.

[2] 국민임대주택단지 조성사업 시행자가 현실적 이용상황이 과수원인 甲의 토지가 불법적으로 형질변경된 것이라고 하여 개간 전 상태인 임야로 보고 평가한 재결 감정 결과에 따라 손실보상액을 산정한 사안에서, 과수원으로 개간되던 당시 시행되던 법령에 따라 위 토지가 보안림에 속하거나 경사 20도 이상 임야의 화전경작에 해당하여 개간이 허가 대상이라는 점을 사업시행자가 증명해야 하는데, 그에 관한 아무런 증명이 없고, 벌채만으로는 절토, 성토, 정지 등으로 토지의 형상을 변경하는 형질변경이 된다고 할 수 없으므로 개간 과정에서 나무의 벌채가 수반되고 벌채에 필요한 허가나 신고가 없었다고 하여 불법형질변경토지라고 할 수 없다는 이유로 위 토지가 불법형질변경토지라는 사업시행자의 주장을 배척한 원심판단은 정당하다.

판례 91	대판 2014.6.26, 2013두21687 판결 대판 2013.6.13, 2011두7007 판결 [사실상 사도에 대한 판례 쟁점]
	도로의 평가기준 및 방법 : 사실상 사도

1. 2013두21687 판결

[판시사항]

[1] 공익사업에 필요한 토지를 취득할 때, 공익사업을 위한 토지 등의 취득 및 보상에 관한 법률 시행규칙 제26조 제1항 제2호에 규정된 '사실상의 사도의 부지'로 보고 인근 토지평가액의 3분의 1 이내로 보상액을 평가하기 위한 요건 및 이 경우 반드시 도로가 불특정 다수인의 통행에 제공되어야 하는지 여부(소극)

[2] 공익사업을 위한 토지 등의 취득 및 보상에 관한 법률 시행규칙 제26조 제2항 제1호에서 규정한 '도로개설 당시의 토지소유자가 자기 토지의 편익을 위하여 스스로 설치한 도로'에 해당하는지 판단하는 기준

[판결요지]

[1] 공익사업에 필요한 토지를 취득할 때, 이를 토지보상법 시행규칙 제26조 제1항 제2호에 규정된 '사실상의 사도의 부지'로 보고 인근토지 평가액의 3분의 1 이내로 그 보상액을 평가하려면, 그 토지가 도로법에 의한 일반 도로 등에 연결되어 일반의 통행에 제공되는 등으로 사도법에 의한 사도에 준하는 실질을 갖추고 있어야 하고, 나아가 시행규칙 제26조 제2항 제1호 내지 제4호 중 어느 하나에 해당하여야 하지만, 해당 토지가 도로법에 의한 도로에 연결되었다면 특별한 사정이 없는 한 사도법에 의한 사도에 준하는 실질을 갖추었다고 볼 것이고, 반드시 그 도로가 불특정 다수인의 통행에 제공될 필요까지는 없다.

[2] 어느 토지가 시행규칙 제26조 제2항 제1호에 규정된 '도로개설 당시의 토지소유자가 자기 토지의 편익을 위하여 스스로 설치한 도로'에 해당하려면, 토지 소유자가 자기 소유 토지 중 일부에 도로를 설치한 결과 도로 부지로 제공된 부분으로 인하여 나머지 부분 토지의 편익이 증진되는 등으로 그 부분의 가치가 상승됨으로써 도로부지로 제공된 부분의 가치를 낮게 평가하여 보상하더라도 전체적으로 정당보상의 원칙에 어긋나지 않는다고 볼 만한 객관적인 사유가 있다고 인정되어야 하고, 이는 도로개설 경위와 목적, 주위환경, 인접토지의 획지 면적, 소유관계 및 이용상태 등 제반 사정을 종합적으로 고려하여 판단할 것이다.

2. 2011두7007 판결

[판시사항]

[1] 공익사업을 위한 토지 등의 취득 및 보상에 관한 법률 시행규칙 제26조 제1항 제2호에 의하여 '사실상의 사도'의 부지로 보고 인근토지 평가액의 3분의 1 이내로 보상액을 평가하기 위한 요건

[2] 공익사업을 위한 토지 등의 취득 및 보상에 관한 법률 시행규칙 제26조 제2항 제1호에서 규정한 '도로개설 당시의 토지소유자가 자기 토지의 편익을 위하여 스스로 설치한 도로'에 해당하는지 판단하는 기준

[3] 공익사업을 위한 토지 등의 취득 및 보상에 관한 법률 시행규칙 제26조 제2항 제2호가 규정한 '토지소유자가 그 의사에 의하여 타인의 통행을 제한할 수 없는 도로'의 의미 및 그에 해당하는지 판단하는 기준

[판결요지]

[1] 토지보상법 시행규칙 제26조 제1항 제2호에 의하여 '사실상의 사도'의 부지로 보고 인근토지 평가액의 3분의 1 이내로 보상액을 평가하려면, 도로법에 의한 일반 도로 등에 연결되어 일반의 통행에 제공되는 등으로 사도법에 의한 사도에 준하는 실질을 갖추고 있어야 하고, 나아가 위 규칙 제26조 제2항 제1호 내지 제4호 중 어느 하나에 해당하여야 할 것이다.

[2] 토지보상법 시행규칙 제26조 제2항 제1호에서 규정한 '도로개설 당시의 토지소유자가 자기 토지의 편익을 위하여 스스로 설치한 도로'에 해당한다고 하려면, 토지 소유자가 자기 소유 토지 중 일부에 도로를 설치한 결과 도로 부지로 제공된 부분으로 인하여 나머지 부분 토지의 편익이 증진되는 등으로 그 부분의 가치가 상승됨으로써 도로부지로 제공된 부분의 가치를 낮게 평가하여 보상하더라도 전체적으로 정당보상의 원칙에 어긋나지 않는다고 볼 만한 객관적인 사유가 있다고 인정되어야 하고, 이는 도로개설 경위와 목적, 주위환경, 인접토지의 획지 면적, 소유관계 및 이용상태 등 제반 사정을 종합적으로 고려하여 판단할 것이다.

[3] 토지보상법 시행규칙 제26조 제2항 제2호가 규정한 '토지소유자가 그 의사에 의하여 타인의 통행을 제한할 수 없는 도로'는 사유지가 종전부터 자연발생적으로 또는 도로예정지로 편입되어 있는 등으로 일반 공중의 교통에 공용되고 있고 그 이용상황이 고착되어 있어, 도로부지로 이용되지 아니하였을 경우에 예상되는 표준적인 이용상태로 원상회복하는 것이 법률상 허용되지 아니하거나 사실상 현저히 곤란한 정도에 이른 경우를 의미한다고 할 것이다. 이때 어느 토지가 불특정 다수인의 통행에 장기간 제공되어 왔고 이를 소유자가 용인하여 왔다는 사정이 있다는 것만으로 언제나 도로로서의 이용상황이 고착되었다고 볼 것은 아니고, 이는 당해 토지가 도로로 이용되게 된 경위, 일반의 통행에 제공된 기간, 도로로 이용되고 있는 토지의 면적 등과 더불어 그 도로가 주위 토지로 통하는 유일한 통로인지 여부 등 주변 상황과 당해 토지의 도로로서의 역할과 기능 등을 종합하여 원래의 지목 등에 따른 표준적인 이용상태로 회복하는 것이 용이한지 여부 등을 가려서 판단해야 할 것이다.

판례	대판 2015.11.12, 2015두2963 판결
92	[잔여건축물 손실보상에 대한 판례 쟁점]
	잔여건축물 손실에 대한 보상

[판시사항]

[1] 건축물 소유자가 공익사업을 위한 토지 등의 취득 및 보상에 관한 법률 제34조, 제50조 등에 규정된 재결절차를 거치지 않은 채 곧바로 사업시행자를 상대로 같은 법 제75조의2 제1항에 따른 잔여건축물 가격감소 등으로 인한 손실보상을 청구할 수 있는지 여부(소극) 및 이는 수용대상 건축물에 대하여 재결절차를 거친 경우에도 마찬가지인지 여부(적극)

[2] 피수용자가 부가가치세법상의 납세의무자인 사업자로서 손실보상금으로 수용된 건축물 등을 다시 신축하는 것이 자기의 사업을 위하여 사용될 재화 또는 용역을 공급받는 경우에 해당하는 경우, 사업시행자에게 건축비 등에 포함된 부가가치세 상당을 손실보상으로 구할 수 있는지 여부(원칙적 소극)

[3] 보상금 증감에 관한 소송에서 재결의 기초가 된 감정기관의 감정평가와 법원이 선정한 감정인의 감정평가가 개별요인 비교 등에 관하여 평가를 달리하여 감정결과에 차이가 생기는 경우, 어느 것을 택할 것인지가 법원의 재량에 속하는지 여부(원칙적 적극) 및 개별요인 비교에 오류가 있거나 내용이 논리와 경험법칙에 반하는 감정평가를 택할 수 있는지 여부(소극)

[판결요지]

[1] 건축물 소유자가 사업시행자로부터 토지보상법 제75조의2 제1항에 따른 잔여 건축물 가격감소 등으로 인한 손실보상을 받기 위해서는 토지보상법 제34조, 제50조 등에 규정된 재결절차를 거친 다음 재결에 대하여 불복이 있는 때에 비로소 토지보상법 제83조 내지 제85조에 따라 권리구제를 받을 수 있을 뿐, 재결절차를 거치지 않은 채 곧바로 사업시행자를 상대로 손실보상을 청구하는 것은 허용되지 않고, 이는 수용대상 건축물에 대하여 재결절차를 거친 경우에도 마찬가지이다.

[2] 피수용자가 부가가치세법상의 납세의무자인 사업자로서 손실보상금으로 수용된 건축물 등을 다시 신축하는 것이 자기의 사업을 위하여 사용될 재화 또는 용역을 공급받는 경우에 해당하면 건축비 등에 포함된 부가가치세는 부가가치세법 제38조 제1항 제1호에서 정한 매입세액에 해당하여 피수용자가 자기의 매출세액에서 공제받거나 환급받을 수 있으므로 위 부가가치세는 실질적으로는 피수용자가 부

담하지 않게 된다. 따라서 이러한 경우에는 다른 특별한 사정이 없는 한 피수용자가 사업시행자에게 위 부가가치세 상당을 손실보상으로 구할 수는 없다.

[3] 보상금 증감에 관한 소송에서 재결의 기초가 된 감정기관의 감정평가와 법원이 선정한 감정인의 감정평가가 개별요인 비교 등에 관하여 평가를 달리한 관계로 감정 결과에 차이가 생기는 경우 각 감정평가 중 어느 것을 택할 것인지는 원칙적으로 법원의 재량에 속하나, 어느 감정평가가 개별요인 비교에 오류가 있거나 내용이 논리와 경험의 법칙에 반하는데도 그 감정평가를 택하는 것은 재량의 한계를 벗어난 것으로서 허용되지 않는다.

판례 93	대판 2012.9.13, 2011다83929 판결 [공작물 등의 손실보상에 대한 판례 쟁점] **공작물 등의 손실보상평가기준**

[판시사항]

[1] 공익사업을 위한 토지 등의 취득 및 보상에 관한 법률 시행규칙 제36조 제2항 제3호에서 정한 '대체시설'로 인정하기 위한 요건

[2] 甲 주택재개발정비사업조합이, 주택재개발정비사업으로 철거된 한국전력공사의 배전설비에 대하여 대체시설을 제공하였음을 이유로 공사가 甲 조합으로부터 지급받은 철거시설 잔존가치 상당액의 손실보상금에 대하여 부당이득반환을 구한 사안에서, 새로 설치한 설비가 공익사업을 위한 토지 등의 취득 및 보상에 관한 법률 시행규칙에서 정한 대체시설에 해당하기 위한 요건을 충족하는지에 대한 별다른 심리 없이 공사가 받는 손실보상금이 부당이득에 해당한다고 본 원심판결에 법리오해의 위법이 있다고 한 사례

[판결요지]

[1] 토지보상법 제75조 제1항 제1호는 공작물에 대하여 이전에 필요한 비용으로 보상하되 이전이 어렵거나 그 이전으로 인하여 공작물을 종래의 목적으로 사용할 수 없게 된 경우에는 당해 물건의 가격으로 보상하도록 규정하고 있고, 같은 조

제6항의 위임에 따라 공작물에 대한 보상액의 구체적인 산정 및 평가방법과 보상 기준을 정하고 있는 토지보상법 시행규칙 제36조 제2항 제3호는 '사업시행자가 공익사업에 편입되는 공작물 등에 대한 대체시설을 하는 경우'에는 이를 별도의 가치가 있는 것으로 평가하여서는 아니 된다고 규정하고 있다. 이처럼 대체시설을 하는 경우 별도의 손실보상을 하지 않도록 규정한 것은 그러한 대체시설로서 공작물 소유자에게 실질적으로 손실이 보상된 것으로 볼 수 있기 때문이므로, 대체시설로 인정되기 위해서는 기존 공작물과 기능적인 측면에서 대체가 가능한 시설이어야 할 뿐만 아니라, 특별한 사정이 없는 한 기존 공작물 소유자가 대체시설의 소유권을 취득하거나 소유권자에 준하는 관리처분권을 가지고 있어야 한다.

[2] 甲 주택재개발정비사업조합이, 주택재개발정비사업으로 철거된 한국전력공사의 배전설비에 대하여 대체시설을 제공하였음을 이유로 공사가 甲 조합으로부터 지급받은 철거시설 잔존가치 상당액의 손실보상금에 대하여 부당이득반환을 구한 사안에서, 甲 조합은 공사에 철거시설에 대한 손실보상금을 별도로 지급할 의무가 있고, 당사자 사이에 새로 설치한 지중화된 전력설비에 대하여 소유권은 甲 조합이 가지지만 공사가 이를 그 소유처럼 제한 없이 무상으로 관리·사용할 수 있는 권리가 보장되어 있어서 철거된 종전 시설과 기능적으로뿐 아니라 권리행사 측면에서도 실질적 차이가 없다고 볼 수 있는 관계가 설정되어 있다는 등 특별한 사정이 없는 이상 이는 토지보상법 시행규칙에서 말하는 대체시설에 해당한다고 볼 수 없으므로, 위 시행규칙의 대체시설에 해당하기 위한 요건의 충족 여부 등에 대하여 더 심리해 보지 않고는 공사가 지급받은 철거시설에 대한 손실보상금이 법률상 원인 없이 얻은 이득이라고 쉽사리 단정할 수 없음에도, 위와 같은 점에 대한 별다른 심리 없이 공사가 받은 손실보상금이 부당이득에 해당한다고 본 원심판결에 법리오해의 위법이 있다.

판례	대판 2020.9.24, 2018두54507 판결
94	공익사업에 필요한 토지 등의 취득 또는 사용으로 인한 영업손실보상에서 토지보상법 시행규칙 제46조에 따른 폐업보상 대상인지, 제47조에 따른 휴업보상 대상인지 결정하는 기준

토지보상법 제77조는 영업을 폐지하거나 휴업함에 따른 영업손실에 대하여는 영업이익과 시설의 이전비용 등을 고려하여 보상하여야 하고(제1항), 보상액의 구체적인 산정 및 평가 방법과 보상기준에 관한 사항은 국토교통부령으로 정한다고 규정하고 있다(제4항). 그 위임에 따른 구 공익사업을 위한 토지 등의 취득 및 보상에 관한 법률 시행규칙(2014.10.22. 국토교통부령 제131호로 개정되기 전의 것, 이하 '토지보상법 시행규칙'이라 한다)은 제46조에서 영업의 폐지에 대한 손실의 평가를 규정하면서 같은 조 제2항 각호에서 '영업의 폐지'에 해당하는 경우를 열거하는 한편, 제47조에서 '영업의 휴업'에 대한 손실의 평가를 규정하고 있다.

이러한 규정들을 종합하여 보면, 영업손실보상에서 토지보상법 시행규칙 제46조에 따른 폐업보상의 대상인지 아니면 제47조에 따른 휴업보상의 대상인지는 제46조 제2항 각호에 해당하는지 여부에 따라 결정된다. 제46조 제2항 각호는 해당 영업을 그 영업소 소재지나 인접 시·군 또는 구 지역 안의 다른 장소로 이전하는 것이 불가능한 경우를 규정한 것으로서, 이러한 이전 가능성 여부는 법령상의 이전 장애사유 유무와 당해 영업의 종류와 특성, 영업시설의 규모, 인접지역의 현황과 특성, 그 이전을 위하여 당사자가 들인 노력 등과 인근 주민들의 이전 반대 등과 같은 사실상의 이전 장애사유 유무 등을 종합하여 판단하여야 한다. 원심판결 이유를 관련 법리와 기록에 비추어 살펴보면, 이러한 원심판단에 상고이유 주장과 같이 위임입법의 한계, 영업손실보상 기준 등에 관한 법리를 오해한 잘못이 없다.

원심은, 원고가 제출한 증거만으로는 이 사건 가맹점이 해당 영업의 고유한 특수성으로 인하여 3개월 이내에 다른 장소로 이전하는 것이 어렵다고 인정하기에 부족하고, 이 사건 가맹점 영업은 휴업보상 대상이어서 토지보상법 시행규칙 제47조에 따라 영업시설 등의 이전에 소요되는 비용 및 그 이전에 따른 감손상당액, 영업장소를 이전함으로 인하여 소요되는 부대비용 등이 휴업손실의 내용으로 평가되는 것일 뿐, 원고가 주장하는 매각손실액은 휴업손실에 포함되지 않는다고 판단하였다. 원심판결 이유를 관련 법리와 기록에 비추어 살펴보면, 이러한 원심판단에 상고이유 주장과 같이 휴업손실 평가 등에 관한 법리를 오해한 잘못이 없다.

판례	대판 2012.12.13, 2010두12842 판결
95	대판 2012.3.15, 2010두26513 판결
	대판 2012.12.27, 2011두27827 판결
	헌재 2012.3.29, 2010헌바470
	대판 2014.3.27, 2013두25863 판결
	[영업손실보상의 대상에 대한 판례 쟁점]
	영업손실의 보상대상인 영업

1. 2010두12842 판결

[판시사항]

[1] 영업손실 보상대상인 영업에 관한 (구)공익사업을 위한 토지 등의 취득 및 보상에 관한 법률 시행규칙 제45조 제2호의 해석 방법

[2] 체육시설업의 영업주체가 영업시설의 양도나 임대 등에 의하여 변경되었으나 그에 관한 신고를 하지 않은 채 영업을 하던 중에 공익사업으로 영업을 폐지 또는 휴업하게 된 경우, 그 임차인 등의 영업이 보상대상에서 제외되는 위법한 영업인지 여부(소극)

[3] (구) 공익사업을 위한 토지 등의 취득 및 보상에 관한 법률 시행규칙 제45조 제1호에서 영업손실보상의 대상으로 정한 영업에 '매년 일정한 계절이나 일정한 기간 동안에만 인적·물적 시설을 갖추어 영리를 목적으로 영업을 하는 경우'가 포함되는지 여부(적극)

[판결요지]

[1] (구)공익사업법 시행규칙 제45조는, 영업손실의 보상대상인 영업은 "관계법령에 의한 허가·면허·신고 등을 필요로 하는 경우에는 허가 등을 받아 그 내용대로 행하고 있는 영업"에 해당하여야 한다고 규정하고 있다. 이는 위법한 영업은 보상대상에서 제외한다는 의미로서 그 자체로 헌법에서 보장한 '정당한 보상의 원칙'에 배치된다고 할 것은 아니다. 다만, 영업의 종류에 따라서는 관련 행정법규에서 일정한 사항을 신고하도록 규정하고는 있지만 그러한 신고를 하도록 한 목적이나 관련규정의 체제 및 내용 등에 비추어 볼 때 신고를 하지 않았다고 하여 영업 자체가 위법성을 가진다고 평가할 것은 아닌 경우도 적지 않고, 이러한 경우라면 신고 등을 하지 않았다고 하더라도 그 영업손실 등에 대해서는 보상을 하는 것이 헌법상 정당보상의 원칙에 합치하므로, 위 (구)공익사업법 시행규칙의 규정은 그

러한 한도에서만 적용되는 것으로 제한하여 새겨야 한다.

[2] 체육시설의 영업주체가 영업시설의 양도나 임대 등에 의하여 변경되었음에도 그에 관한 신고를 하지 않은 채 영업을 하던 중에 공익사업으로 영업을 폐지 또는 휴업하게 된 경우라 하더라도, 그 임차인 등의 영업을 보상대상에서 제외되는 위법한 영업이라 할 것은 아니다. 따라서 그로 인한 영업손실에 대해서는 법령에 따른 정당한 보상이 이루어져야 마땅하다.

[3] (구)공익사업법 시행규칙 제45조 제1호는 '사업인정고시일 등 전부터 일정한 장소에서 인적·물적 시설을 갖추고 계속적으로 영리를 목적으로 행하고 있는 영업'을 영업손실보상의 대상으로 규정하고 있는데, 여기에는 매년 일정한 계절이나 일정한 기간 동안에만 인적·물적 시설을 갖추어 영리를 목적으로 영업을 하는 경우도 포함된다고 보는 것이 타당하다.

2. 2010두26513 판결

[판시사항]

국민임대주택단지조성사업 예정지구로 지정된 장터에서 토지를 임차하여 앵글과 천막구조의 가설물을 설치하고 영업신고 없이 5일장이 서는 날에 정기적으로 국수와 순대국 등을 판매하는 음식업을 영위한 甲 등이 (구)공익사업을 위한 토지 등의 취득 및 보상에 관한 법률 시행규칙 제52조 제1항에 따른 영업손실보상의 대상이 되는지 문제된 사안에서, 영업의 계속성과 영업시설의 고정성을 인정할 수 있다는 이유로, 甲 등이 위 규정에서 정한 허가 등을 받지 아니한 영업손실보상대상자에 해당한다고 본 원심판단을 정당하다고 한 사례

[판결요지]

원고들이 이 사건 장터에서 토지를 임차하여 앵글과 천막구조의 가설물을 축조하고 정기적으로 각 해당 점포를 운영하여 왔고, 영업종료 후 그곳에 계속 고정하여 사용·관리하여 왔던 점, 원고들은 장날의 전날에는 음식을 준비하고 장날 당일에는 종일 장사를 하며 그 다음 날에는 뒷정리를 하는 등 5일 중 3일 정도는 이 사건 영업에 전력을 다하였다고 보이는 점 등에 비추어 볼 때, 비록 원고들이 영업을 5일에 한 번씩 하였고 그 장소도 철거가 용이한 가설물이었다고 하더라도 원고들의 상행위의 지속성, 시설물 등의 고정성을 충분히 인정할 수 있으므로, 원고들은 이 사건 장소에서 인적·물적 시설을 갖추고 계속적으로 영리를 목적으로 영업을 하였다고 봄이 상당하다.

3. 2011두27827 판결

[판시사항]

[1] 일반지방산업단지 조성사업의 사업인정고시일 당시 사업지구 내에서 제재목과 합
판 등 제조·판매업을 영위해 오다가 사업인정고시일 이후 사업지구 내 다른 곳
으로 영업장소를 이전하여 영업을 하던 甲이 영업보상 등을 요구하면서 수용재결
을 청구하였으나 관할 토지수용위원회가 甲의 영업장은 임대기간이 종료되어 이
전한 것이지 공익사업의 시행으로 손실이 발생한 것이 아니라는 이유로 甲의 청
구를 기각한 사안에서, 사업인정고시일 당시 보상대상에 해당한다면 그 후 사업
지구 내 다른 토지로 영업장소가 이전되었더라도 손실보상의 대상이 된다고 본
원심판단을 정당하다고 한 사례

[2] 공익사업을 위한 토지 등의 취득 및 보상에 관한 법률 제77조 등에서 정한 영업의
손실 등에 대한 보상과 관련하여 사업인정고시일 이후 영업장소 등이 이전되어
수용재결 당시에는 해당 토지 위에 영업시설 등이 존재하지 않게 된 경우, 사업인
정고시일 이전부터 해당 토지상에서 영업을 해 왔고 당시 영업시설 등이 존재하
였다는 점에 관한 증명책임의 소재

[판결요지]

[1] 공익사업의 시행으로 인한 영업손실 및 지장물 보상의 대상 여부는 사업인정고시
일을 기준으로 판단해야 하고, 사업인정고시일 당시 보상대상에 해당한다면 그
후 사업지구 내 다른 토지로 영업장소가 이전되었다고 하더라도 이전된 사유나
이전된 장소에서 별도의 허가 등을 받았는지를 따지지 않고 여전히 손실보상의
대상이 된다고 본 원심판단을 정당하다고 한 사례

[2] 사업인정고시일 이후 영업장소 등이 이전되어 수용재결 당시에는 해당 토지 위에
영업시설 등이 존재하지 아니하게 된 경우 사업인정고시일 이전부터 그 토지 상
에서 영업을 해 왔고 그 당시 영업을 위한 시설이나 지장물이 존재하고 있었다는
점은 이를 주장하는 자가 증명하여야 한다.

4. 2010헌바470 판결

[판시사항]

가. 도시계획시설부지 내 가설건축물 등을 소유자의 부담으로 원상회복하도록 규정하
고 있는 (구)'국토의 계획 및 이용에 관한 법률'(2009.2.6. 법률 제9442호로 개정
되기 전의 것) 제64조 제3항(이하 '이 사건 법률조항'이라 한다)이 위 법률 제96조

제1항의 도시계획시설사업에 필요한 토지·건축물 등의 수용 또는 사용에 관한 특별한 규정으로서 재산권을 침해하는지 여부(소극)

나. 이 사건 법률조항이 평등원칙에 위반되는지 여부(소극)

[결정요지]

가. 도시계획시설부지 내 가설건축물 임차인은 가설건축물의 한시적 이용 및 그에 따른 경제성 기타 이해득실을 형량하여 임대차계약 체결 여부를 결정한 것으로 볼 수 있고, 임차인의 권능은 그 소유자의 권능에 터잡은 것으로서 임대차 기간이나 차임 등도 가설건축물에 대한 허가조건의 내용 등과 같은 특수한 사정을 기초로 한 것이다. 따라서 도시계획시설부지로 결정된 토지에 허가를 받아 건축된 가설건축물을 임차하였다면 그 목적물을 원상회복할 의무의 부담을 스스로 감수한 것으로 볼 수 있어서, 이러한 가설건축물 임차인의 영업손실에 대하여 보상하지 않는 것이 과도한 침해라거나 특별한 희생이라고 볼 수 없으므로 이 사건 법률조항이 재산권을 침해한 것이라고 할 수 없다.

나. 일반허가건축물의 임차인이나 무허가건축물 중 일정한 요건을 갖춘 임차인의 영업손실과 달리 가설건축물 임차인의 영업손실에 대하여 보상을 하지 아니하는 것은 도시계획시설부지 내에 이미 존치기간이 한정되어 있는 가설건축물을 임차하였다면 장차 도시계획시설사업이 시행될 때 소유자를 따라 원상회복하여야 하는 사정을 기초로 계약을 체결하고 이를 감수한 것으로 볼 수 있는 등 차별에 합리적 이유가 있으므로 이 사건 법률조항이 평등원칙에 위반된다고 할 수 없다.

5. 2013두25863 판결

[판시사항]

중앙토지수용위원회가 생태하천조성사업에 편입되는 토지 상의 무허가건축물에서 축산업을 영위하는 甲에 대하여 공익사업을 위한 토지 등의 취득 및 보상에 관한 법률 시행규칙 제45조 제1호에 따라 영업손실을 인정하지 않는 내용의 수용재결을 한 사안에서, 위 조항이 공익사업을 위한 토지 등의 취득 및 보상에 관한 법률의 위임 범위를 벗어나거나 정당한 보상의 원칙에 위배된다고 하기 어렵다고 본 원심판단을 정당하다고 한 사례

[판결요지]

중앙토지수용위원회가 생태하천조성사업에 편입되는 토지상의 무허가건축물에서 축산업을 영위하는 甲에 대하여 공익사업을 위한 토지 등의 취득 및 보상에 관한 법률 시행규칙 제45조 제1호(이하 '위 규칙 조항'이라 한다)에 따라 영업손실을 인정하지

않는 내용의 수용재결을 한 사안에서, ① 무허가건축물을 사업장으로 이용하는 경우 사업장을 통해 이익을 얻으면서도 영업과 관련하여 해당 사업장에 부과되는 행정규제의 탈피 또는 영업을 통하여 얻는 이익에 대한 조세 회피 등 여러 가지 불법행위를 저지를 가능성이 큰 점, ② 건축법상의 허가절차를 밟을 경우 관계법령에 따라 불허되거나 규모가 축소되었을 건물에서 건축허가를 받지 않은 채 영업을 하여 법적 제한을 넘어선 규모의 영업을 하고도 그로 인한 손실 전부를 영업손실로 보상받는 것은 불합리한 점 등에 비추어 보면, 위 규칙 조항이 '영업'의 개념에 '적법한 장소에서 운영될 것'이라는 요소를 포함하고 있다고 하여 공익사업을 위한 토지 등의 취득 및 보상에 관한 법률의 위임 범위를 벗어났다거나 정당한 보상의 원칙에 위배된다고 하기 어렵다.

판례 96	대판 2011.9.29, 2009두10963 판결 [영업손실보상의 권리구제에 대한 판례 쟁점] **영업손실의 보상에 대한 권리구제**

[판시사항]

[1] 공익사업으로 인하여 영업을 폐지하거나 휴업하는 자가 (구)공익사업을 위한 토지 등의 취득 및 보상에 관한 법률 제34조, 제50조 등에 규정된 재결절차를 거치지 않은 채 곧바로 사업시행자를 상대로 영업손실보상을 청구할 수 있는지 여부 (소극)

[2] 본래의 당사자소송이 부적법하여 각하되는 경우, 행정소송법 제44조, 제10조에 따라 병합된 관련청구소송도 소송요건 흠결로 부적합하여 각하되어야 하는지 여부(적극)

[3] 택지개발사업지구 내에서 화훼소매업을 하던 甲과 乙이 재결절차를 거치지 않고 사업시행자를 상대로 주된 청구인 영업손실보상금 청구에 생활대책대상자 선정 관련청구소송을 병합하여 제기한 사안에서, 영업손실보상청구의 소가 부적법하여 각하되는 이상 생활대책대상자 선정 관련청구소송 역시 부적법하여 각하되어야 한다고 한 사례

[판결요지]

[1] 공익사업으로 인하여 영업을 폐지하거나 휴업하는 자가 사업시행자에게서 (구)공익사업법 제77조 제1항에 따라 영업손실에 대한 보상을 받기 위해서는 (구)공익사업법 제34조, 제50조 등에 규정된 재결절차를 거친 다음 그 재결에 대하여 불복이 있는 때에 비로소 (구)공익사업법 제83조 내지 제85조에 따라 권리구제를 받을 수 있을 뿐, 이러한 재결절차를 거치지 않은 채 곧바로 사업시행자를 상대로 손실보상을 청구하는 것은 허용되지 않는다고 봄이 타당하다.

[2] 행정소송법 제44조, 제10조에 의한 관련청구소송의 병합은 본래의 당사자소송이 적법할 것을 요건으로 하는 것이어서 본래의 당사자소송이 부적법하여 각하되면 그에 병합된 관련청구도 소송요건을 흠결한 부적합한 것으로 각하되어야 한다.

[3] 택지개발사업지구 내 비닐하우스에서 화훼소매업을 하던 甲과 乙이 재결절차를 거치지 않고 사업시행자를 상대로 주된 청구인 영업손실보상금 청구에 생활대책대상자 선정 관련청구소송을 병합하여 제기한 사안에서, 영업손실보상금청구의 소가 재결절차를 거치지 않아 부적법하여 각하되는 이상, 이에 병합된 생활대책대상자 선정 관련청구소송 역시 소송요건을 흠결하여 부적법하므로 각하되어야 한다.

판례 97	대판 2020.4.9, 선고 2017두275
	토지보상법 시행규칙 제47조 제3항에서 정한 잔여 영업시설 손실보상의 요건인 "공익사업에 영업시설의 일부가 편입됨으로 인하여 잔여시설에 그 시설을 새로이 설치하거나 잔여시설을 보수하지 아니하고는 그 영업을 계속 할 수 없는 경우"의 의미

잔여 영업시설 손실보상의 요건인 "공익사업에 영업시설의 일부가 편입됨으로 인하여 잔여시설에 그 시설을 새로이 설치하거나 잔여시설을 보수하지 아니하고는 그 영업을 계속할 수 없는 경우"란 잔여 영업시설에 시설을 새로이 설치하거나 잔여 영업시설을 보수하지 않고는 그 영업이 전부 불가능하거나 곤란하게 되는 경우만을 뜻하는 것이 아니라, 공익사업에 영업시설 일부가 편입됨으로써 잔여 영업시설의 운영에 일정한 지장이 초래되고, 이에 따라 종전처럼 정상적인 영업을 계속하기 위해서는 잔여 영업시설에 시설을 새로 설치하거나 잔여 영업시설을 보수할 필요가 있는 경우도 포함된다고 보아야 한다

판례 98	대판 2013.12.12, 2011두11846 판결 대판 2012.6.14, 2011두26794 판결 [영업손실보상의 대상 및 내용에 대한 판례 쟁점]
	영업손실에 대한 보상대상 및 내용

1. 2011두 11846 판결

[판시사항]

버섯재배사의 부지가 (구)공익사업을 위한 토지 등의 취득 및 보상에 관한 법률 시행규칙 제48조 제1항에서 정한 영업손실보상의 대상이 되는 농지에 해당하는지 여부(소극)

[판결요지]

농지법 제2조 제1호는 '농지'란 다음 각 목의 어느 하나에 해당하는 토지를 말한다고 규정하면서, (가)목에서 '전·답, 과수원, 그 밖에 법적 지목(地目)을 불문하고 실제로 농작물 경작지 또는 다년생식물 재배지로 이용되는 토지'를 들고 있고, (나)목은 '(가)목의 토지의 개량시설과 (가)목의 토지에 설치하는 농축산법 생산시설로서 대통령령으로 정하는 시설의 부지'를 들고 있으며, 농지법 시행령 제2조 제3항은 법 제2조 제1호 (나)목에서 말하는 '대통령령으로 정하는 시설'의 하나로 법 제2조 제1호 (가)목의 토지에 설치하는 고정식온실·버섯재배사 및 비닐하우스와 그 부속시설을 들고 있다. 이와 같이 농지법에서 말하는 농지에는 그 법 제2조 제1호 (가)목의 토지와 (나)목의 시설의 부지가 포함되나, 구 공익사업법 시행규칙은 영업손실보상의 대상이 되는 농지로 농지법 제2조 제1호 (가)목에 해당하는 토지로 규정하고 있고, 농지법 시행령 제2조 제3항은 '버섯재배사'를 농지법 제2조 제1호 (나)목의 시설로 정하고 있으므로, 원고의 버섯재배사는 영업손실보상의 대상이 되는 농지에 해당한다고 볼 수 없다.

2. 2011두 26794 판결

[판시사항]

(구)공익사업을 위한 토지 등의 취득 및 보상에 관한 법률 제77조 등에서 정한 농업손실에 대한 보상과 관련하여 국토해양부장관이 고시한 농작물실제소득인정기준에서 규정한 서류 이외의 증명방법으로 농작물 총수입을 인정할 수 있는지 여부(적극)

[판결요지]

헌법 제23조 제3항에 규정된 정당한 보상의 원칙에 비추어 보면, 공공필요에 의한 수

용 등으로 인한 손실의 보상은 정당한 보상이어야 하고, 농업손실에 대한 정당한 보상
은 수용되는 농지의 특성과 영업상황 등 고유의 사정이 반영된 실제소득을 기준으로
하는 것이 원칙이다. 따라서 이 사건 고시에서 농작물 총수입의 입증자료로 거래실적
을 증명하는 서류 등을 규정한 것은 객관성과 합리성이 있는 증명방법을 예시한 데
지나지 아니하고, 거기에 열거된 서류 이외의 증명방법이라도 객관성과 합리성이 있
다면 그에 의하여 농작물 총수입을 인정할 수 있다고 봄이 타당하다.

판례

99

대판 2013.11.14, 2011다27103 판결
[영농손실보상에 대한 불복(권리구제) 판례 쟁점]

영농손실보상에 대한 불복(권리구제)

[판시사항]

사업시행자가 보상금 지급이나 토지소유자 및 관계인의 승낙 없이 공익사업을 위한
공사에 착수하여 영농을 계속할 수 없게 한 경우, 2년분의 영농손실보상금 지급과 별
도로 공사의 사전 착공으로 토지소유자나 관계인이 영농을 할 수 없게 된 때부터 수용
개시일까지 입은 손해를 배상할 책임이 있는지 여부(적극)

[판결요지]

공익사업을 위한 공사는 손실보상금을 지급하거나 토지소유자 및 관계인의 승낙을 받
지 않고는 미리 착공해서는 아니 되는 것으로, 이는 그 보상권리자가 수용대상에 대하
여 가지는 법적 이익과 기존의 생활관계 등을 보호하고자 하는 것이고, 수용대상인
농지의 경작자 등에 대한 2년분의 영농손실보상은 그 농지의 수용으로 인하여 장래에
영농을 계속하지 못하게 되어 생기는 이익 상실 등에 대한 보상을 하기 위한 것이다.
따라서 사업시행자가 토지소유자 및 관계인에게 보상금을 지급하지 아니하고 그 승낙
도 받지 아니한 채 미리 공사에 착수하여 영농을 계속할 수 없게 하였다면 이는 공익
사업법상 사전보상의 원칙을 위반한 것으로서 위법하다 할 것이므로, 이 경우 사업시
행자는 2년분의 영농손실보상금을 지급하는 것과 별도로, 공사의 사전 착공으로 인하
여 토지소유자나 관계인이 영농을 할 수 없게 된 때부터 수용개시일까지 입은 손해에
대하여 이를 배상할 책임이 있다.

판례	대판 2020.4.29, 2019두32696 판결
100	토지보상법 시행규칙 제48조 제2항 단서 제1호가 헌법상 정당보상원칙, 비례원칙에 위반되거나 위임입법의 한계를 일탈할 것인지 여부

영농보상이 장래의 불확정적인 일실소득을 보상하는 것이자 농민의 생존배려·생계지원을 위한 보상인 점, 실제소득 산정의 어려움 등을 고려하여, 농민이 실농으로 인한 대체생활을 준비하는 기간의 생계를 보장할 수 있는 범위 내에서 실제소득 적용 영농보상금의 '상한'을 설정함으로써 나름대로 합리적인 적정한 보상액의 산정방법을 마련한 것이므로, 헌법상 정당보상원칙, 비례원칙에 위반되거나 위임입법의 한계를 일탈한 것으로는 볼 수 없다.

판례	대판 2013.2.15, 2012두22096 판결
101	[보상계획공고 후 보상투기만을 목적으로 지장물을 설치한 경우 보상대상에서 제외함] 보상계획공고 등으로 공익사업의 시행과 보상대상토지의 범위 등이 객관적으로 확정된 후 해당 토지에 지장물을 설치하는 경우, 손실보상의 대상에 해당하는지 여부(한정소극)

손실보상은 공공필요에 의한 행정작용에 의하여 사인에게 발생한 특별한 희생에 대한 전보라는 점을 고려할 때, (구)공익사업법 제15조 제1항에 따른 사업시행자의 보상계획공고 등으로 공익사업의 시행과 보상 대상 토지의 범위 등이 객관적으로 확정된 후 해당 토지에 지장물을 설치하는 경우에 그 공익사업의 내용, 해당 토지의 성질, 규모 및 보상계획공고 등 이전의 이용실태, 설치되는 지장물의 종류, 용도, 규모 및 그 설치시기 등에 비추어 그 지장물이 해당 토지의 통상의 이용과 관계없거나 이용 범위를 벗어나는 것으로 손실보상만을 목적으로 설치되었음이 명백하다면, 그 지장물은 예외적으로 손실보상의 대상에 해당하지 아니한다고 보아야 한다.

판례	대판 2014.3.27, 2013두25863 판결
102	[무허가건축물에서 축산업을 영위한 경우 영업손실보상에서 제외함]
	토지상의 무허가건축물에서 축산업을 영위하는 갑에 대하여 토지보상법 시행규칙 제45조 제1호에 따라 영업손실을 인정하지 않는 내용의 수용재결 타당

[판시사항]

중앙토지수용위원회가 생태하천조성사업에 편입되는 토지상의 무허가건축물에서 축산업을 영위하는 갑에 대하여 공익사업을 위한 토지 등의 취득 및 보상에 관한 법률 시행규칙 제45조 제1호에 따라 영업손실을 인정하지 않는 내용의 수용재결을 한 사안에서, 위 조항이 공익사업을 위한 토지 등의 취득 및 보상에 관한 법률의 위임 범위를 벗어나거나 정당한 보상의 원칙에 위배된다고 하기 어렵다고 본 원심판단을 정당하다고 한 사례

[판결요지]

중앙토지수용위원회가 생태하천조성사업에 편입되는 토지상의 무허가건축물에서 축산업을 영위하는 甲에 대하여 토지보상법 시행규칙 제45조 제1호에 따라 영업손실을 인정하지 않는 내용의 수용재결을 한 사안에서, ① 무허가건축물을 사업장으로 이용하는 경우 사업장을 통해 이익을 얻으면서도 영업과 관련하여 해당 사업장에 부과되는 행정규제의 탈피 또는 영업을 통하여 얻는 이익에 대한 조세 회피 등 여러 가지 불법행위를 저지를 가능성이 큰 점, ② 건축법상의 허가절차를 밟을 경우 관계 법령에 따라 불허되거나 규모가 축소되었을 건물에서 건축허가를 받지 않은 채 영업을 하여 법적 제한을 넘어선 규모의 영업을 하고도 그로 인한 손실 전부를 영업손실로 보상받는 것은 불합리한 점 등에 비추어 보면, 위 규칙 조항이 '영업'의 개념에 '적법한 장소에서 운영될 것'이라는 요소를 포함하고 있다고 하여 토지보상법의 위임 범위를 벗어났다거나 정당한 보상의 원칙에 위배된다고 하기 어렵다고 본 원심판단을 정당한 것으로 수긍한 사례

판례	대판 2014.11.13, 2013두19738,19745 판결
103	[공익사업지역 내에서 사업인정 전 건축허가를 받았더라도 사업인정 후 다시 허가 없이 건축된 건축물에 관하여 손실보상을 청구할 수 없음]
	공용수용 목적물의 범위 : 허가 없이 건축된 건축물

[판시사항]

건축법상 건축허가를 받았으나 허가받은 건축행위에 착수하지 않고 있는 사이에 구 공익사업을 위한 토지 등의 취득 및 보상에 관한 법률상 사업인정고시가 된 경우, 고시된 토지에 건축물을 건축하려는 자는 구 공익사업을 위한 토지 등의 취득 및 보상에 관한 법률 제25조에 정한 허가를 따로 받아야 하는지 여부(적극) 및 그 허가 없이 건축된 건축물에 관하여 손실보상을 청구할 수 있는지 여부(소극)

[판결요지]

구 토지보상법 제25조 제2항은 "사업인정고시가 있은 후에는 고시된 토지에 건축물의 건축·대수선, 공작물의 설치 또는 물건의 부가·증치를 하고자 하는 자는 특별자치도지사, 시장·군수 또는 구청장의 허가를 받아야 한다. 이 경우 특별자치도지사, 시장·군수 또는 구청장은 미리 사업시행자의 의견을 들어야 한다."고 규정하고, 같은 조 제3항은 "제2항의 규정에 위반하여 건축물의 건축·대수선, 공작물의 설치 또는 물건의 부가·증치를 한 토지소유자 또는 관계인은 당해 건축물·공작물 또는 물건을 원상으로 회복하여야 하며 이에 관한 손실의 보상을 청구할 수 없다."고 규정하고 있다. 이러한 규정의 취지에 비추어 보면, 건축법상 건축허가를 받았더라도 허가받은 건축행위에 착수하지 아니하고 있는 사이에 토지보상법상 사업인정고시가 된 경우 고시된 토지에 건축물을 건축하려는 자는 토지보상법 제25조에 정한 허가를 따로 받아야 하고, 그 허가 없이 건축된 건축물에 관하여는 토지보상법상 손실보상을 청구할 수 없다고 할 것이다.

Chapter

02

부동산 가격공시에 관한 법률

판례 1	대판 2009.12.10, 2007두20140 판결 [공시지가 확정 취소(평가서의 기재내용과 정도) 판례 쟁점]
	표준지공시지가 평가서의 기재내용과 정도

[판시사항]

[1] 보통우편의 방법으로 우편물을 발송한 경우 그 송달을 추정할 수 있는지 여부 (소극) 및 그 송달에 관한 증명책임자

[2] 표준지공시지가의 결정절차와 그 효력

[3] 감정평가업자의 토지 평가액 산정의 적정성을 인정하기 위한 감정평가서의 기재 내용과 정도

[4] 국토해양부장관이 표준지공시지가를 결정·공시하는 절차에서 감정평가서에 토 지의 전년도 공시지가와 세평가격 및 인근 표준지의 감정가격만을 참고가격으로 삼고 평가의견을 추상적으로만 기재한 사안에서, 평가요인별 참작 내용과 정도가 평가액 산정의 적정성을 알아볼 수 있을 만큼 객관적으로 설명되어 있다고 보기 어려워, 이를 근거로 한 표준지공시지가 결정은 토지의 적정가격을 반영한 것이 라고 인정하기 어려워 위법하다고 한 사례

[판결요지]

[1] 내용증명우편이나 등기우편과는 달리, 보통우편의 방법으로 발송되었다는 사실 만으로는 그 우편물이 상당한 기간 내에 도달하였다고 추정할 수 없고, 송달의 효력을 주장하는 측에서 증거에 의하여 이를 입증하여야 한다.

[2] 국토해양부장관은 토지이용상황이나 주변 환경 그 밖의 자연적·사회적 조건이 일반적으로 유사하다고 인정되는 일단의 토지 중에서 표준지를 선정하고, 그에 관하여 매년 공시기준일 현재의 적정가격을 조사·평가한 후 중앙부동산평가위 원회의 심의를 거쳐 이를 공시하여야 한다. 표준지의 적정가격을 조사·평가할 때에는 인근 유사토지의 거래가격, 임대료, 해당 토지와 유사한 이용가치를 지닌 다고 인정되는 토지의 조성에 필요한 비용추정액 등을 종합적으로 참작하되, 둘

이상의 감정평가업자에게 이를 의뢰하여 평가한 금액의 산술평균치를 기준으로 하고, 감정평가업자가 행한 평가액이 관계법령을 위반하거나 부당하게 평가되었다고 인정되는 경우 등에는 해당 감정평가업자 혹은 다른 감정평가업자로 하여금 다시 조사·평가하도록 할 수 있으며, 여기서 '적정가격'이란 해당 토지에 대하여 통상적인 시장에서 정상적인 거래가 이루어지는 경우 성립될 가능성이 가장 높다고 인정되는 가격을 말하고, 한편 이러한 절차를 거쳐 결정·공시된 표준지공시지가는 토지시장의 지가정보를 제공하고 일반적인 토지거래의 지표가 되며, 국가·지방자치단체 등의 기관이 그 업무와 관련하여 지가를 산정하거나 감정평가업자가 개별적으로 토지를 감정평가하는 경우에 기준이 되는 효력을 갖는다.

[3] 표준지공시지가의 결정절차 및 그 효력과 기능 등에 비추어 보면, 표준지공시지가는 해당 토지뿐 아니라 인근 유사토지의 가격을 결정하는 데에 전제적·표준적 기능을 수행하는 것이어서 특히 그 가격의 적정성이 엄격하게 요구된다. 이를 위해서는 무엇보다도 적정가격 결정의 근거가 되는 감정평가업자의 평가액 산정이 적정하게 이루어졌음이 담보될 수 있어야 하므로, 그 감정평가서에는 평가원인을 구체적으로 특정하여 명시함과 아울러 각 요인별 참작 내용과 정도가 객관적으로 납득이 갈 수 있을 정도로 설명됨으로써, 그 평가액이 해당 토지의 적정가격을 평가한 것임을 인정할 수 있어야 한다.

[4] 국토해양부장관이 2개의 감정평가법인에 토지의 적정가격에 대한 평가를 의뢰하여 그 평가액을 산술평균한 금액을 그 토지의 적정가격으로 결정·공시하였으나, 감정평가서에 거래선례나 평가선례, 거래사례비교법, 원가법 및 수익환원법 등을 모두 공란으로 둔 채, 그 토지의 전년도 공시지가와 세평가격 및 인근 표준지의 감정가격만을 참고가격으로 삼으면서 그러한 참고가격이 평가액 산정에 어떻게 참작되었는지에 관한 별다른 설명 없이 평가의견을 추상적으로만 기재한 사안에서, 평가요인별 참작 내용과 정도가 평가액 산정의 적정성을 알아볼 수 있을 만큼 객관적으로 설명되어 있다고 보기 어려워, 이러한 감정평가액을 근거로 한 표준지공시지가 결정은 그 토지의 적정가격을 반영한 것이라고 인정하기 어려워 위법하다.

판례	대판 2009.12.10, 2007두20140 판결
2	[공시지가 확정 취소(평가서의 기재내용과 정도) 판례 쟁점]
	개별공시지가 산정업무 손해배상책임 – 지방자치단체의 손해배상책임 인정 **(단, 개별공시지가가 담보가치에 구속력을 미치지 않음)**

[판시사항]

[1] 개별공시지가 산정업무 담당 공무원 등이 부담하는 직무상 의무의 내용 및 그 담당 공무원 등이 직무상 의무에 위반하여 현저하게 불합리한 개별공시지가가 결정되도록 함으로써 국민 개개인의 재산권을 침해한 경우, 그 담당 공무원 등이 속한 지방자치단체가 손해배상책임을 지는지 여부(적극)

[2] 시장이 토지의 이용상황을 실제 이용되고 있는 '자연림'으로 하여 개별공시지가를 산정한 다음 감정평가법인에 검증을 의뢰하였는데, 감정평가법인이 그 토지의 이용상황을 '공업용'으로 잘못 정정하여 검증지가를 산정하고, 시 부동산평가위원회가 검증지가를 심의하면서 그 잘못을 발견하지 못함에 따라, 그 토지의 개별공시지가가 적정가격보다 훨씬 높은 가격으로 결정·공시된 사안에서, 이는 개별공시지가 산정업무 담당 공무원 등이 직무상 의무를 위반한 것으로 불법행위에 해당한다고 한 사례

[3] 개별공시지가가 토지의 거래 또는 담보제공에서 그 실제 거래가액 또는 담보가치를 보장하는 등의 구속력을 갖는지 여부(소극) 및 개개 토지에 관한 개별공시지가를 기준으로 거래하거나 담보제공을 받았다가 토지의 실제 거래가액 또는 담보가치가 개별공시지가에 미치지 못함으로 인하여 발생한 손해에 대해서도 개별공시지가를 결정·공시한 지방자치단체가 손해배상책임을 부담하는지 여부(소극)

[4] 개별공시지가 산정업무 담당 공무원 등이 잘못 산정·공시한 개별공시지가를 신뢰한 나머지 토지의 담보가치가 충분하다고 믿고 그 토지에 관하여 근저당권 설정등기를 경료한 후 물품을 추가로 공급함으로써 손해를 입었음을 이유로 그 담당 공무원이 속한 지방자치단체에 손해배상을 구한 사안에서, 그 담당 공무원 등의 개별공시지가 산정에 관한 직무상 위반행위와 위 손해 사이에 상당인과관계가 있다고 보기 어렵다고 판단한 사례

[판결요지]

[1] 개별공시지가는 개발부담금의 부과, 토지 관련 조세 부과 등 다른 법령이 정하는 목적을 위해 지가를 산정하는 경우에 그 산정기준이 되는 관계로 납세자인 국민 등의 재산상 권리·의무에 직접적인 영향을 미치게 되므로, 개별공시지가 산정업무를 담당하는 공무원으로서는 해당 토지의 실제 이용상황 등 토지특성을 정확하게 조사하고 해당 토지와 토지이용상황이 유사한 비교표준지를 선정하여 그 특성을 비교하는 등 법령 및 '개별공시지가의 조사·산정지침'에서 정한 기준과 방법에 의하여 개별공시지가를 산정하고, 산정지가의 검증을 의뢰받은 감정평가업자나 시·군·구 부동산평가위원회로서는 위 산정지가 또는 검증지가가 위와 같은 기준과 방법에 의하여 제대로 산정된 것인지 여부를 검증, 심의함으로써 적정한 개별공시지가가 결정·공시되도록 조치할 직무상의 의무가 있고, 이러한 직무상 의무는 단순히 공공 일반의 이익을 위한 것이거나 행정기관 내부의 질서를 규율하기 위한 것이 아니고 국민 개개인의 재산권 보장을 목적으로 하여 규정된 것이라고 봄이 상당하다. 따라서 개별공시지가 산정업무 담당 공무원 등이 그 직무상 의무에 위반하여 현저하게 불합리한 개별공시지가가 결정되도록 함으로써 국민 개개인의 재산권을 침해한 경우에는 그 손해에 대하여 상당인과관계 있는 범위 내에서 그 담당 공무원 등이 소속된 지방자치단체가 배상책임을 지게 된다.

[2] 시장이 토지의 이용상황을 실제 이용되고 있는 '자연림'으로 하여 개별공시지가를 산정한 다음 감정평가법인에 검증을 의뢰하였는데, 감정평가법인이 그 토지의 이용상황을 '공업용'으로 잘못 정정하여 검증지가를 산정하고, 시 부동산평가위원회가 검증지가를 심의하면서 그 잘못을 발견하지 못함에 따라, 그 토지의 개별공시지가가 적정가격보다 훨씬 높은 가격으로 결정·공시된 사안에서, 이는 개별공시지가 산정업무 담당 공무원 등이 개별공시지가의 산정 및 검증, 심의에 관한 직무상 의무를 위반한 것으로 불법행위에 해당한다고 한 사례

[3] 개별공시지가는 그 산정 목적인 개발부담금의 부과, 토지 관련 조세 부과 등 다른 법령이 정하는 목적을 위해 지가를 산정하는 경우에 그 산정기준이 되는 범위 내에서는 납세자인 국민 등의 재산상 권리·의무에 직접적인 영향을 미칠 수 있지만, 이에 더 나아가 개별공시지가가 해당 토지의 거래 또는 담보제공을 받음에 있어 그 실제 거래가액 또는 담보가치를 보장한다거나 어떠한 구속력을 미친다고 할 수는 없다. 그럼에도 개개 토지에 관한 개별공시지가를 기준으로 거래하거나 담보제공을 받았다가 해당 토지의 실제 거래가액 또는 담보가치가 개별공시지가에 미치지 못함으로 인해 발생할 수 있는 손해에 대해서까지 그 개별공시지가를

결정·공시하는 지방자치단체에 손해배상책임을 부담시키게 된다면, 개개 거래 당사자들 사이에 이루어지는 다양한 거래관계와 관련하여 발생한 손해에 대하여 무차별적으로 책임을 추궁 당하게 되고, 그 거래관계를 둘러싼 분쟁에 끌려들어가 많은 노력과 비용을 지출하는 결과가 초래되게 된다. 이는 결과발생에 대한 예견가능성의 범위를 넘어서는 것임은 물론이고, 행정기관이 사용하는 지가를 일원화하여 일정한 행정목적을 위한 기준으로 삼음으로써 국토의 효율적인 이용과 국민경제의 발전에 기여하려는 (구)부동산가격공시법의 목적과 기능, 그 보호법익의 보호범위를 넘어서는 것이다.

[4] 개별공시지가 산정업무 담당 공무원 등이 잘못 산정·공시한 개별공시지가를 신뢰한 나머지 토지의 담보가치가 충분하다고 믿고 그 토지에 관하여 근저당권 설정등기를 경료한 후 물품을 추가로 공급함으로써 손해를 입었음을 이유로 그 담당 공무원이 속한 지방자치단체에 손해배상을 구한 사안에서, 그 담당 공무원 등의 개별공시지가 산정에 관한 직무상 위반행위와 위 손해 사이에 상당인과관계가 있다고 보기 어렵다고 한 사례

감정평가 및 감정평가사에 관한 법률

판례	대판 2021.10.14, 2017도10634 판결
1	법원의 감정촉탁의 경우 감정평가법인등이 아닌 사람도 토지 등의 감정평가를 할 수 있는지 여부

한편 소송의 증거방법 중 하나인 감정은 법관의 지식과 경험을 보충하기 위하여 특별한 학식과 경험을 가진 제3자에게 그 전문적 지식이나 이를 구체적 사실에 적용하여 얻은 판단을 법원에 보고하게 하는 것으로, 감정신청의 채택 여부를 결정하고 감정인을 지정하거나 단체 등에 감정촉탁을 하는 권한은 법원에 있고(민사소송법 제335조, 제341조 제1항 참조), 행정소송사건의 심리절차에서 공익사업을 위한 토지 등의 취득 및 보상에 관한 법률상 토지 등의 손실보상액에 관하여 감정을 명할 경우 그 감정인으로 반드시 감정평가사나 감정평가법인을 지정하여야 하는 것은 아니다. 법원은 소송에서 쟁점이 된 사항에 관한 전문성과 필요성에 대한 판단에 따라 감정인을 지정하거나 감정촉탁을 하는 것이고, 감정결과에 대하여 당사자에게 의견을 진술할 기회를 준 후 이를 종합하여 그 결과를 받아들일지 여부를 판단하므로, 감정인이나 감정촉탁을 받은 사람의 자격을 감정평가사로 제한하지 않더라도 이러한 절차를 통하여 감정의 전문성, 공정성 및 신뢰성을 확보하고 국민의 재산권을 보호할 수 있기 때문이다.

판례 2	대판 2021.10.28, 2020두41689 판결
	감정평가법인이 부담하는 성실의무의 의미, 제재적 행정처분의 재량권 일탈 및 남용을 판단하는 방법

[판시사항]

[1] 감정평가업자가 감정평가법인인 경우, 감정평가법인이 감정평가 주체로서 구 부동산 가격공시 및 감정평가에 관한 법률 제37조 제1항에 따라 부담하는 성실의무의 의미

[2] 제재적 행정처분이 재량권의 범위를 일탈·남용하였는지 판단하는 방법

[판결요지]

[1] 구 부동산 가격공시 및 감정평가에 관한 법률(2016.1.19. 법률 제13796호 부동산 가격공시에 관한 법률로 전부 개정되기 전의 것) 제37조 제1항에 따르면, 감정평가업자(감정평가법인 또는 감정평가사사무소의 소속감정평가사를 포함한다)는 감정평가업무를 행함에 있어서 품위를 유지하여야 하고, 신의와 성실로써 공정하게 감정평가를 하여야 하며, 고의 또는 중대한 과실로 잘못된 평가를 하여서는 아니 된다. 한편 감정평가업자가 감정평가법인인 경우에 실질적인 감정평가업무는 소속감정평가사에 의하여 이루어질 수밖에 없으므로, 감정평가법인이 감정평가의 주체로서 부담하는 성실의무란, 소속감정평가사에 대한 관리·감독의무를 포함하여 감정평가서 심사 등을 통해 감정평가 과정을 면밀히 살펴 공정한 감정평가결과가 도출될 수 있도록 노력할 의무를 의미한다.

[2] 제재적 행정처분이 재량권의 범위를 일탈하였거나 남용하였는지는, 처분사유인 위반행위의 내용과 그 위반의 정도, 그 처분에 의하여 달성하려는 공익상의 필요와 개인이 입게 될 불이익 및 이에 따르는 제반 사정 등을 객관적으로 심리하여 공익침해의 정도와 처분으로 인하여 개인이 입게 될 불이익을 비교·교량하여 판단하여야 한다.

판례	대판 2021.9.30, 2019도3595 판결
3	감정평가업자의 업무 중 '금융기관, 보험회사, 신탁회사 등 타인의 의뢰에 의한 토지 등의 감정평가'에 공신력 있는 기관 외에 널리 제3자의 의뢰도 포함되는지 여부

위와 같은 구 부동산공시법의 규정 내용과 체계, 입법 목적을 종합하면, 구 부동산공시법 제37조 제1항의 성실의무 등이 적용되는 감정평가업자의 업무 중 제29조 제1항 제6호의 '금융기관·보험회사·신탁회사 등 타인의 의뢰에 의한 토지 등의 감정평가'에는 금융기관·보험회사·신탁회사와 이에 준하는 공신력 있는 기관의 의뢰에 의한 감정평가뿐만 아니라 널리 제3자의 의뢰에 의한 감정평가도 모두 포함된다고 보아야 한다.

판례	대판 2020.12.10, 2020다226490 판결
4	둘 이상의 대상물건에 대한 감정평가는 개별평가가 원칙인지 여부 및 예외적으로 일괄평가가 허용되기 위한 요건

감정평가에 관한 규칙 제7조 제1항은 "감정평가는 대상물건마다 개별로 하여야 한다.'라고, 제2항은 "둘 이상의 대상물건이 일체로 거래되거나 대상물건 상호 간에 용도상 불가분의 관계가 있는 경우에는 일괄하여 감정평가할 수 있다."라고 규정하고 있다. 따라서 둘 이상의 대상물건에 대한 감정평가는 개별평가를 원칙으로 하되, 예외적으로 둘 이상의 대상물건에 거래상 일체성 또는 용도상 불가분의 관계가 인정되는 경우에 일괄평가가 허용된다.

판례 5	대판 2011.1.10, 2010두14954 판결 대판 2010.11.18, 2008두167 판결
	건축신고에 대한 전원합의체 판결

1. 2010두14954 판결

[판시사항]

[1] 건축법 제14조 제2항에 의한 인·허가의제 효과를 수반하는 건축신고가, 행정청이 그 실체적 요건에 관한 심사를 한 후 수리하여야 하는 이른바 '수리를 요하는 신고'인지 여부(적극)

[2] 국토의 계획 및 이용에 관한 법률상의 개발행위허가로 의제되는 건축신고가 개발행위허가의 기준을 갖추지 못한 경우, 행정청이 수리를 거부할 수 있는지 여부(적극)

[판결요지]

[1] [다수의견]

건축법에서 인·허가의제제도를 둔 취지는, 인·허가의제사항과 관련하여 건축허가 또는 건축신고의 관할 행정청으로 그 창구를 단일화하고 절차를 간소화하며 비용과 시간을 절감함으로써 국민의 권익을 보호하려는 것이지, 인·허가의제사항 관련법률에 따른 각각의 인·허가요건에 관한 일체의 심사를 배제하려는 것으로 보기는 어렵다. 왜냐하면, 건축법과 인·허가의제사항 관련법률은 각기 고유한 목적이 있고, 건축신고와 인·허가의제사항도 각각 별개의 제도적 취지가 있으며 그 요건 또한 달리하기 때문이다. 나아가 인·허가의제사항 관련법률에 규정된 요건 중 상당수는 공익에 관한 것으로서 행정청의 전문적이고 종합적인 심사가 요구되는데, 만약 건축신고만으로 인·허가의제사항에 관한 일체의 요건심사가 배제된다고 한다면, 중대한 공익상의 침해나 이해관계인의 피해를 야기하고 관련법률에서 인·허가제도를 통하여 사인의 행위를 사전에 감독하고자 하는 규율체계 전반을 무너뜨릴 우려가 있다. 또한 무엇보다도 건축신고를 하려는 자는 인·허가의제사항 관련법령에서 제출하도록 의무화하고 있는 신청서와 구비서류를 제출하여야 하는데, 이는 건축신고를 수리하는 행정청으로 하여금 인·허가의제사항 관련법률에 규정된 요건에 관하여도 심사를 하도록 하기 위한 것으로 볼 수밖에 없다. 따라서 인·허가의제 효과를 수반하는 건축신고는 일반적인 건축신고와는 달리,

특별한 사정이 없는 한 행정청이 그 실체적 요건에 관한 심사를 한 후 수리하여야 하는 이른바 '수리를 요하는 신고'로 보는 것이 옳다.

[대법관 박시환, 대법관 이홍훈의 반대의견]

다수의견과 같은 해석론을 택할 경우 헌법상 기본권 중 하나인 국민의 자유권 보장에 문제는 없는지, 구체적으로 어떠한 경우에 수리가 있어야만 적법한 신고가 되는지 여부에 관한 예측 가능성 등이 충분히 담보될 수 있는지, 형사처벌의 대상이 불필요하게 확대됨에 따른 죄형법정주의 등의 훼손 가능성은 없는지, 국민의 자유와 권리를 제한하거나 의무를 부과하려고 하는 때에는 법률에 의하여야 한다는 법치행정의 원칙에 비추어 그 원칙이 손상되는 문제는 없는지, 신고제의 본질과 취지에 어긋나는 해석론을 통하여 여러 개별법에 산재한 각종 신고제도에 관한 행정법 이론 구성에 난맥상을 초래할 우려는 없는지의 측면 등에서 심도 있는 검토가 필요한 문제로 보인다. 그런데 다수의견의 입장을 따르기에는 그와 관련하여 해소하기 어려운 여러 근본적인 의문이 제기된다. 여러 기본적인 법원칙의 근간 및 신고제의 본질과 취지를 훼손하지 아니하는 한도 내에서 건축법 제14조 제2항에 의하여 인·허가가 의제되는 건축신고의 범위 등을 합리적인 내용으로 개정하는 입법적 해결책을 통하여 현행 건축법에 규정된 건축신고제도의 문제점 및 부작용을 해소하는 것은 별론으로 하더라도, '건축법상 신고사항에 관하여 건축을 하고자 하는 자가 적법한 요건을 갖춘 신고만 하면 건축을 할 수 있고, 행정청의 수리 등 별단의 조처를 기다릴 필요는 없다'는 대법원의 종래 견해를 인·허가가 의제되는 건축신고의 경우에도 그대로 유지하는 편이 보다 합리적인 선택이라고 여겨진다.

[2] [다수의견]

일정한 건축물에 관한 건축신고는 건축법 제14조 제2항, 제11조 제5항 제3호에 의하여 국토의 계획 및 이용에 관한 법률 제56조에 따른 개발행위허가를 받은 것으로 의제되는데, 국토의 계획 및 이용에 관한 법률 제58조 제1항 제4호에서는 개발행위허가의 기준으로 주변 지역의 토지이용실태 또는 토지이용계획, 건축물의 높이, 토지의 경사도, 수목의 상태, 물의 배수, 하천·호소·습지의 배수 등 주변 환경이나 경관과 조화를 이룰 것을 규정하고 있으므로, 국토의 계획 및 이용에 관한 법률상의 개발행위허가로 의제되는 건축신고가 위와 같은 기준을 갖추지 못한 경우 행정청으로서는 이를 이유로 그 수리를 거부할 수 있다고 보아야 한다.

[대법관 박시환, 대법관 이홍훈의 반대의견]

수리란 타인의 행위를 유효한 행위로 받아들이는 수동적 의사행위를 말하는 것이고, 이는 허가와 명확히 구별되는 것이다. 그런데 다수의견에 의하면, 행정청이 인·허가 의제조항에 따른 국토의 계획 및 이용에 관한 법률상 개발행위허가요건 등을 갖추었는지 여부에 관하여 심사를 한 다음, 그 허가요건을 갖추지 못하였음을 이유로 들어 형식상으로만 수리거부를 하는 것이 되고, 사실상으로는 허가와 아무런 차이가 없게 된다는 비판을 피할 수 없다. 이러한 결과에 따르면 인·허가의제조항을 특별히 규정하고 있는 입법취지가 몰각됨은 물론, 신고와 허가의 본질에 기초하여 건축신고와 건축허가제도를 따로 규정하고 있는 제도적 의미 및 신고제와 허가제 전반에 관한 이론적 틀이 형해화 될 가능성이 있다.

2. 2008두167 판결

[판시사항]

[1] 행정청의 행위가 항고소송의 대상이 되는지 여부의 판단기준

[2] 행정청의 건축신고 반려행위 또는 수리거부행위가 항고소송의 대상이 되는지 여부(적극)

[판결요지]

[1] 행정청의 어떤 행위가 항고소송의 대상이 될 수 있는지의 문제는 추상적·일반적으로 결정할 수 없고, 구체적인 경우 행정처분은 행정청이 공권력의 주체로서 행하는 구체적 사실에 관한 법집행으로서 국민의 권리의무에 직접적으로 영향을 미치는 행위라는 점을 염두에 두고, 관련 법령의 내용과 취지, 그 행위의 주체·내용·형식·절차, 그 행위와 상대방 등 이해관계인이 입는 불이익과의 실질적 견련성, 그리고 법치행정의 원리와 당해 행위에 관련한 행정청 및 이해관계인의 태도 등을 참작하여 개별적으로 결정하여야 한다.

[2] 구 건축법 관련 규정의 내용 및 취지에 의하면, 행정청은 건축신고로써 건축허가가 의제되는 건축물의 경우에도 그 신고 없이 건축이 개시될 경우 건축주 등에 대하여 공사 중지·철거·사용금지 등의 시정명령을 할 수 있고(제69조 제1항), 그 시정명령을 받고 이행하지 않은 건축물에 대하여는 당해 건축물을 사용하여 행할 다른 법령에 의한 영업 기타 행위의 허가를 하지 않도록 요청할 수 있으며(제69조 제2항), 그 요청을 받은 자는 특별한 이유가 없는 한 이에 응하여야 하고(제69조 제3항), 나아가 행정청은 그 시정명령의 이행을 하지 아니한 건축주 등에

대하여는 이행강제금을 부과할 수 있으며(제69조의2 제1항 제1호), 또한 건축신고를 하지 않은 자는 200만 원 이하의 벌금에 처해질 수 있다(제80조 제1호, 제9조). 이와 같이 건축주 등은 신고제하에서도 건축신고가 반려될 경우 당해 건축물의 건축을 개시하면 시정명령, 이행강제금, 벌금의 대상이 되거나 당해 건축물을 사용하여 행할 행위의 허가가 거부될 우려가 있어 불안정한 지위에 놓이게된다. 따라서 건축신고 반려행위가 이루어진 단계에서 당사자로 하여금 반려행위의 적법성을 다투어 그 법적 불안을 해소한 다음 건축행위에 나아가도록 함으로써 장차 있을지도 모르는 위험에서 미리 벗어날 수 있도록 길을 열어 주고, 위법한 건축물의 양산과 그 철거를 둘러싼 분쟁을 조기에 근본적으로 해결할 수 있게하는 것이 법치행정의 원리에 부합한다. 그러므로 건축신고 반려행위는 항고소송의 대상이 된다고 보는 것이 옳다.

판례 6	대판 2013.10.31, 2013두11727 판결 대판 2013.10.24, 2013두727판결 [자격증 등의 부당행사에 관한 판례 쟁점]
	감정평가사 징계사유 : 자격증 등의 부당행사

1. 2013두11727 판결

[판시사항]

감정평가사가 자신의 감정평가경력을 부당하게 인정받는 한편, 소속 법인으로 하여금 설립과 존속에 필요한 감정평가사의 인원수만 형식적으로 갖추게 하거나 법원으로부터 감정평가 물량을 추가로 배정받을 수 있는 자격을 얻게 할 목적으로 자신의 등록증을 사용한 경우, (구)부동산 가격공시 및 감정평가에 관한 법률 제37조 제2항이 금지하는 자격증 등의 부당행사에 해당하는지 여부(적극)

[판결요지]

감정평가사가 감정평가법인에 가입한다는 명목으로 자신의 감정평가사 등록증 사본을 가입신고서와 함께 한국감정평가협회에 제출하였으나, 실제로는 자신의 감정평가경력을 부당하게 인정받는 한편, 소속 감정평가법인으로 하여금 설립과 존속에 필요한 감정평가사의 인원수만 형식적으로 갖추게 하거나 법원으로부터 감정평가 물량을 추가로 배정받을 수 있는 자격을 얻게 할 목적으로 감정평가법인에 소속된 외관만을 작출하였을 뿐 해당 감정평가법인 소속 감정평가사로서의 감정평가업무나 이와 밀접한 관련이 있는 업무를 수행할 의사가 없었다면, 이는 감정평가사 등록증을 그 본래의 행사목적을 벗어나 감정평가업자의 자격이나 업무범위에 관한 법의 규율을 피할 목적으로 행사함으로써 자격증 등을 부당하게 행사한 것이라고 볼 수 있다.

2. 2013두727 판결

[판시사항]

부동산 가격공시 및 감정평가에 관한 법률 제37조 제2항에서 정한 '자격증 등을 부당하게 행사'한다는 의미 및 감정평가사가 감정평가법인에 적을 두었으나 당해 법인의 업무를 수행하거나 운영 등에 관여할 의사가 없고 실제 업무 등을 전혀 수행하지 않았다거나 소속 감정평가사로서 업무를 실질적으로 수행한 것으로 평가하기 어려운 경우, 자격증 등의 부당행사에 해당하는지 여부(적극)

[판결요지]

부동산 가격공시 및 감정평가에 관한 법률 제37조 제2항에 의하면, 감정평가업자(감정평가법인 소속 감정평가사를 포함한다)는 다른 사람에게 자격증·등록증 또는 인가증을 양도 또는 대여하거나 이를 부당하게 행사해서는 안 된다. 여기에서 '자격증 등을 부당하게 행사'한다는 것은 감정평가사 자격증 등을 본래의 용도 외에 부당하게 행사하는 것을 의미하고, 감정평가사가 감정평가법인에 적을 두기는 하였으나 당해 법인의 업무를 수행하거나 운영 등에 관여할 의사가 없고 실제로도 업무 등을 전혀 수행하지 않았다거나 당해 소속 감정평가사로서 업무를 실질적으로 수행한 것으로 평가하기 어려울 정도라면 이는 법 제37조 제2항에서 정한 자격증 등의 부당행사에 해당한다.

판례 7	대판 2012.4.26, 2011두14715 판결 [자격증 등의 부당행사에 관한 판례 쟁점]
	감정평가사의 성실의무 등

[판시사항]

[1] 감정평가사가 대상물건의 평가액을 가격조사시점의 정상가격이 아닌 특수한 조건을 반영한 가격 또는 현재가 아닌 시점의 가격을 기준으로 정하는 경우 감정평가서에 기재하여야 할 사항

[2] 감정평가사가 감정평가에 관한 규칙 제8조 제5호의 '자료검토 및 가격형성요인의 분석'을 할 때 부담하는 성실의무의 내용

[판결요지]

[1] 감정평가사가 대상물건의 평가액을 가격조사시점의 정상가격이 아닌 특수한 조건을 반영한 가격 또는 현재가 아닌 시점의 가격을 기준으로 정하는 경우에는, 반드시 그 조건 또는 시점을 분명히 하고, 특히 특수한 조건이 수반된 미래시점의 가격이라면 그 조건과 시점을 모두 밝힘으로써, 감정평가서를 열람하는 자가 제시된 감정가를 정상가격 또는 가격조사시점의 가격으로 오인하지 않도록 해야 한다.

[2] 감정평가사는 공정하고 합리적인 평가액의 산정을 위하여 성실하고 공정하게 자료검토 및 가격형성요인 분석을 해야 할 의무가 있고, 특히 특수한 조건을 반영하거나 현재가 아닌 시점의 가격을 기준으로 하는 경우에는 제시된 자료와 대상물건의 구체적인 비교·분석을 통하여 평가액의 산출근거를 논리적으로 밝히는 데 더욱 신중을 기하여야 한다. 만약 위와 같이 하는 것이 곤란한 경우라면 감정평가사로서는 자신의 능력에 의한 업무수행이 불가능하거나 극히 곤란한 경우로 보아 대상물건에 대한 평가를 하지 말아야 하지 구체적이고 논리적인 가격형성요인의 분석이 어렵다고 하여 자의적으로 평가액을 산정해서는 안 된다.

판례	대판 2020.6.11, 2018다259145 판결
8	같은 의뢰인으로부터 같은 물건을 다시 의뢰받은 감정평가가 구 감정평가업자의 보수에 관한 기준 제3조 제4항 제1호 단서에 해당하는 경우, 그 수수료를 산정할 때 같은 조 제3항 제1호에 따른 할증률이 적용되는지 여부(적극)

구 감정평가보수기준 제3조 제4항 제1호는 감정평가업자가 같은 의뢰인으로부터 같은 물건을 다시 의뢰받은 경우 해당 할인율이 적용되도록 하는 규정 중 하나라는 점에 비추어 보면, 같은 조 제3항 제1호 괄호 안의 '제4항 제1호에 해당하는 경우'란 감정평가업자가 같은 의뢰인으로부터 같은 물건을 다시 의뢰받은 날로부터 6월 이상 기준시점을 소급하는 감정평가에 대하여 제3조 제4항 제1호 소정의 해당 할인율이 적용되는 경우를 의미한다고 해석된다. 따라서 구 감정평가보수기준 제3조 제3항 제1호 괄호 안의 '제4항 제1호에 해당하는 경우는 제외한다'는 것은, 감정평가업자가 같은 의뢰인으로부터 같은 물건을 다시 의뢰받은 날로부터 6월 이상 기준시점을 소급하는 감정평가에 대하여 제3조 제4항 제1호 소정의 해당 할인율이 적용되는 경우 제3조 제3항 제1호 소정의 할증률이 적용되지 않음을 뜻한다. 그런데 구 감정평가보수기준 제3조 제4항 제1호 단서는 "다만 당초 감정평가보다 기준시점을 소급하는 감정평가에는 적용하지 아니한다."라고 규정하고 있으므로, 감정평가업자가 같은 의뢰인으로부터 같은 물건을 다시 의뢰받은 날로부터 6월 이상 기준시점을 소급하는 감정평가가 당초 감정평가보다 기준시점을 소급하는 경우에까지 해당한다면, 위와 같이 다시 의뢰받은 감정평가에 대해서는 제3조 제4항 제1호 소정의 해당 할인율이 처음부터 적용될 여지가 없는 것이기 때문에, 이때의 감정평가의 수수료를 산정함에 있어서는 제3조 제3항 제1호 소정의 할증률이 원래대로 적용되어야 한다.

보상행정법

판례	헌재 1990.6.25, 89헌마107
1	완전보상

헌법 제23조 제3항은 "공공필요에 의한 재산권의 수용·사용 또는 제한 및 그에 대한 보상은 법률로써 하되, 정당한 보상을 지급하여야 한다."고 규정하고 있다. 헌법이 규정한 '정당한 보상'이란 이 사건 소원의 발단이 된 소송사건에서와 같이 손실보상의 원인이 되는 재산권의 침해가 기존의 법질서 안에서 개인의 재산권에 대한 개별적인 침해인 경우에는 그 손실보상은 원칙적으로 피수용재산의 객관적인 재산가치를 완전하게 보상하는 것이어야 한다는 완전보상을 뜻하는 것으로서 보상금액뿐만 아니라 보상의 시기나 방법 등에 있어서도 어떠한 제한을 두어서는 아니 된다는 것을 의미한다.

[판시사항]

[1] 가. 헌법 제23조 제3항에서 규정한 "정당한 보상"이란 원칙적으로 피수용재산의 객관적인 재산가치를 완전하게 보상하여야 한다는 완전보상을 뜻하는 것이지만, 공익사업의 시행으로 인한 개발이익은 완전보상의 범위에 포함되는 피수용토지의 객관적 가치 내지 피수용자의 손실이라고는 볼 수 없다.

　　 나. (구)토지수용법 제46조 제2항의 시점보정의 방법은 보정결과의 적정성에 흠을 남길 만큼 중요한 기준이 누락되었다거나 적절치 아니한 기준을 적용한 것으로 판단되지 않는다.

　　 다. (구)토지수용법 제46조 제2항이 보상액을 산정함에 있어 개발이익을 배제하고, 기준 지가의 고시일 이후 시점보정을 인근 토지의 가격변동률과 도매물가 상승률 등에 의하여 행하도록 규정한 것은 헌법 제23조 제2항에 규정한 정당 보상의 원리에 어긋나지 않는다.

[3] 수용되지 아니한 토지소유자가 보유하게 되는 개발이익을 포함하여 일체의 개발이익을 환수할 수 있는 제도적 장치가 마련되지 아니한 상황에서, 기준지가가 고

시된 지역 내에서 피수용토지를 둔 토지소유자로부터서만 이를 환수한다고 하여, 합리적 이유 없이 수용 여부에 따라 토지소유자를 차별한 것이라고는 인정되지 아니한다.

판례 2	대판 1993.10.26, 93다6409 판결
	수용유사 침해 여부

1. 공무원이 강박으로 사인 소유의 방송사 주식을 국가에 증여하게 한 것을 수용으로 볼 수 있는지 여부
2. 증여계약이 불공정한 법률행위가 될 수 있는지 여부
3. 1980.6.말경의 비상계엄 당시 국군보안사령부 정보처장이 언론통폐합조치의 일환으로 사인 소유의 방송사 주식을 강압적으로 국가에 증여하게 한 것이 수용유사행위에 해당되지 않는다고 한 사례

[판시사항]

[1] 수용이라 함은 공권력의 행사에 의한 행정처분의 일종인데, 비록 증여계약의 체결과정에서 국가공무원의 강박행위가 있었다 하더라도 그것만으로 증여계약의 체결이나 그에 따른 주식의 취득이 국가의 공권력의 행사에 의한 행정처분에 해당한다고 볼 수는 없고 어떤 법률관계가 불평등한 것이어서 민법의 규정이 배제되는 공법적 법률관계라고 하기 위하여는 그 불평등이 법률에 근거한 것이라야 할 것이고, 당사자 간의 불평등이 공무원의 위법한 강박행위에 기인한 것일 때에는 이러한 불평등은 사실상의 문제에 불과하여 이러한 점만을 이유로 당사자 사이의 관계가 민법의 규정이 배제되는 공법적 법률관계라고 할 수는 없다.

[2] 민법 제104조가 규정하는 현저히 공정을 잃은 법률행위라 함은 자기의 급부에 비하여 현저하게 균형을 잃은 반대급부를 하게 하여 부당한 재산적 이익을 얻는 행위를 의미하는 것이므로 증여계약과 같이 아무런 대가관계 없이 당사자 일방이 상대방에게 일방적인 급부를 하는 법률행위는 그 공정성 여부를 논의할 수 있는 성질의 법률행위가 아니다.

[3] 수용유사적 침해의 이론은 국가 기타 공권력의 주체가 위법하게 공권력을 행사하여 국민의 재산권을 침해하였고 그 효과가 실제에 있어서 수용과 다름없을 때에는 적법한 수용이 있는 것과 마찬가지로 국민이 그로 인한 손실의 보상을 청구할 수 있다는 것인데, 1980.6.말경의 비상계엄 당시 국군보안사령부 정보처장이 언론통폐합조치의 일환으로 사인 소유의 방송사 주식을 강압적으로 국가에 증여하게 한 것이 위 수용유사행위에 해당되지 않는다.

판례	헌재 1998.12.24, 89헌마214
3	(구)도시계획법 제21조의 위헌 여부

1. 토지재산권의 사회적 의무성

2. 개발제한구역(이른바 그린벨트) 지정으로 인한 토지재산권 제한의 성격과 한계

3. 토지재산권의 사회적 제약의 한계를 정하는 기준

4. 토지를 종전의 용도대로 사용할 수 있는 경우에 개발제한구역 지정으로 인한 지가의 하락이 토지재산권에 내재하는 사회적 제약의 범주에 속하는지 여부(적극)

5. (구)도시계획법 제21조의 위헌 여부(적극)

6. 헌법불합치 결정을 하는 이유와 그 의미

7. 보상입법의 의미 및 법적 성격

[판시사항]

[1] 헌법상의 재산권은 토지소유자가 이용가능한 모든 용도로 토지를 자유로이 최대한 사용할 권리나 가장 경제적 또는 효율적으로 사용할 수 있는 권리를 보장하는 것을 의미하지는 않는다. 입법자는 중요한 공익상의 이유로 토지를 일정 용도로 사용하는 권리를 제한할 수 있다. 따라서 토지의 개발이나 건축은 합헌적 법률로 정한 재산권의 내용과 한계 내에서만 가능한 것일 뿐만 아니라 토지재산권의 강한 사회성 내지는 공공성으로 말미암아 이에 대하여는 다른 재산권에 비하여 보다 강한 제한과 의무가 부과될 수 있다.

[2] 개발제한구역을 지정하여 그 안에서는 건축물의 건축 등을 할 수 없도록 하고 있
는 도시계획법 제21조는 헌법 제23조 제1항, 제2항에 따라 토지재산권에 관한
권리와 의무를 일반·추상적으로 확정하는 규정으로서 재산권을 형성하는 규정
인 동시에 공익적 요청에 따른 재산권의 사회적 제약을 구체화하는 규정인 바,
토지재산권은 강한 사회성, 공공성을 지니고 있어 이에 대하여는 다른 재산권에
비하여 보다 강한 제한과 의무를 부과할 수 있으나, 그렇다고 하더라도 다른 기본
권을 제한하는 입법과 마찬가지로 비례성 원칙을 준수하여야 하고, 재산권의 본
질적 내용인 사용·수익권과 처분권을 부인하여서는 아니 된다.

[3] 개발제한구역 지정으로 인하여 토지를 종래의 목적으로도 사용할 수 없거나 또는
더 이상 법적으로 허용된 토지이용의 방법이 없기 때문에 실질적으로 토지의 사
용·수익의 길이 없는 경우에는 토지소유자가 수인해야 하는 사회적 제약의 한계
를 넘는 것으로 보아야 한다.

[4] 개발제한구역의 지정으로 인한 개발가능성의 소멸과 그에 따른 지가의 하락이나
지가상승률의 상대적 감소는 토지소유자가 감수해야 하는 사회적 제약의 범주에
속하는 것으로 보아야 한다.

[5] 종래의 지목과 토지현황에 의한 이용방법에 따른 토지의 사용도 할 수 없거나 실
질적으로 사용·수익을 전혀 할 수 없는 예외적인 경우에도 아무런 보상 없이 이
를 감수하도록 하고 있는 한, 비례의 원칙에 위반되어 해당 토지소유자의 재산권
을 과도하게 침해하는 것으로서 헌법에 위반된다.

[6] 입법자가 보상입법을 마련함으로써 위헌적인 상태를 제거할 때까지 해당 조항을
형식적으로 존속케 하기 위하여 헌법불합치 결정을 하는 것인 바, 입법자는 되도
록 빠른 시일 내에 보상입법을 하여 위헌적 상태를 제거할 의무가 있고, 행정청은
보상입법이 마련되기 전에는 새로 개발제한구역을 지정하여서는 아니 되며, 토지
소유자는 보상입법을 기다려 그에 따른 권리행사를 할 수 있을 뿐 개발제한구역
의 지정이나 그에 따른 토지재산권의 제한 그 자체의 효력을 다투거나 위 조항에
위반하여 행한 자신들의 행위의 정당성을 주장할 수는 없다.

[7] 재산권 침해와 공익 간의 비례성을 다시 회복하기 위한 방법은 헌법상 반드시 금
전보상만을 해야 하는 것은 아니다. 입법자는 지정의 해제 또는 토지매수청구권제
도와 같이 금전보상에 갈음하거나 기타 손실을 완화할 수 있는 제도를 보완하는
등 여러 가지 다른 방법을 사용할 수 있다.

판례	헌재 2005.9.29, 2002헌바84·90, 2003헌마678·943(병합)
4	재산권에 대한 사회적 제약과 비례원칙과의 관계 등

1. 재산권에 대한 사회적 제약과 비례원칙과의 관계
2. 토지재산권에 대한 사회적 제약의 허용기준

[판시사항]

[1] 재산권에 대한 제약이 비례원칙에 합치하는 것이라면 그 제약은 재산권자가 수인하여야 하는 사회적 제약의 범위 내에 있는 것이고, 반대로 재산권에 대한 제약이 비례원칙에 반하여 과잉된 것이라면 그 제약은 재산권자가 수인하여야 하는 사회적 제약의 한계를 넘는 것이다.

[2] 토지를 종래의 목적으로도 사용할 수 없거나 더 이상 법적으로 허용된 토지이용방법이 없어서 실질적으로 사용·수익을 할 수 없는 경우에 해당하지 않는 제약은 토지소유자가 수인하여야 하는 사회적 제약의 범주 내에 있는 것이고, 그러하지 아니한 제약은 손실을 완화하는 보상적 조치가 있어야 비로소 허용되는 범주 내에 있다.

판례	대판 2008.12.24, 2008다41499 판결
5	재산권에 대한 사회적 제약과 비례원칙과의 관계 등

1. 일조권 침해에 있어 객관적인 생활이익으로서 일조이익을 향유하는 '토지의 소유자 등'은 토지소유자, 건물소유자, 지상권자, 전세권자 또는 임차인 등의 거주자를 말하는 것으로서, 해당 토지·건물을 일시적으로 이용하는 것에 불과한 사람은 이러한 일조이익을 향유하는 주체가 될 수 없다.

2. 초등학교 학생들은 공공시설인 학교시설을 방학기간이나 휴일을 제외한 개학기간 중, 그것도 학교에 머무르는 시간 동안 일시적으로 이용하는 지위에 있을 뿐이고, 학교를 점유하면서 지속적으로 거주하고 있다고 할 수 없어서 생활이익으로서의 일조권을 법적으로 보호받을 수 있는 지위에 있지 않다고 한 사례

[판시사항]

일영이 증가함으로써 해당 토지에서 종래 향유하던 일조량이 감소하는 일조방해가 발생한 경우, 그 일조방해의 정도, 피해이익의 법적 성질, 가해 건물의 용도, 지역성, 토지이용의 선후관계, 가해 방지 및 피해 회피의 가능성, 공법적 규제의 위반 여부, 교섭 경과 등 모든 사정을 종합적으로 고려하여 사회통념상 일반적으로 해당 토지소유자의 수인한도를 넘게 되면 그 건축행위는 정당한 권리행사의 범위를 벗어나 사법상 위법한 가해행위로 평가된다. 여기에서 객관적인 생활이익으로서 일조이익을 향유하는 '토지의 소유자 등'이란 토지소유자, 건물소유자, 지상권자, 전세권자 또는 임차인 등의 거주자를 말하는 것으로서, 해당 토지·건물을 일시적으로 이용하는 것에 불과한 사람은 이러한 일조이익을 향유하는 주체가 될 수 없다. 초등학교 학생들은 학교를 점유하면서 지속적으로 거주하고 있다고 할 수 없어서 생활이익으로서의 일조권을 법적으로 보호 받을 수 있는 지위에 있지 않다.

판례 6	대판 2007.6.28, 2004다54282 판결
	조망이익

1. 조망이익이 법적인 보호의 대상이 되기 위한 요건

2. 조망이익의 침해행위가 사법상 위법한 가해행위로 평가되기 위한 요건 및 그 판단기준

3. 조망의 대상과 그에 대한 조망의 이익을 누리는 건물 사이에 있는 타인 소유의 토지에 건물이 건축되어 있지 않거나 저층의 건물만이 건축되어 있어 그 타인의 토지를 통한 조망의 향수가 가능하였던 경우, 그 토지상의 건물 신축으로 인한 조망이익의 침해가 인정되는지 여부(원칙적 소극)

4. 5층짜리 아파트의 뒤에 그보다 높은 10층짜리 건물을 세움으로써 한강 조망을 확보한 경우와 같이 보통의 지역에 인공적으로 특별한 시설을 갖춤으로써 누릴 수 있게 된 조망의 이익은 법적으로 보호받을 수 없다고 한 사례

5. 건물 신축으로 인한 일조방해행위가 사법상 위법한 가해행위로 평가되는 경우 및 일조방해행위가 사회통념상 수인한도를 넘었는지 여부의 판단기준

6. 이미 다른 기존 건물에 의하여 일조방해를 받고 있거나 건물구조 자체가 충분한 일조를 확보하기 어려운 경우, 가해건물의 신축으로 인한 일조방해가 사회통념상 수인한도를 넘었는지 여부의 판단기준

7. 가해건물 신축 후 피해건물의 일조시간이 감소하였으나 그 피해건물이 서향인데다가 종전부터 다른 기존 건물로 인하여 일조를 방해받고 있던 점, 가해건물 신축으로 인하여 추가된 일조방해시간이 전체 일조방해시간의 1/4에 미달하고, 종전부터 있던 일조방해시간의 1/3에 미달하는 점 등에 비추어, 가해건물의 신축으로 인한 일조 침해의 정도가 수인한도를 초과한다고 보기 어렵다고 한 사례

8. 일조방해, 사생활 침해, 조망 침해 등의 생활이익에 대한 침해의 위법 여부의 판단 및 재산상 손해의 산정방법

[판시사항]

[1] 조망이익은 원칙적으로 특정의 장소가 그 장소로부터 외부를 조망함에 있어 특별한 가치를 가지고 있고, 그와 같은 조망이익의 향유를 하나의 중요한 목적으로 하여 그 장소에 건물이 건축된 경우와 같이 해당 건물의 소유자나 점유자가 그

건물로부터 향유하는 조망이익이 사회통념상 독자의 이익으로 승인되어야 할 정도로 중요성을 갖는다고 인정되는 경우에 비로소 법적인 보호의 대상이 되는 것이다.

[2] 조망이익의 침해 정도가 사회통념상 일반적으로 인용되는 수인한도를 넘어야 하고, 그 수인한도를 넘었는지 여부는 조망의 대상이 되는 경관의 내용과 피해건물이 입지하고 있는 지역에 있어서 건조물의 전체적 상황 등의 사정을 포함한 넓은 의미에서의 지역성, 피해건물의 위치 및 구조와 조망상황, 특히 조망과의 관계에서의 건물의 건축·사용목적 등 피해건물의 상황, 주관적 성격이 강한 것인지 여부와 여관·식당 등의 영업과 같이 경제적 이익과 밀접하게 결부되어 있는지 여부 등 해당 조망이익의 내용, 가해건물의 위치 및 구조와 조망방해의 상황 및 건축·사용목적 등 가해건물의 상황, 가해건물 건축의 경위, 조망방해를 회피할 수 있는 가능성의 유무, 조망방해에 관하여 가해자측이 해의를 가졌는지의 유무, 조망이익이 피해이익으로서 보호가 필요한 정도 등 모든 사정을 종합적으로 고려하여 판단하여야 한다.

[3] 조망의 이익은 주변에 있는 객관적 상황의 변화에 의하여 저절로 변용 내지 제약을 받을 수밖에 없고, 그 이익의 향수자가 이러한 변화를 당연히 제약할 수 있는 것도 아니다.

[4] 보통의 지역에 인공적으로 특별한 시설을 갖춤으로써 누릴 수 있게 된 조망의 이익은 법적으로 보호받을 수 없다.

[5] 건물의 신축이 사법상 위법한 가해행위로 평가되기 위해서는 그 일조방해의 정도가 사회통념상 일반적으로 인용하는 수인한도를 넘어야 하고, 일조방해행위가 사회통념상 수인한도를 넘었는지 여부는 피해의 정도, 피해이익의 성질 및 그에 대한 사회적 평가, 가해건물의 용도, 지역성, 토지이용의 선후관계, 가해 방지 및 피해 회피의 가능성, 공법적 규제의 위반 여부, 교섭 경과 등 모든 사정을 종합적으로 고려하여 판단하여야 한다.

[6] 가해건물 신축 결과 피해건물이 동짓날 08시부터 16시 사이에 합계 4시간 이상 그리고 동짓날 09시부터 15시 사이에 연속하여 2시간 이상의 일조를 확보하지 못하게 되더라도 언제나 수인한도를 초과하는 일조피해가 있다고 단정할 수는 없고(한편, 피해건물이 종전부터 위와 같은 정도의 일조를 확보하지 못하고 있었던 경우라도 그 일조의 이익이 항상 보호의 대상에서 제외되는 것은 아니다), 가해건물이 신축되기 전부터 있었던 일조방해의 정도, 신축 건물에 의하여 발생하는 일

조방해의 정도, 가해건물 신축 후 위 두 개의 원인이 결합하여 피해건물에 끼치는 전체 일조방해의 정도, 종전의 원인에 의한 일조방해와 신축 건물에 의한 일조방해가 겹치는 정도, 신축 건물에 의하여 발생하는 일조방해시간이 전체 일조방해시간 중 차지하는 비율, 종전의 원인만으로 발생하는 일조방해시간과 신축 건물만에 의하여 발생하는 일조방해시간 중 어느 것이 더 긴 것인지 등을 종합적으로 고려하여 신축 건물에 의한 일조방해가 수인한도를 넘었는지 여부를 판단하여야 한다.

[7] 가해건물 신축으로 인하여 추가된 일조방해시간이 전체 일조방해시간의 1/4에 미달하고, 종전부터 있던 일조방해시간의 1/3에 미달하는 점 등에 비추어, 가해건물의 신축으로 인한 일조 침해의 정도가 수인한도를 초과한다고 보기 어렵다.

[8] 원칙적으로 개별적인 생활이익별로 침해의 정도를 고려하여 수인한도 초과 여부를 판단한 후 수인한도를 초과하는 생활이익들에 기초하여 손해배상액을 산정하여야 하며, 수인한도를 초과하지 아니하는 생활이익에 대한 침해를 다른 생활이익 침해로 인한 수인한도 초과 여부 판단이나 손해배상액 산정에 있어서 직접적인 근거 사유로 삼을 수는 없다.

판례 7	대판 2007.1.11, 2004두10432 판결
	재량행위와 판단여지 문제

1. (구)사법시험령의 법적 성질(= 집행명령)
2. 사법시험 제2차시험에 과락제도를 적용하고 있는 (구)사법시험령 제15조 제2항이 모법의 수권이 없거나 집행명령의 한계를 일탈하여 무효인지 여부(소극)
3. 사법시험 제2차시험에 과락제도를 적용하고 있는 (구)사법시험령 제15조 제2항이 비례의 원칙, 과잉금지의 원칙 및 평등의 원칙 등을 위반하였는지 여부(소극)

> 4. 사법시험 제2차시험의 과락점수기준을 '매과목 4할 이상'으로 정한 (구)사법시험
>   령 제15조 제2항이 명확성의 원칙을 위반하지 않았다고 한 사례
> 5. 논술형시험인 사법시험 제2차시험의 채점위원이 하는 채점행위의 법적 성질(= 재
>   량행위)

[판시사항]

[1] 사법시험령은 사법시행과 절차 등에 관한 세부사항을 구체화하고 국가공무원법상 사법연수생이라는 별정직 공무원의 임용절차를 집행하기 위한 집행명령의 일종이라고 할 것이다. 또한 이는 사법시험의 실시를 집행하기 위한 시행과 절차에 관한 것이지, 새로운 법률사항을 정한 것이라고 보기 어렵다.

[2] 사법시험령 제15조 제2항이 사법시험의 제2차시험에서 '매과목 4할 이상'으로 과락결정의 기준을 정한 것을 두고 과락점수를 비합리적으로 높게 설정하여 지나치게 엄격한 기준에 해당한다고 볼 정도는 아니므로, 비례의 원칙 내지 과잉금지에 위반하였다고 볼 수 없다.

[3] 사법시험 제2차시험에 과락제도와 그 점수의 설정은 제2차시험을 치루는 응시자들 모두를 대상으로 차별 없이 적용 되는 것이고, 그 시행은 합리적인 정책판단하에서 이루어진 것이므로 정의의 원칙, 평등의 원칙, 기회균등의 원칙 등에 반한다고 할 수는 없는 것이다.

[4] 예측가능성 및 자의적 법집행 배제가 확보되는지 여부에 따라 법규범의 명확성을 판단할 수 있는데, 법규범의 의미내용은 그 문언뿐만 아니라 입법목적이나 입법취지, 입법연혁, 그리고 법규범의 체계적 구조 등을 종합적으로 고려하는 해석방법에 의하여 구체화하게 되므로, 결국 법규범이 명확성 원칙에 위반되는지 여부는 위와 같은 해석방법에 의하여 그 의미내용을 합리적으로 파악할 수 있는 해석기준을 얻을 수 있는지 여부에 달려 있다고 할 것이다.

[5] 논술형으로 치르는 사법시험에 있어 채점위원은 사법시험의 목적과 내용 등을 고려하여 법령이 정하는 범위 내에서 전문적인 지식에 근거하여 그 독자적 판단과 재량에 따라 답안을 채점할 수 있다.

판례	대판 1997.3.11, 96다49650 판결
8	부당결부금지의 원칙

1. 수익적 행정행위에 부관으로서 적법하게 부담을 붙일 수 있는 한계
2. 부관이 부당결부금지의 원칙에 위반하여 위법하지만 그 하자가 중대하고 명백하여 당연무효라고 볼 수는 없다고 한 사례

[판시사항]

[1] 수익적 행정행위에 있어서는 법령에 특별한 근거규정이 없다고 하더라도 그 부관으로서 부담을 붙일 수 있으나, 그러한 부담은 비례의 원칙, 부당결부금지의 원칙에 위반되지 않아야만 적법하다.

[2] 지방자치단체장이 사업자에게 주택사업계획승인을 하면서 그 주택사업과는 아무런 관련이 없는 토지를 기부채납하도록 하는 부관을 주택사업계획승인에 붙인 경우, 그 부관은 부당결부금지의 원칙에 위반되어 위법하지만, 지방자치단체장이 승인한 사업자의 주택사업계획은 상당히 큰 규모의 사업임에 반하여, 사업자가 기부채납한 토지 가액은 그 100분의 1 상당의 금액에 불과한데다가, 사업자가 그동안 그 부관에 대하여 아무런 이의를 제기하지 아니하다가 지방자치단체장이 업무착오로 기부채납한 토지에 대하여 보상협조요청서를 보내자 그 때서야 비로소 부관의 하자를 들고 나온 사정에 비추어 볼 때 부관의 하자가 중대하고 명백하여 당연무효라고는 볼 수 없다.

판례	대판 2008.4.10, 2007두4841 판결
9	고시의 법규명령으로서 효력

1. 법령이 특정 행정기관에 법령 내용의 구체적 사항을 정할 수 있는 권한을 부여하면서 권한 행사의 절차나 방법을 특정하고 있지 않아 수임행정기관이 행정규칙의 형식으로 법령의 내용이 될 사항을 정한 경우 그 효력
2. 산지관리법 제18조 제1항, 제4항, 같은 법 시행령 제20조 제4항에 따라 산림청장이 정한 '산지전용허가기준의 세부검토기준에 관한 규정' 제2조 [별표 3] (바)목 가.의 규정이 법규명령으로서 효력을 가진다고 한 사례
3. 하위규범이 법령상 용어의 사용기준을 정하고 있는 경우 법령의 위임 한계를 벗어난 것인지 여부(한정소극) 및 행정규칙에서 사용하는 개념이 달리 해석할 여지가 있다 하여 법령의 위임 한계를 벗어났다고 할 수 있는지 여부(한정소극)

[판시사항]
[1] 법령의 규정이 특정 행정기관에 그 법령 내용의 구체적 사항을 정할 수 있는 권한을 부여하면서 그 권한 행사의 절차나 방법을 특정하고 있지 않아 수임행정기관이 행정규칙인 고시의 형식으로 그 법령의 내용이 될 사항을 구체적으로 정하고 있는 경우, 그 고시가 해당 법령의 위임 한계를 벗어나지 않는 한, 그와 결합하여 대외적으로 구속력이 있는 법규명령으로서 효력을 가진다.

[2] 산림청장이 정한 '산지전용허가기준의 세부검토기준에 관한 규정' 제2조 [별표 3] (바)목 가.의 규정은 법령의 내용이 될 사항을 구체적으로 정한 것으로서 해당 법령의 위임 한계를 벗어나지 않으므로, 그와 결합하여 대외적으로 구속력이 있는 법규명령으로서 효력을 가진다.

[3] 행정규칙에서 사용하는 개념이 달리 해석할 여지가 있다 하더라도 행정청이 수권의 범위 내에서 법령이 위임한 취지 및 형평과 비례의 원칙에 기초하여 합목적적으로 기준을 설정하여 그 개념을 해석·적용하고 있다면, 개념이 달리 해석할 여지가 있다는 것만으로 이를 사용한 행정규칙이 법령의 위임 한계를 벗어났다고는 할 수 없다.

행정소송법

판례	대판 2011.1.20, 2010두14954 전원합의체 판결
1	행정소송법 제2조 제1항 제1호 처분 ①

[판시사항]

[1] 건축법 제14조 제2항에 의한 인·허가의제 효과를 수반하는 건축신고가, 행정청이 그 실체적 요건에 관한 심사를 한 후 수리하여야 하는 이른바 '수리를 요하는 신고'인지 여부(적극)

[2] 국토의 계획 및 이용에 관한 법률상의 개발행위허가로 의제되는 건축신고가 개발행위허가의 기준을 갖추지 못한 경우, 행정청이 수리를 거부할 수 있는지 여부(적극)

[판결요지]

[1] [다수의견]

인·허가의제사항 관련 법률에 규정된 요건 중 상당수는 공익에 관한 것으로서 행정청의 전문적이고 종합적인 심사가 요구되는데, 만약 건축신고만으로 인·허가의제사항에 관한 일체의 요건 심사가 배제된다고 한다면, 중대한 공익상의 침해나 이해관계인의 피해를 야기하고 관련 법률에서 인·허가 제도를 통하여 사인의 행위를 사전에 감독하고자 하는 규율체계 전반을 무너뜨릴 우려가 있다. 또한 무엇보다도 건축신고를 하려는 자는 인·허가의제사항 관련 법령에서 제출하도록 의무화하고 있는 신청서와 구비서류를 제출하여야 하는데, 이는 건축신고를 수리하는 행정청으로 하여금 인·허가의제사항 관련 법률에 규정된 요건에 관하여도 심사를 하도록 하기 위한 것으로 볼 수밖에 없다. 따라서 인·허가의제 효과를 수반하는 건축신고는 일반적인 건축신고와는 달리, 특별한 사정이 없는 한 행정청이 그 실체적 요건에 관한 심사를 한 후 수리하여야 하는 이른바 '수리를 요하는 신고'로 보는 것이 옳다.

[대법관 박시환, 대법관 이홍훈의 반대의견]

여러 기본적인 법원칙의 근간 및 신고제의 본질과 취지를 훼손하지 아니하는 한도 내에서 건축법 제14조 제2항에 의하여 인·허가가 의제되는 건축신고의 범위 등을 합리적인 내용으로 개정하는 입법적 해결책을 통하여 현행 건축법에 규정된 건축신고제도의 문제점 및 부작용을 해소하는 것은 별론으로 하더라도, '건축법상 신고사항에 관하여 건축을 하고자 하는 자가 적법한 요건을 갖춘 신고만 하면 건축을 할 수 있고, 행정청의 수리 등 별단의 조처를 기다릴 필요는 없다'는 대법원의 종래 견해를 인·허가가 의제되는 건축신고의 경우에도 그대로 유지하는 편이 보다 합리적인 선택이라고 여겨진다.

[2] [다수의견]

국토계획법에서는 개발행위의허가의 기준을 규정하고 있으므로, 국토계획법상 개발행위허가로 의제되는 건축신고가 위와 같은 기준을 갖추지 못한 경우 행정청으로서는 이를 이유로 그 수리를 거부할 수 있다고 보아야 한다.

[대법관 박시환, 대법관 이홍훈의 반대의견]

수리란 타인의 행위를 유효한 행위로 받아들이는 수동적 의사행위를 말하는 것이고, 이는 허가와 명확히 구별되는 것이다. 그런데 다수의견에 의하면 형식상으로만 수리 거부를 하는 것이 되고, 사실상으로는 허가와 아무런 차이가 없게 된다는 비판을 피할 수 없다. 이러한 결과에 따르면 인·허가의제조항을 특별히 규정하고 있는 입법취지가 몰각됨은 물론, 신고와 허가의 본질에 기초하여 건축신고와 건축허가제도를 따로 규정하고 있는 제도적 의미 및 신고제와 허가제 전반에 관한 이론적 틀이 형해화 될 가능성이 있다.

판례 2	대판 2010.11.18, 2008두167 전원합의체 판결
	행정소송법 제2조 제1항 제1호 처분 ②

[판시사항]

[1] 행정청의 행위가 항고소송의 대상이 되는지 여부의 판단기준

[2] 행정청의 건축신고 반려행위 또는 수리거부행위가 항고소송의 대상이 되는지 여부(적극)

[판결요지]

[1] 행정청의 어떤 행위가 항고소송의 대상이 될 수 있는지의 문제는 추상적·일반적으로 결정할 수 없고, 구체적인 경우 행정처분은 행정청이 공권력의 주체로서 행하는 구체적 사실에 관한 법집행으로서 국민의 권리의무에 직접적으로 영향을 미치는 행위라는 점을 염두에 두고, 관련 법령의 내용과 취지, 그 행위의 주체·내용·형식·절차, 그 행위와 상대방 등 이해관계인이 입는 불이익과의 실질적 견련성, 그리고 법치행정의 원리와 당해 행위에 관련한 행정청 및 이해관계인의 태도 등을 참작하여 개별적으로 결정하여야 한다.

[2] 건축주 등은 신고제하에서도 건축신고가 반려될 경우 당해 건축물의 건축을 개시하면 시정명령, 이행강제금, 벌금의 대상이 되거나 당해 건축물을 사용하여 행할 행위의 허가가 거부될 우려가 있어 불안정한 지위에 놓이게 된다. 따라서 건축신고 반려행위가 이루어진 단계에서 당사자로 하여금 반려행위의 적법성을 다투어 그 법적 불안을 해소한 다음 건축행위에 나아가도록 함으로써 장차 있을지도 모르는 위험에서 미리 벗어날 수 있도록 길을 열어 주고, 위법한 건축물의 양산과 그 철거를 둘러싼 분쟁을 조기에 근본적으로 해결할 수 있게 하는 것이 법치행정의 원리에 부합한다. 그러므로 건축신고 반려행위는 항고소송의 대상이 된다고 보는 것이 옳다.

판례	대판 2010.11.26, 2010무137 결정
3	행정소송법 제2조 제1항 제1호 처분 ③

[판시사항]

[1] 행정처분의 효력정지나 집행정지를 구하는 신청사건에서 집행정지사건 자체에 의하여도 신청인의 본안청구가 적법한 것이어야 한다는 것을 집행정지의 요건에 포함시켜야 하는지 여부(적극)

[2] 행정소송의 대상이 되는 행정처분의 의의

[판결요지]

[1] 행정처분의 효력정지나 집행정지를 구하는 신청사건에서는 행정처분 자체의 적법 여부는 원칙적으로 판단의 대상이 아니고, 그 행정처분의 효력이나 집행을 정지할 것인가에 관한 행정소송법 제23조 제2항에서 정한 요건의 존부만이 판단의 대상이 되는 것이다. 다만, 집행정지는 행정처분의 집행부정지원칙의 예외로서 인정되는 것이고, 또 본안에서 원고가 승소할 수 있는 가능성을 전제로 한 권리보호수단이라는 점에 비추어 보면, 집행정지사건 자체에 의하여도 신청인의 본안청구가 적법한 것이어야 한다는 것을 집행정지의 요건에 포함시키는 것이 옳다.

[2] 행정소송의 대상이 되는 행정처분은, 행정청 또는 그 소속기관이나 법령에 의하여 행정권한의 위임 또는 위탁을 받은 공공기관이 국민의 권리의무에 관계되는 사항에 관하여 공권력을 발동하여 행하는 공법상의 행위를 말하며, 그것이 상대방의 권리를 제한하는 행위라 하더라도 행정청 또는 그 소속기관이나 권한을 위임받은 공공기관의 행위가 아닌 한 이를 행정처분이라고 할 수 없다.

판례	대판 2014.10.27, 2012두11959 판결
4	행정행위의 철회

[판시사항]

행정행위의 취소사유와 철회사유의 구별 기준

[판결요지]

행정행위의 취소는 일단 유효하게 성립한 행정행위를 그 행위에 위법 또는 부당한 하자가 있음을 이유로 소급하여 그 효력을 소멸시키는 별도의 행정처분이고, 행정행위의 철회는 적법요건을 구비하여 완전히 효력을 발하고 있는 행정행위를 사후적으로 그 행위의 효력의 전부 또는 일부를 장래에 향해 소멸시키는 행정처분이다. 그러므로 행정행위의 취소사유는 행정행위의 성립 당시에 존재하였던 하자를 말하고, 철회사유는 행정행위가 성립된 이후에 새로이 발생한 것으로서 행정행위의 효력을 존속시킬 수 없는 사유를 말한다.

판례	대판 1996.4.26, 95누5820 판결
5	기판력

[판시사항]

[1] 전소와 후소가 소송물을 달리하는 경우, 전소 확정판결의 기판력이 후소에 미치는지 여부(소극)

[2] 소송물을 달리하여 전소 확정판결의 기판력이 후소에 미치지 아니한다고 본 사례

[판결요지]

[1] 취소판결의 기판력은 소송물로 된 행정처분의 위법성 존부에 관한 판단 그 자체에만 미치는 것이므로 전소와 후소가 그 소송물을 달리하는 경우에는 전소 확정판결의 기판력이 후소에 미치지 아니한다.

[2] 전소와 후소가 소송물을 달리하여 전소 확정판결의 기판력이 후소에 미치지 아니한다고 본 사례

판례	대판 1995.7.11, 94누4615 판결
6	무효의 판별기준

[판시사항]

하자 있는 행정처분이 당연무효인지를 판별하는 기준

[판결요지]

하자 있는 행정처분이 당연무효가 되기 위해서는 그 하자가 법규의 중요한 부분을 위반한 중대한 것으로서 객관적으로 명백한 것이어야 하며, 하자가 중대하고 명백한 것인지 여부를 판별함에 있어서는 그 법규의 의미, 기능 등을 목적론적으로 고찰함과 동시에 구체적 사안 자체의 특수성에 관하여도 합리적으로 고찰함을 요한다.

판례	대판 2006.6.9, 2004두46 판결
7	신뢰보호의 원칙 ①

[판시사항]

행정청의 행위에 대하여 신뢰보호의 원칙이 적용되기 위한 요건

[판결요지]

행정청의 행위에 대하여 신뢰보호의 원칙이 적용되기 위해서는, ① 행정청이 개인에 대하여 신뢰의 대상이 되는 공적인 견해표명을 하여야 하고, ② 행정청의 견해표명이 정당하다고 신뢰한 데에 대하여 그 개인에게 귀책사유가 없어야 하며, ③ 그 개인이 그 견해표명을 신뢰하고 이에 상응하는 어떠한 행위를 하였어야 하고, ④ 행정청이 위 견해표명에 반하는 처분을 함으로써 그 견해표명을 신뢰한 개인의 이익이 침해되는 결과가 초래되어야 하며, ⑤ 그 견해표명에 따른 행정처분을 할 경우 이로 인하여 공익 또는 제3자의 정당한 이익을 현저히 해할 우려가 있는 경우가 아니어야 한다.

판례 8	대판 2017.11.23, 2014두1628 판결
	신뢰보호의 원칙 ②

[판시사항]

행정청의 행위에 대하여 신뢰보호의 원칙이 적용되기 위한 요건

[판결요지]

피고 포항시장이 원고에게 두 차례 항만시설 사용허가를 해주었다는 사실만으로 그 이후로도 계속하여 항만시설 사용허가를 해줄 것이라는 공적인 견해표명을 하였다고 볼 수 없고 달리 피고 포항시장이 원고의 신뢰의 대상이 되는 공적인 견해표명을 하였다고 인정할 증거가 없다는 이유로 이 사건 제1처분이 신뢰보호의 원칙에 반하지 않는다고 판단하였다.

판례 9	대판 2016.7.14, 2015두58645 판결
	신뢰보호의 원칙 ③

[판시사항]

한국토지주택공사가 택지개발사업의 시행자로서 일정 기준을 충족하는 손실보상대상자들에 대하여 생활대책을 수립·시행하였는데, 직권으로 갑 등이 생활대책대상자에 해당하지 않는다는 결정을 하고, 갑 등의 이의신청에 대하여 재심사 결과로도 생활대책 대상자로 선정되지 않았다는 통보를 한 사안에서, 재심사 결과 통보가 독립한 행정처분으로서 항고소송의 대상이 된다고 한 사례

[판결요지]

피고가 이 사건 재심사통보를 하면서 그에 대한 행정소송 등은 통보를 받은 날부터 90일 내에 제기할 수 있다고 명시적으로 안내한 것은 공적인 견해 표명에 해당한다

할 것인데, 원고들이 그 안내를 신뢰하고 90일의 기간 내에 이 사건 행정소송을 제기하였음에도, 이 사건 재심사통보가 행정소송의 대상인 처분성이 없다고 한다면, 원고들로서는 피고의 견해표명을 신뢰한 데 따른 이익을 침해받게 될 것임이 명백하다. 그러므로 행정상 법률관계에서의 신뢰보호의 원칙에 비추어 보더라도 이 사건 재심사통보는 당초의 이 사건 부적격통보와 별개의 행정처분이라고 봄이 상당하다.

판례 10	대판 1997.9.12, 96누18380 판결
	공적 견해표명(신뢰보호의 원칙)

[판시사항]

도시계획구역 내 생산녹지로 답인 토지에 대하여 종교회관 건립을 이용목적으로 하는 토지거래계약의 허가를 받으면서 담당공무원이 관련 법규상 허용된다 하여 이를 신뢰하고 건축준비를 하였으나 그 후 토지형질변경허가신청을 불허가 한 것이 신뢰보호원칙에 반한다고 한 사례

[판결요지]

공적 견해표명을 신뢰한 나머지(그에 있어 원고에게 어떠한 귀책사유가 있음을 인정할 아무런 자료도 없다) 토지형질변경 및 종교회관 건축이 당연히 가능하리라 믿고서 위 토지거래계약허가 직후에 이 사건 토지대금을 모두 지급하고 위 회관의 건축설계를 하는 등으로 그 건축준비에 상당한 자금과 노력을 투자하였음에도 피고의 위 공적 견해표명에 반하는 이 사건 처분으로 말미암아 종교법인인 원고의 종교활동에 긴요한 위 종교회관을 건립할 수 없게 되는 등의 불이익을 입게 된 사실을 알 수 있으므로 이 사건 처분은 신뢰보호의 원칙에 반하는 행위로서 위법하다고 보는 것이 옳을 것이다.

판례 11	대판 2002.11.8, 2001두1512 판결
	공적 견해표명(신뢰보호의 원칙)

[판시사항]

행정청의 행위에 대한 신뢰보호 원칙의 적용요건으로서 '행정청의 견해표명이 정당하다고 신뢰한 데에 대하여 그 개인에게 귀책사유가 없어야 한다'는 것의 의미와 판단기준

[판결요지]

귀책사유라 함은 행정청의 견해표명의 하자가 상대방 등 관계자의 사실은폐나 기타 사위의 방법에 의한 신청행위 등 부정행위에 기인한 것이거나 그러한 부정행위가 없다고 하더라도 하자가 있음을 알았거나 중대한 과실로 알지 못한 경우 등을 의미한다고 해석함이 상당하고, 귀책사유의 유무는 상대방과 그로부터 신청행위를 위임받은 수임인 등 관계자 모두를 기준으로 판단하여야 한다.

판례 12	대판 2005.8.19, 2003두9817 · 9824 판결
	실권의 법리

실권의 법리는 권리자가 권리행사의 기회를 가지고 있음에도 불구하고, 장기간에 걸쳐 그의 권리를 행사하지 아니하였기 때문에 의무자인 상대방이 이미 그의 권리를 행사하지 아니할 것으로 믿을 만한 정당한 사유가 있게 되거나 행사하지 아니할 것으로 추인케 할 경우에 새삼스럽게 그 권리를 행사하는 것이 신의성실의 원칙에 반하는 결과가 될 때 그 권리행사를 허용하지 않는 것을 의미한다.

판례 13	대판 2018.7.24, 2016두48416 판결
	비례의 원칙 ①

[판시사항]

도시·군계획시설사업에 관한 실시계획인가처분의 법적 성격 및 행정청이 실시계획인가처분 시 행사하는 재량권의 한계

[판결요지]

도시·군계획시설사업에 관한 실시계획인가처분은 해당 사업을 구체화하여 현실적으로 실현하기 위한 형성행위로서 이에 따라 토지수용권 등이 구체적으로 발생하게 된다. 따라서 행정청이 실시계획인가처분을 하기 위해서는 그 실시계획이 법령이 정한 도시계획시설의 결정·구조 및 설치기준에 적합하여야 함은 물론이고 사업의 내용과 방법에 대하여 인가처분에 관련된 자들의 이익을 공익과 사익 간에서는 물론, 공익 상호 간 및 사익 상호 간에도 정당하게 비교·교량하여야 하며, 그 비교·교량은 비례의 원칙에 적합하도록 하여야 한다.

판례 14	대판 2017.3.15, 2016두55490 판결
	비례의 원칙 ②

[판시사항]

환경의 훼손이나 오염을 발생시킬 우려가 있는 개발행위에 대한 행정청의 허가와 관련하여 재량권의 일탈·남용 여부를 심사하는 방법 / 그 심사 및 판단에서 고려해야 할 사항 / 이때 행정청의 당초 예측이나 평가와 일부 다른 내용의 감정의견이 제시되었다는 사정만으로 행정청의 판단을 위법하다고 할 수 있는지 여부(소극)

[판결요지]

'환경오염 발생 우려'와 같이 장래에 발생할 불확실한 상황과 파급효과에 대한 예측이 필요한 요건에 관한 행정청의 재량적 판단은 내용이 현저히 합리성을 결여하였다거나 상반되는 이익이나 가치를 대비해 볼 때 형평이나 비례의 원칙에 뚜렷하게 배치되는

등의 사정이 없는 한 폭넓게 존중될 필요가 있는 점 등을 함께 고려하여야 한다. 이 경우 행정청의 당초 예측이나 평가와 일부 다른 내용의 감정의견이 제시되었다는 등의 사정만으로 쉽게 행정청의 판단이 위법하다고 단정할 것은 아니다.

판례 15

대판 20092.12, 2005다65500 판결

부당결부금지의 원칙 ①

[판시사항]

[1] 행정청이 수익적 행정처분을 하면서 부관으로 부담을 붙이는 방법

[2] 행정청이 수익적 행정처분을 하면서 사전에 상대방과 체결한 협약상의 의무를 부담으로 부가하였는데 부담의 전제가 된 주된 행정처분의 근거 법령이 개정되어 부관을 붙일 수 없게 된 경우, 위 협약의 효력이 소멸하는지 여부(소극)

[3] 부당결부금지 원칙의 의미

[4] 고속국도 관리청이 고속도로 부지와 접도구역에 송유관 매설을 허가하면서 상대방과 체결한 협약에 따라 송유관 시설을 이전하게 될 경우 그 비용을 상대방에게 부담하도록 하였고, 그 후 도로법 시행규칙이 개정되어 접도구역에는 관리청의 허가 없이도 송유관을 매설할 수 있게 된 사안에서, 위 협약이 효력을 상실하지 않을 뿐만 아니라 위 협약에 포함된 부관이 부당결부금지의 원칙에도 반하지 않는다고 한 사례

[판결요지]

[1] 수익적 행정처분에 있어서는 법령에 특별한 근거규정이 없다고 하더라도 그 부관으로서 부담을 붙일 수 있고, 그와 같은 부담은 행정청이 행정처분을 하면서 일방적으로 부가할 수도 있지만 부담을 부가하기 이전에 상대방과 협의하여 부담의 내용을 협약의 형식으로 미리 정한 다음 행정처분을 하면서 이를 부가할 수도 있다.

[2] 행정청이 수익적 행정처분을 하면서 부가한 부담의 위법 여부는 처분 당시 법령

을 기준으로 판단하여야 하고, 부담이 처분 당시 법령을 기준으로 적법하다면 처분 후 부담의 전제가 된 주된 행정처분의 근거 법령이 개정됨으로써 행정청이 더 이상 부관을 붙일 수 없게 되었다 하더라도 곧바로 위법하게 되거나 그 효력이 소멸하게 되는 것은 아니다. 따라서 행정처분의 상대방이 수익적 행정처분을 얻기 위하여 행정청과 사이에 행정처분에 부가할 부담에 관한 협약을 체결하고 행정청이 수익적 행정처분을 하면서 협약상의 의무를 부담으로 부가하였으나 부담의 전제가 된 주된 행정처분의 근거 법령이 개정됨으로써 행정청이 더 이상 부관을 붙일 수 없게 된 경우에도 곧바로 협약의 효력이 소멸하는 것은 아니다.

[3] 부당결부금지의 원칙이란 행정주체가 행정작용을 함에 있어서 상대방에게 이와 실질적인 관련이 없는 의무를 부과하거나 그 이행을 강제하여서는 아니 된다는 원칙을 말한다.

[4] 고속국도 관리청이 고속도로 부지와 접도구역에 송유관 매설을 허가하면서 상대방과 체결한 협약에 따라 송유관 시설을 이전하게 될 경우 그 비용을 상대방에게 부담하도록 하였고, 그 후 도로법 시행규칙이 개정되어 접도구역에는 관리청의 허가 없이도 송유관을 매설할 수 있게 된 사안에서, 위 협약이 효력을 상실하지 않을 뿐만 아니라 위 협약에 포함된 부관이 부당결부금지의 원칙에도 반하지 않는다.

판례 16	대판 1997.3.11, 96다49650 판결
	부당결부금지의 원칙 ②

[판시사항]

수익적 행정행위에 부관으로서 적법하게 부담을 붙일 수 있는 한계

[판결요지]

수익적 행정행위에 있어서는 법령에 특별한 근거규정이 없다고 하더라도 그 부관으로서 부담을 붙일 수 있으나, 그러한 부담은 비례의 원칙, 부당결부금지의 원칙에 위반되지 않아야만 적법하다고 할 것이다.

판례	대판 2009.12.24, 2009두7967 판결
17	자기구속의 법리

[판시사항]

[1] 상급행정기관이 하급행정기관에 발하는 이른바 '행정규칙이나 내부지침'을 위반한 행정처분이 위법하게 되는 경우

[2] 시장이 농림수산식품부에 의하여 공표된 '2008년도 농림사업시행지침서'에 명시되지 않은 '시·군별 건조저장시설 개소당 논 면적' 기준을 충족하지 못하였다는 이유로 신규 건조저장시설 사업자 인정신청을 반려한 사안에서, 그 처분이 행정의 자기구속의 원칙 및 행정규칙에 대한 신뢰보호의 원칙에 위배되거나 재량권을 일탈·남용한 위법이 없다고 한 사례

[판결요지]

[1] '행정규칙이나 내부지침'은 일반적으로 행정조직 내부에서만 효력을 가질 뿐 대외적인 구속력을 갖는 것은 아니므로 행정처분이 그에 위반하였다고 하여 그러한 사정만으로 곧바로 위법하게 되는 것은 아니다. 다만, 재량권 행사의 준칙인 행정규칙이 그 정한 바에 따라 되풀이 시행되어 행정관행이 이루어지게 되면 평등의 원칙이나 신뢰보호의 원칙에 따라 행정기관은 그 상대방에 대한 관계에서 그 규칙에 따라야 할 자기구속을 받게 되므로, 이러한 경우에는 특별한 사정이 없는 한 그를 위반하는 처분은 평등의 원칙이나 신뢰보호의 원칙에 위배되어 재량권을 일탈·남용한 위법한 처분이 된다.

[2] 시장이 농림수산식품부에 의하여 공표된 '2008년도 농림사업시행지침서'에 명시되지 않은 '시·군별 건조저장시설 개소당 논 면적' 기준을 충족하지 못하였다는 이유로 신규 건조저장시설 사업자 인정신청을 반려한 사안에서, 위 지침이 되풀이 시행되어 행정관행이 이루어졌다거나 그 공표만으로 신청인이 보호가치 있는 신뢰를 갖게 되었다고 볼 수 없고, 쌀 시장 개방화에 대비한 경쟁력 강화 등 우월한 공익상 요청에 따라 위 지침상의 요건 외에 '시·군별 건조저장시설 개소당 논 면적 1,000ha 이상' 요건을 추가할 만한 특별한 사정을 인정할 수 있어, 그 처분이 행정의 자기구속의 원칙 및 행정규칙에 관련된 신뢰보호의 원칙에 위배되거나 재량권을 일탈·남용한 위법이 없다고 한 사례.

| 판례 | 대판 1996.8.20, 95누10877 판결 |
| 18 | 확약 |

[판시사항]

행정청의 확약 또는 공적인 의사표명이 그 자체에서 정한 유효기간을 경과한 이후에는 당연 실효되는지 여부(적극)

[판결요지]

행정청이 상대방에게 장차 어떤 처분을 하겠다고 확약 또는 공적인 의사표명을 하였다고 하더라도, 그 자체에서 상대방으로 하여금 언제까지 처분의 발령을 신청을 하도록 유효기간을 두었는데도 그 기간 내에 상대방의 신청이 없었다거나 확약 또는 공적인 의사표명이 있은 후에 사실적·법률적 상태가 변경되었다면, 그와 같은 확약 또는 공적인 의사표명은 행정청의 별다른 의사표시를 기다리지 않고 실효된다.

| 판례 | 대판 2003.9.23, 2001두10936 판결 |
| 19 | 거부행위가 항고소송의 대상인지 여부 ① |

[판시사항]

[1] 행정청이 국민의 신청에 대하여 한 거부행위가 항고소송의 대상인 행정처분이 되기 위한 요건

[2] (구)국토이용관리법상의 국토이용계획변경신청에 대한 거부행위가 항고소송의 대상이 되는 행정처분에 해당하기 위한 요건

[판결요지]

[1] 국민의 적극적 신청행위에 대하여 행정청이 그 신청에 따른 행위를 하지 않겠다고 거부한 행위가 항고소송의 대상이 되는 행정처분에 해당하는 것이라고 하려

면, 그 신청한 행위가 공권력의 행사 또는 이에 준하는 행정작용이어야 하고, 그 거부행위가 신청인의 법률관계에 어떤 변동을 일으키는 것이어야 하며, 그 국민에게 그 행위발동을 요구할 법규상 또는 조리상의 신청권이 있어야만 한다.

[2] 장래 일정한 기간 내에 관계 법령이 규정하는 시설 등을 갖추어 일정한 행정처분을 구하는 신청을 할 수 있는 법률상 지위에 있는 자의 국토이용계획변경신청을 거부하는 것이 실질적으로 당해 행정처분 자체를 거부하는 결과가 되는 경우에는 예외적으로 그 신청인에게 국토이용계획변경을 신청할 권리가 인정된다고 봄이 상당하므로, 이러한 신청에 대한 거부행위는 항고소송의 대상이 되는 행정처분에 해당한다고 할 것이다.

판례 20	대판 1995.4.28, 95누627 판결
	거부행위가 항고소송의 대상인지 여부 ②

[판시사항]

행정행위를 하여 줄 것을 요구할 수 있는 법규상 또는 조리상의 권리가 없는 신청에 대한 거부행위가 행정처분인지 여부

[판결요지]

행정청이 국민으로부터 어떤 신청을 받고서 한 거부행위가 행정처분이 된다고 하기 위하여는 국민이 행정청에 대하여 그 신청에 따른 행정행위를 하여 줄 것을 요구할 수 있는 법규상 또는 조리상의 권리가 있어야 하며, 이러한 근거 없이 한 국민의 신청을 행정청이 받아들이지 아니하고 거부한 경우에는 이로 인하여 신청인의 권리나 법적 이익에 어떤 영향을 주는 것은 아니므로 이를 행정처분이라고 할 수 없다.

판례	대판 2003.10.13, 2002두12489 판결
21	거부처분의 요건

행정청이 국민의 신청에 대하여 한 거부행위가 항고소송의 대상이 되는 행정처분에 해당하려면, 행정청의 행위를 요구할 법규상 또는 조리상의 신청권이 그 국민에게 있어야 하고, 이러한 신청권의 근거 없이 한 국민의 신청을 행정청이 받아들이지 아니한 경우에는 그 거부로 인하여 신청인의 권리나 법적 이익에 어떤 영향을 주는 것이 아니므로 이를 항고소송의 대상이 되는 행정처분이라고 할 수 없다.

판례	대판 2004.11.26, 2003두10251 판결
22	행정규칙

[판시사항]

1. 어떠한 처분의 근거가 행정규칙에 규정되어 있는 경우, 그 처분이 항고소송의 대상이 되는 행정처분에 해당하기 위한 요건

2. 정부 간 항공노선의 개설에 관한 잠정협정 및 비밀양해각서와 건설교통부 내부지침에 의한 항공노선에 대한 운수권배분처분이 항고소송의 대상이 되는 행정처분에 해당한다고 한 사례

3. 수익적 행정처분에 대한 취소권 등의 행사의 요건 및 그 한계

[판결요지]

[1] 항고소송의 대상이 되는 행정처분이라 함은 원칙적으로 행정청의 공법상 행위로서 특정 사항에 대하여 법규에 의한 권리의 설정 또는 의무의 부담을 명하거나 기타 법률상 효과를 발생하게 하는 등으로 일반 국민의 권리의무에 직접 영향을 미치는 행위를 가리키는 것이지만, 어떠한 처분의 근거가 행정규칙에 규정되어 있다고 하더라도, 그 처분이 상대방에게 권리의 설정 또는 의무의 부담을 명하거나 기타 법적인 효과를 발생하게 하는 등으로 그 상대방의 권리의무에 직접 영향을 미치는 행위라면, 이 경우에도 항고소송의 대상이 되는 행정처분에 해당한다.

[2] 정부 간 항공노선의 개설에 관한 잠정협정 및 비밀양해각서와 건설교통부 내부지침에 의한 항공노선에 대한 운수권배분처분이 항고소송의 대상이 되는 행정처분에 해당한다고 한 사례

[3] 행정행위를 한 처분청은 비록 그 처분 당시에 별다른 하자가 없었고, 또 그 처분 후에 이를 철회할 별도의 법적 근거가 없다 하더라도 원래의 처분을 존속시킬 필요가 없게 된 사정변경이 생겼거나 또는 중대한 공익상의 필요가 발생한 경우에는 그 효력을 상실케 하는 별개의 행정행위로 이를 철회할 수 있다고 할 것이나, 수익적 행정처분을 취소 또는 철회하는 경우에는 이미 부여된 그 국민의 기득권을 침해하는 것이 되므로, 비록 취소 등의 사유가 있다고 하더라도 그 취소권 등의 행사는 기득권의 침해를 정당화할 만한 중대한 공익상의 필요 또는 제3자의 이익보호의 필요가 있는 때에 한하여 상대방이 받는 불이익과 비교·교량하여 결정하여야 하고, 그 처분으로 인하여 공익상의 필요보다 상대방이 받게 되는 불이익 등이 막대한 경우에는 재량권의 한계를 일탈한 것으로서 그 자체가 위법하다.

판례 23	대판 2004.10.28, 99헌바91 전원재판부
	법률이 입법사항을 대통령령이나 부령이 아닌 고시와 같은 행정규칙의 형식으로 위임하는 경우의 타당성

[판시사항]

법률이 입법사항을 대통령령이나 부령이 아닌 고시와 같은 행정규칙의 형식으로 위임하는 것이 헌법 제40조, 제75조, 제95조 등과의 관계에서 허용되는지 여부(한정적극)

[판결요지]

국회입법에 의한 수권이 입법기관이 아닌 행정기관에게 법률 등으로 구체적인 범위를 정하여 위임한 사항에 관하여는 당해 행정기관에게 법정립의 권한을 갖게 되고, 입법자가 규율의 형식도 선택할 수도 있다 할 것이므로, 헌법이 인정하고 있는 위임입법의 형식은 예시적인 것으로 보아야 할 것이고, 그것은 법률이 행정규칙에 위임하더라도 그 행정규칙은 위임된 사항만을 규율할 수 있으므로, 국회입법의 원칙과 상치되지도 않는다. 다만, 형식의 선택에 있어서 규율의 밀도와 규율영역의 특성이 개별적으로

고찰되어야 할 것이고, 그에 따라 입법자에게 상세한 규율이 불가능한 것으로 보이는 영역이라면 행정부에게 필요한 보충을 할 책임이 인정되고 극히 전문적인 식견에 좌우되는 영역에서는 행정기관에 의한 구체화의 우위가 불가피하게 있을 수 있다. 그러한 영역에서 행정규칙에 대한 위임입법이 제한적으로 인정될 수 있다.

판례 24	대판 2015.1.15, 2013두14238 판결
	위임명령의 한계 및 그 판단기준

위임명령에 규정될 내용 및 범위의 기본사항이 구체적으로 규정되어 있어서 누구라도 당해 법률이나 상위법령으로부터 위임명령에 규정될 내용의 대강을 예측할 수 있어야 하나, 이 경우 그 예측가능성의 유무는 당해 위임조항 하나만을 가지고 판단할 것이 아니라 그 위임조항이 속한 법률의 전반적인 체계와 취지 및 목적, 당해 위임조항의 규정형식과 내용 및 관련 법규를 유기적·체계적으로 종합하여 판단하여야 하며, 나아가 각 규제 대상의 성질에 따라 구체적·개별적으로 검토함을 요한다.

판례 25	대판 2013.9.27, 2012두15234 판결
	위법한 법규명령의 효력

[판시사항]
(구)도로법 제41조 제2항 및 구 도로법 시행령 제42조 제2항의 위임에 따라 국도 이외 도로의 점용료 산정기준을 정한 조례 규정이 (구)도로법 시행령 개정에 맞추어 개정되지 않아 도로법 시행령과 불일치하게 된 사안에서, 위 조례 규정은 (구)도로법 시행령이 정한 산정기준에 따른 점용료 상한의 범위 내에서 유효하고, 이를 벗어날 경우 그 상한이 적용된다는 취지에서 유효하다고 한 사례

[판결요지]

대통령령에서 정한 '점용료 산정기준'은 각 지방자치단체 조례가 규정할 수 있는 점용료의 상한을 뜻하는 것으로 볼 수 있다. 그렇다면 구 양천구 조례 규정이 겉보기에 (구)도로법 시행령 규정과 일치하지 아니한다고 하여 바로 구 양천구 조례 규정이 위법·무효라고 볼 수는 없고, 구 양천구 조례 규정은 (구)도로법 시행령이 정한 산정기준에 따른 점용료 상한의 범위 내에서 유효하고, 이를 벗어날 경우 그 상한이 적용된다는 취지에서 유효하다고 할 것이다.

판례	대판 2007.6.14, 2004두619 판결
26	행정처분이 당연무효가 되기 위한 요건

[판시사항]

위헌·위법한 시행령에 근거한 행정처분이 당연무효가 되기 위한 요건 및 그 시행령의 무효를 선언한 대법원판결이 없는 상태에서 그에 근거하여 이루어진 처분을 당연무효라 할 수 있는지 여부(원칙적 소극)

[판결요지]

하자 있는 행정처분이 당연무효로 되려면 그 하자가 법규의 중요한 부분을 위반한 중대한 것이어야 할 뿐 아니라 객관적으로 명백한 것이어야 하고, 행정청이 위헌이거나 위법하여 무효인 시행령을 적용하여 한 행정처분이 당연무효로 되려면 그 규정이 행정처분의 중요한 부분에 관한 것이어서 결과적으로 그에 따른 행정처분의 중요한 부분에 하자가 있는 것으로 귀착되고, 또한 그 규정의 위헌성 또는 위법성이 객관적으로 명백하여 그에 따른 행정처분의 하자가 객관적으로 명백한 것으로 귀착되어야 하는바, 일반적으로 시행령이 헌법이나 법률에 위반된다는 사정은 그 시행령의 규정을 위헌 또는 위법하여 무효라고 선언한 대법원의 판결이 선고되지 아니한 상태에서는 그 시행령 규정의 위헌 내지 위법 여부가 해석상 다툼의 여지가 없을 정도로 명백하였다고 인정되지 아니하는 이상 객관적으로 명백한 것이라 할 수 없으므로, 이러한 시행령에 근거한 행정처분의 하자는 취소사유에 해당할 뿐 무효사유가 되지 아니한다.

판례	헌재 1990.10.15, 89헌마178 전원재판부
27	법규명령에 대한 헌법소원의 인정 여부

[판시사항]

사법부에서 제정한 규칙의 헌법소원의 대상성

[판결요지]

헌법재판소법 제68조 제1항이 규정하고 있는 헌법소원심판의 대상으로서의 "공권력"
이란 입법·사법·행정 등 모든 공권력을 말하는 것이므로 입법부에서 제정한 법률,
행정부에서 제정한 시행령이나 시행규칙 및 사법부에서 제정한 규칙 등은 그것들이
별도의 집행행위를 기다리지 않고 직접 기본권을 침해하는 것일 때에는 모두 헌법소
원심판의 대상이 될 수 있는 것이다.

판례	대판 1999.11.26, 97누13474 판결
28	행정규칙인 고시가 법령의 수권에 의해 법령을 보충하는 사항을 정하는 경우

[판시사항]

고시가 법규명령으로서 구속력을 갖기 위한 요건

[판결요지]

일반적으로 행정 각부의 장이 정하는 고시라 하더라도 그것이 특히 법령의 규정에서
특정 행정기관에게 법령 내용의 구체적 사항을 정할 수 있는 권한을 부여함으로써 그
법령 내용을 보충하는 기능을 가질 경우에는 그 형식과 상관없이 근거 법령 규정과
결합하여 대외적으로 구속력이 있는 법규명령으로서의 효력을 가지는 것이나 이는 어
디까지나 법령의 위임에 따라 그 법령 규정을 보충하는 기능을 가지는 점에 근거하여
예외적으로 인정되는 효력이므로 특정 고시가 법령에 근거를 둔 것이라고 하더라도
그 규정 내용이 법령의 위임 범위를 벗어난 것일 경우에는 위와 같은 법규명령으로서
의 대외적 구속력을 인정할 여지는 없다.

판례 29	대판 2013.5.23, 2013두3207 판결 대판 2018.6.15, 2015두40248 판결 대판 2014.6.12, 2013두4620 판결
	행정규칙의 대외적 구속력

1. 유가보조금환수처분취소 사례(2013두3207 판결)

이 사건 지침은 상위법령의 위임이 없을 뿐만 아니라 그 목적과 내용이 유류구매 카드의 사용 및 발급 절차 등을 규정하기 위한 것인 점 등에 비추어 볼 때 유류구매 카드제의 시행에 관한 행정청 내부의 사무처리준칙을 정한 것에 불과하고 대내적으로 행정청을 기속함은 별론으로 하되 대외적으로 법원이나 일반 국민을 기속하는 효력은 없다.

2. 정교사 1급 자격증 발급신청 거부처분취소 사례(2015두40248 판결)

행정처분이 법규성이 없는 내부지침 등의 규정에 위배된다고 하더라도 그 이유만으로 처분이 위법하게 되는 것은 아니고, 또 그 내부지침 등에서 정한 요건에 부합한다고 하여 반드시 그 처분이 적법한 것이라고 할 수도 없다. 처분의 적법 여부는 그러한 내부지침 등에서 정한 요건에 합치하는지 여부가 아니라 일반 국민에 대하여 구속력을 가지는 법률 등 법규성이 있는 관계 법령의 규정을 기준으로 판단하여야 한다.

3. 보상금증액 관련 사례(2013두4620 판결)

감정평가에 관한 규칙에 따른 '감정평가실무기준'은 감정평가의 구체적 기준을 정함으로써 감정평가업자가 감정평가를 수행할 때 이 기준을 준수하도록 권장하여 감정평가의 공정성과 신뢰성을 제고하는 것을 목적으로 하는 것이고, 한국감정평가업협회가 제정한 '토지보상평가지침'은 단지 한국감정평가업협회가 내부적으로 기준을 정한 것에 불과하여 어느 것도 일반 국민이나 법원을 기속하는 것이 아니다.

판례 30	헌재 1992.10.1, 92헌마68·76(병합) 전원재판부, 99헌마413 전원재판부
	행정규칙의 헌법재판소에 의한 통제

[판시사항]

행정규칙의 헌법재판소에 의한 통제 : 행정규칙이 사실상 구속력을 갖고 있어 국민의 기본권을 현실적으로 침해한 경우 / 법규성 또는 대외적 구속력이 인정되는 행정규칙은 헌법소원의 대상이 되는 공권력 행사에 해당

[판결요지]

행정규칙은 일반적으로 행정조직 내부에서만 효력을 가지는 것이나, 행정규칙이 법령의 규정에 의하여 행정관청에 법령의 구체적 내용을 보충할 권한을 부여한 경우나 재량권행사의 준칙인 규칙이 그 정한 바에 따라 되풀이 시행되어 행정관행이 이룩되게 되면, 평등의 원칙이나 신뢰보호의 원칙에 따라 행정기관은 그 상대방에 대한 관계에서 그 규칙에 따라야 할 자기구속을 당하게 되는 경우에는 대외적인 구속력을 가지게 되는바, 이러한 경우에는 헌법소원의 대상이 될 수도 있다.

판례 31	대판 1996.9.6, 96누914 판결
	부령의 형식(행정규칙)으로 정해진 제재적 처분기준의 법적 성질

[판시사항]

자동차운수사업법 제31조 등의 규정에 의한 사업면허의 취소 등의 처분에 관한 규칙은 행정기관 내부에서의 사무처리의 기준을 정한 행정명령으로서 국민이나 법원을 기속하는 법규명령의 성질을 가진 것으로 볼 수 없고, 자동차운송사업면허취소 등의 처분이 위 규칙에서 정한 기준에 적합한 것이라 하여 바로 그 처분이 적법한 것이라고는 할 수 없다.

[판결요지]

자동차운수사업법 제31조 등의 규정에 의한 사업면허의 취소 등의 처분에 관한 규칙
은 행정기관 내부에서의 사무처리의 기준을 정한 행정명령으로서 국민이나 법원을 기
속하는 법규명령의 성질을 가진 것으로 볼 수 없으므로, 자동차운송사업면허취소 등
의 처분이 위 규칙에서 정한 기준에 적합한 것이라 하여 바로 그 처분이 적법한 것이
라고는 할 수 없고, 또한 그 취소처분이 재량권의 한계를 벗어났는지를 판단함에 있어
서는 자동차운수사업법 제31조에 의하여 달성하려고 하는 공익의 목적과 면허취소처
분으로 인하여 상대방이 입게 될 불이익을 비교·교량하여 그 처분으로 인하여 공익
상의 필요보다 상대방이 받게 될 불이익 등이 막대한 경우에는 재량권의 한계를 일탈
했다고 볼 것이다.

판례 32	대판 2001.3.9, 99두5207 판결
	대판 2014.11.27, 2013두8653 판결
	대통령령의 형식으로 정해진 제재처분의 기준

1. 99두5207 판결

[판시사항]

법규명령으로 보면서 재량권 행사의 여지를 인정하기 위하여 처분기준을 최고한도를
정한 것으로 보는 경우

[판결요지]

과징금처분기준은 법규명령이기는 하나 모법의 위임규정의 내용과 취지 및 헌법상의
과잉금지의 원칙과 평등의 원칙 등에 비추어 같은 유형의 위반행위라 하더라도 그 규
모나 기간·사회적 비난 정도·위반행위로 인하여 다른 법률에 의하여 처벌받은 다른
사정·행위자의 개인적 사정 및 위반행위로 얻은 불법이익의 규모 등 여러 요소를 종
합적으로 고려하여 사안에 따라 적정한 과징금의 액수를 정하여야 할 것이므로 그 수
액은 정액이 아니라 최고한도액이라고 할 것이다.

2. 2013두8643 판결

[판시사항]

법령상 기속행위로 규정된 처분의 기준은 절대적 구속력 인정

[판결요지]

국토계획법 및 국토의 계획 및 이용에 관한 법률 시행령이 정한 이행강제금의 부과기준은 단지 상한을 정한 것에 불과한 것이 아니라, 위반행위 유형별로 계산된 특정 금액을 규정한 것이므로 행정청에 이와 다른 이행강제금액을 결정할 재량권이 없다고 보아야 한다.

판례 33	대판 1987.9.29, 86누484 판결 대판 2008.4.10, 2007두4841 판결 대판 2008.3.27, 2006두3742 · 3759 판결
	법령보충적 행정규칙의 법규성

1. 86누484 판결

가. 법령의 규정이 특정행정기관에게 그 법령내용의 구체적 사항을 정할 수 있는 권한을 부여하면서 그 권한행사의 절차나 방법을 특정하고 있지 아니한 관계로 수임행정기관이 행정규칙의 형식으로 그 법령의 내용이 될 사항을 구체적으로 정하고 있다면 그와 같은 행정규칙, 규정은 행정규칙이 갖는 일반적 효력으로서가 아니라, 행정기관에 법령의 구체적 내용을 보충할 권한을 부여한 법령규정의 효력에 의하여 그 내용을 보충하는 기능을 갖게 된다 할 것이므로 이와 같은 행정규칙, 규정은 당해 법령의 위임한계를 벗어나지 아니하는 한 그것들과 결합하여 대외적인 구속력이 있는 법규명령으로서의 효력을 갖게 된다.

나. 국세청장이 재산제세사무처리규정 제72조 제3항에서 양도소득세의 실지거래가액이 적용될 부동산투기억제를 위하여 필요하다고 인정되는 거래의 유형을 열거하고 있으므로, 이는 비록 위 재산제세사무처리규정이 국세청장의 훈령형식으로 되어 있다 하더라도 이에 의한 거래지정은 소득세법시행령의 위임에 따라 그 규

정의 내용을 보충하는 기능을 가지면서 그와 결합하여 대외적 효력을 발생하게 된다 할 것이므로 그 보충규정의 내용이 위 법령의 위임한계를 벗어났다는 등 특별한 사정이 없는 한 양도소득세의 실지거래가액에 의한 과세의 법령상의 근거가 된다.

2. 2007두4841 판결

[1] 법령의 규정이 특정 행정기관에 그 법령 내용의 구체적 사항을 정할 수 있는 권한을 부여하면서 그 권한 행사의 절차나 방법을 특정하고 있지 않아 수임행정기관이 행정규칙인 고시의 형식으로 그 법령의 내용이 될 사항을 구체적으로 정하고 있는 경우, 그 고시가 당해 법령의 위임 한계를 벗어나지 않는 한, 그와 결합하여 대외적으로 구속력이 있는 법규명령으로서 효력을 가진다.

[2] 산지관리법 제18조 제1항, 제4항, 같은 법 시행령 제20조 제4항에 따라 산림청장이 정한 '산지전용허가기준의 세부검토기준에 관한 규정' 제2조 [별표 3] (바)목 가.의 규정은 법령의 내용이 될 사항을 구체적으로 정한 것으로서 당해 법령의 위임 한계를 벗어나지 않으므로, 그와 결합하여 대외적으로 구속력이 있는 법규명령으로서 효력을 가진다.

3. 2006두3742 · 3759 판결

[1] 상급행정기관이 하급행정기관에 대하여 업무처리지침이나 법령의 해석적용에 관한 기준을 정하여 발하는 이른바 행정규칙은 일반적으로 행정조직 내부에서만 효력을 가질 뿐 대외적인 구속력을 갖지 않지만, 법령의 규정이 특정 행정기관에게 그 법령 내용의 구체적 사항을 정할 수 있는 권한을 부여하면서 그 권한 행사의 절차나 방법을 특정하고 있지 않아 수임행정기관이 행정규칙의 형식으로 그 법령의 내용이 될 사항을 구체적으로 정하고 있다면, 그와 같은 행정규칙은 위에서 본 행정규칙이 갖는 일반적 효력으로서가 아니라 행정기관에 법령의 구체적 내용을 보충할 권한을 부여한 법령 규정의 효력에 의하여 그 내용을 보충하는 기능을 갖게 되고, 따라서 이와 같은 행정규칙은 당해 법령의 위임 한계를 벗어나지 않는 한 그것들과 결합하여 대외적인 구속력이 있는 법규명령으로서의 효력을 가진다.

[2] 건설교통부장관이 정한 '택지개발업무처리지침' 제11조가 비록 건설교통부장관의 지침 형식으로 되어 있다 하더라도, 이에 의한 토지이용에 관한 계획은 택지개발촉진법령의 위임에 따라 그 규정의 내용을 보충하면서 그와 결합하여 대외적인 구속력이 있는 법규명령으로서의 효력을 가진다.

판례 34	헌재 2016.2.25, 2015헌바191
	법령보충적 행정규칙이 헌법상 인정될 수 있는지 여부(대법원 판례는 명시적으로 법령보충적 행정규칙이 헌법상 인정될 수 있는지 명확하게 논하고 있지 않음)

권력분립주의로는 현대사회에 대응할 수 없다는 기능적 권력분립론에 있다는 점 등을 감안하여 헌법 제40조와 헌법 제75조, 제95조의 의미를 살펴보면, 의회가 구체적으로 범위를 정하여 위임한 사항에 관하여는 당해 행정기관이 법정립의 권한을 갖게 되고, 이 경우 입법자는 규율의 형식도 선택할 수 있다 할 것이므로, 헌법이 명시하고 있는 법규명령의 형식이 아닌 행정규칙에 위임하더라도 이는 국회입법의 원칙과 상치된다고 보기 어렵다.

판례 35	대판 2006.9.22, 2005두2506 판결 헌재 1992.6.26, 91헌마25 전원재판부
	법령보충적 행정규칙의 사법적 통제

1. 2005두2506 판결(법원에 의한 통제)

어떠한 고시가 일반적·추상적 성격을 가질 때에는 법규명령 또는 행정규칙에 해당할 것이지만, 다른 집행행위의 매개 없이 그 자체로서 직접 국민의 구체적인 권리의무나 법률관계를 규율하는 성격을 가질 때에는 행정처분에 해당한다.

2. 91헌마25 전원재판부(헌법재판소에 의한 통제)

법령의 직접적인 위임에 따라 위임행정기관이 그 법령을 시행하는데 필요한 구체적 사항을 정한 것이면, 그 제정형식은 비록 법규명령이 아닌 고시, 훈령, 예규 등과 같은 행정규칙이더라도 그것이 상위법령의 위임한계를 벗어나지 아니하는 한, 상위법령과 결합하여 대외적인 구속력을 갖는 법규명령으로서 기능하게 된다고 보아야 할 것인바, 청구인이 법령과 예규의 관계규정으로 말미암아 직접 기본권 침해를 받았다면 이에 대하여 바로 헌법소원심판을 청구할 수 있다.

판례	대판 1991.2.12, 90누5825 판결
36	무하자재량행사청구권

검사의 임용에 있어서 임용권자가 임용 여부에 관하여 어떠한 내용의 응답을 할 것인 지는 임용권자의 자유재량에 속하므로 일단 임용거부라는 응답을 한 이상 설사 그 응 답내용이 부당하다고 하여도 사법심사의 대상으로 삼을 수 없는 것이 원칙이나, 적어 도 재량권의 한계 일탈이나 남용이 없는 위법하지 않은 응답을 할 의무가 임용권자에 게 있고 이에 대응하여 임용신청자로서도 재량권의 한계 일탈이나 남용이 없는 적법 한 응답을 요구할 권리가 있다고 할 것이며, 이러한 응답신청권에 기하여 재량권 남용 의 위법한 거부처분에 대하여는 항고소송으로서 그 취소를 구할 수 있다고 보아야 하 므로 임용신청자가 임용거부처분이 재량권을 남용한 위법한 처분이라고 주장하면서 그 취소를 구하는 경우에는 법원은 재량권의 남용 여부를 심리하여 본안에 관한 판단 으로서 청구의 인용 여부를 가려야 한다.

판례	대판 2006.5.18, 2004다6207 판결
37	하천구역편입토지 손실보상청구권의 법적 성질

[판시사항]

[1] 하천법 부칙(1984.12.31.) 제2조 제1항 및 '법률 제3782호 하천법 중 개정법률 부칙 제2조의 규정에 의한 보상청구권의 소멸시효가 만료된 하천구역 편입토지 보상에 관한 특별조치법' 제2조 제1항에서 정하고 있는 손실보상청구권의 법적 성질과 그 쟁송절차(= 행정소송)

[2] 하천법 부칙(1984.12.31.) 제2조 제1항 및 '법률 제3782호 하천법 중 개정법률 부칙 제2조의 규정에 의한 보상청구권의 소멸시효가 만료된 하천구역 편입토지 보상에 관한 특별조치법' 제2조 제1항의 규정에 의한 손실보상금의 지급을 구하 거나 손실보상청구권의 확인을 구하는 소송의 형태(= 행정소송법 제3조 제2호의 당사자소송)

[판결요지]

[1] 각 규정들에 의한 손실보상청구권은 모두 종전의 하천법 규정 자체에 의하여 하천구역으로 편입되어 국유로 되었으나 그에 대한 보상규정이 없었거나 보상청구권이 시효로 소멸되어 보상을 받지 못한 토지들에 대하여, 국가가 반성적 고려와 국민의 권리구제 차원에서 그 손실을 보상하기 위하여 규정한 것으로서, 그 법적 성질은 하천법 본칙이 원래부터 규정하고 있던 하천구역에의 편입에 의한 손실보상청구권과 하등 다를 바가 없는 것이어서 공법상의 권리임이 분명하므로 그에 관한 쟁송도 행정소송절차에 의하여야 한다.

[2] 손실보상청구권은 1984.12.31. 전에 토지가 하천구역으로 된 경우에는 당연히 발생되는 것이지, 관리청의 보상금지급결정에 의하여 비로소 발생하는 것은 아니므로, 위 규정들에 의한 손실보상금의 지급을 구하거나 손실보상청구권의 확인을 구하는 소송은 행정소송법 제3조 제2호 소정의 당사자소송에 의하여야 한다.

판례 38	대판 2006.3.16, 2006두330 판결
	원고적격 ①

[판시사항]

[1] 행정처분의 직접 상대방이 아닌 제3자가 행정처분의 무효확인을 구할 수 있는 요건으로서 '법률상 보호되는 이익'의 의미

[2] 환경영향평가 대상지역 안의 주민에게 공유수면매립면허처분과 농지개량사업 시행인가처분의 무효확인을 구할 원고적격이 인정되는지 여부(적극) 및 환경영향평가 대상지역 밖의 주민에게 그 원고적격이 인정되기 위한 요건

[4] 공공사업의 경제성 또는 사업성의 결여로 인하여 행정처분이 무효로 되기 위한 요건과 그 경제성 또는 사업성의 판단방법

[8] 새만금간척종합개발사업을 위한 공유수면매립면허처분 및 농지개량사업 시행인가처분의 하자인 사업의 경제성 결여, 사업의 필요성 결여, 적법한 환경영향평가의 결여, 담수호의 수질기준 및 사업목적 달성 불능 등의 사유가 새만금간척종합

개발사업을 당연무효라고 할 만큼 중대·명백하다고 할 수 없다고 한 원심의 판단을 수긍한 사례

[판결요지]

[1] 법률상 보호되는 이익이라 함은 해당 처분의 근거법규 및 관련법규에 의하여 보호되는 개별적·직접적·구체적 이익이 있는 경우를 말하고, 공익보호의 결과로 국민 일반이 공통적으로 가지는 일반적·간접적·추상적 이익이 생기는 경우에는 법률상 보호되는 이익이 있다고 할 수 없다.

[2] 각 관련규정의 취지는, 공유수면매립과 농지개량사업시행으로 인하여 직접적이고 중대한 환경피해를 입으리라고 예상되는 환경영향평가 대상지역 안의 주민들이 전과 비교하여 수인한도를 넘는 환경침해를 받지 아니하고 쾌적한 환경에서 생활할 수 있는 개별적 이익까지도 이를 보호하려는 데에 있다고 할 것이므로, 위 주민들이 공유수면매립면허처분 등과 관련하여 갖고 있는 위와 같은 환경상의 이익은 주민 개개인에 대하여 개별적으로 보호되는 직접적·구체적 이익으로서 그들에 대하여는 특단의 사정이 없는 한 환경상의 이익에 대한 침해 또는 침해우려가 있는 것으로 사실상 추정되어 공유수면매립면허처분 등의 무효확인을 구할 원고적격이 인정된다. 한편, 환경영향평가 대상지역 밖의 주민이라 할지라도 공유수면매립면허처분 등으로 인하여 그 처분 전과 비교하여 수인한도를 넘는 환경피해를 받거나 받을 우려가 있는 경우에는, 공유수면매립면허처분 등으로 인하여 환경상 이익에 대한 침해 또는 침해우려가 있다는 것을 입증함으로써 그 처분 등의 무효확인을 구할 원고적격을 인정받을 수 있다.

[4] 공공사업의 경제성 내지 사업성의 결여로 인하여 행정처분이 무효로 되기 위하여는 공공사업을 시행함으로 인하여 얻는 이익에 비하여 공공사업에 소요되는 비용이 훨씬 커서 이익과 비용이 현저하게 균형을 잃음으로써 사회통념에 비추어 행정처분으로 달성하고자 하는 사업 목적을 실질적으로 실현할 수 없는 정도에 이르렀다고 볼 정도로 과다한 비용과 희생이 요구되는 등 그 하자가 중대하여야 할 뿐만 아니라, 그러한 사정이 객관적으로 명백한 경우라야 한다. 그리고 위와 같은 공공사업에 경제성 내지 사업성이 있는지 여부는 공공사업이 그 시행 당시 적용되는 법률의 요건을 모두 충족하고 있는지 여부에 따라 판단되어야 함은 물론, 경제성 내지 사업성 평가와 관련하여서는 그 평가 당시의 모든 관련법률의 목적과 의미, 내용, 그리고 학문적 성과가 반영된 평가기법에 따라 가장 객관적이고

공정한 방법을 사용하여 평가되었는지 여부에 따라 판단되어야 한다.

[8] 새만금간척종합개발사업을 위한 공유수면매립면허처분 및 농지개량사업 시행인 가처분의 하자인 사업의 경제성 결여, 사업의 필요성 결여, 적법한 환경영향평가의 결여, 담수호의 수질기준 및 사업목적 달성 불능 등의 사유가 새만금간척종합개발사업을 당연무효라고 할 만큼 중대·명백하다고 할 수 없다고 한 원심의 판단을 수긍한 사례

판례 39	대판 2010.4.15, 2007두16127 판결
	원고적격 ②

[판시사항]

[1] 행정처분으로써 이루어지는 사업으로 환경상 침해를 받으리라고 예상되는 영향권의 범위가 그 처분의 근거 법규 등에 구체적으로 규정되어 있는 경우, 영향권 내의 주민에게 행정처분의 취소 등을 구할 원고적격이 인정되는지 여부(원칙적 적극) 및 영향권 밖의 주민에게 원고적격이 인정되기 위한 요건

[2] (구)산업집적활성화 및 공장설립에 관한 법률 제8조 제4호, (구)국토의 계획 및 이용에 관한 법률 시행령 제56조 제1항 [별표 1] 제1호 (라)목 (2) 등의 규정 취지 및 수돗물을 공급받아 마시거나 이용하는 주민들이 환경상 이익의 침해를 이유로 공장설립승인처분의 취소 등을 구할 원고적격을 인정받기 위한 요건

[3] 김해시장이 낙동강에 합류하는 하천수 주변의 토지에 구 산업집적활성화 및 공장설립에 관한 법률 제13조에 따라 공장설립을 승인하는 처분을 한 사안에서, 공장설립으로 수질오염 등이 발생할 우려가 있는 취수장에서 물을 공급받는 부산광역시 또는 양산시에 거주하는 주민들도 위 처분의 근거 법규 및 관련 법규에 의하여 법률상 보호되는 이익이 침해되거나 침해될 우려가 있는 주민으로서 원고적격이 인정된다고 한 사례

[판결요지]

[1] 행정처분의 근거 법규 또는 관련 법규에 그 처분으로써 이루어지는 행위 등 사업으로 인하여 환경상 침해를 받으리라고 예상되는 영향권의 범위가 구체적으로 규정되어 있는 경우에는, 그 영향권 내의 주민들에 대하여는 당해 처분으로 인하여 직접적이고 중대한 환경피해를 입으리라고 예상할 수 있고, 이와 같은 환경상의 이익은 주민 개개인에 대하여 개별적으로 보호되는 직접적·구체적 이익으로서 그들에 대하여는 특단의 사정이 없는 한 환경상 이익에 대한 침해 또는 침해 우려가 있는 것으로 사실상 추정되어 법률상 보호되는 이익으로 인정됨으로써 원고적격이 인정되며, 그 영향권 밖의 주민들은 당해 처분으로 인하여 그 처분 전과 비교하여 수인한도를 넘는 환경피해를 받거나 받을 우려가 있다는 자신의 환경상 이익에 대한 침해 또는 침해 우려가 있음을 증명하여야만 법률상 보호되는 이익으로 인정되어 원고적격이 인정된다.

[2] 각 관련규정의 취지는, 공장설립승인처분과 그 후속절차에 따라 공장이 설립되어 가동됨으로써 그 배출수 등으로 인한 수질오염 등으로 직접적이고도 중대한 환경상 피해를 입을 것으로 예상되는 주민들이 환경상 침해를 받지 아니한 채 물을 마시거나 용수를 이용하며 쾌적하고 안전하게 생활할 수 있는 개별적 이익까지도 구체적·직접적으로 보호하려는 데 있다. 따라서 수돗물을 공급받아 이를 마시거나 이용하는 주민들로서는 위 근거 법규 및 관련 법규가 환경상 이익의 침해를 받지 않은 채 깨끗한 수돗물을 마시거나 이용할 수 있는 자신들의 생활환경상의 개별적 이익을 직접적·구체적으로 보호하고 있음을 증명하여 원고적격을 인정받을 수 있다.

[3] 상수원인 물금취수장이 소감천이 흘러 내려 낙동강 본류와 합류하는 지점 근처에 위치하고 있는 점, 수돗물은 수도관 등 급수시설에 의해 공급되는 것이어서 수돗물의 수질악화 등으로 주민들이 갖게 되는 환경상 이익의 침해나 그 우려는 그 수돗물을 공급하는 취수시설이 입게 되는 수질오염 등의 피해나 그 우려와 동일하게 평가될 수 있는 점 등에 비추어, 공장설립으로 수질오염 등이 발생할 우려가 있는 물금취수장에서 취수된 물을 공급받는 부산광역시 또는 양산시에 거주하는 주민들도 위 처분의 근거법규 및 관련 법규에 의하여 개별적·구체적·직접적으로 보호되는 환경상 이익, 즉 법률상 보호되는 이익이 침해되거나 침해될 우려가 있는 주민으로서 원고적격이 인정된다.

판례	대판 2006.6.22, 2003두1684 판결
40	협의의 소익

[판시사항]

[1] 제재적 행정처분이 그 처분에서 정한 제재기간의 경과로 인하여 그 효과가 소멸되었으나, 부령인 시행규칙 또는 지방자치단체의 규칙의 형식으로 정한 처분기준에서 제재적 행정처분을 받은 것을 가중사유나 전제요건으로 삼아 장래의 제재적 행정처분을 하도록 정하고 있는 경우, 선행처분인 제재적 행정처분을 받은 상대방이 그 처분에서 정한 제재기간이 경과하였다 하더라도 그 처분의 취소를 구할 법률상 이익이 있는지 여부(한정 적극)

[2] 환경영향평가대행업무 정지처분을 받은 환경영향평가대행업자가 업무정지처분기간 중 환경영향평가대행계약을 신규로 체결하고 그 대행업무를 한 사안에서, 업무정지처분기간 경과 후에도 '환경·교통·재해 등에 관한 영향평가법 시행규칙'의 규정에 따른 후행처분을 받지 않기 위하여 위 업무정지처분의 취소를 구할 법률상 이익이 있다고 한 사례

[판결요지]

[1] [다수의견]

제재적 행정처분의 가중사유나 전제요건에 관한 규정이 법령이 아니라 규칙의 형식으로 되어 있다고 하더라도, 그러한 규칙이 법령에 근거를 두고 있는 이상 그 법적 성질이 대외적·일반적 구속력을 갖는 법규명령인지 여부와는 상관없이, 관할 행정청이나 담당공무원은 이를 준수할 의무가 있으므로 이들이 그 규칙에 정해진 바에 따라 행정작용을 할 것이 당연히 예견되고, 그 결과 행정작용의 상대방인 국민으로서는 그 규칙의 영향을 받을 수밖에 없다. 따라서 그러한 규칙이 정한 바에 따라 선행처분을 받은 상대방이 그 처분의 존재로 인하여 장래에 받을 불이익, 즉 후행처분의 위험은 구체적이고 현실적인 것이므로, 상대방에게는 선행처분의 취소소송을 통하여 그 불이익을 제거할 필요가 있다. 선행처분으로 인한 불이익을 선행처분 자체에 대한 소송에서 사전에 제거할 수 있도록 해주는 것이 상대방의 법률상 지위에 대한 불안을 해소하는데 가장 유효적절한 수단이 된다고 할 것이고, 또한 그 소송을 통하여 선행처분의 사실관계 및 위법 여부가 조속히 확정됨으로써 이와 관련된 장래의 행정작용의 적법성을 보장함과 동시에 국민생활의 안정을 도모할 수 있다. 이상의 여러 사정과 아울러,

국민의 재판청구권을 보장한 헌법 제27조 제1항의 취지와 행정처분으로 인한 권익침해를 효과적으로 구제하려는 행정소송법의 목적 등에 비추어 행정처분의 존재로 인하여 국민의 권익이 실제로 침해되고 있는 경우는 물론이고 권익침해의 구체적·현실적 위험이 있는 경우에도 이를 구제하는 소송이 허용되어야 한다는 요청을 고려하면, 규칙이 정한 바에 따라 선행처분을 가중사유 또는 전제요건으로 하는 후행처분을 받을 우려가 현실적으로 존재하는 경우에는, 선행처분을 받은 상대방은 비록 그 처분에서 정한 제재기간이 경과하였다 하더라도 그 처분의 취소소송을 통하여 그러한 불이익을 제거할 권리보호의 필요성이 충분히 인정된다고 할 것이므로, 선행처분의 취소를 구할 법률상 이익이 있다고 보아야 한다.

[대법원 이강국의 별개의견]

다수의견이 위와 같은 경우 선행처분의 취소를 구할 법률상 이익을 긍정하는 결론에는 찬성하지만, 그 이유에 있어서는 부령인 제재적 처분기준의 법규성을 인정하는 이론적 기초 위에서 그 법률상 이익을 긍정하는 것이 법리적으로는 더욱 합당하다고 생각한다. 상위법령의 위임에 따라 제재적 처분기준을 정한 부령인 시행규칙은 헌법 제95조에서 규정하고 있는 위임명령에 해당하고, 그 내용도 실질적으로 국민의 권리·의무에 직접 영향을 미치는 사항에 관한 것이므로, 단순히 행정기관 내부의 사무처리준칙에 지나지 않는 것이 아니라 대외적으로 국민이나 법원을 구속하는 법규명령에 해당한다고 보아야 한다.

[2] '환경·교통·재해 등에 관한 영향평가법 시행규칙' 제10조 [별표 2] 2. 개별기준 (11)에서 환경영향평가대행업자가 업무정지처분기간 중 신규계약에 의하여 환경영향평가대행업무를 한 경우 1차 위반 시 업무정지 6개월을, 2차 위반 시 등록취소를 각 명하는 것으로 규정하고 있으므로, 업무정지처분기간 경과 후에도 위 시행규칙의 규정에 따른 후행처분을 받지 않기 위하여 위 업무정지처분의 취소를 구할 법률상 이익이 있다.

판례	대판 2008.2.28, 2007두13791 · 13807 판결
41	**처분사유추가변경**

행정처분의 취소를 구하는 항고소송에서 처분청은 당초 처분의 근거로 삼은 사유와 기본적 사실관계가 동일성이 있다고 인정되는 한도 내에서는 다른 사유를 추가하거나 변경할 수도 있으나, 기본적 사실관계가 동일하다는 것은 처분사유를 법률적으로 평가하기 이전의 구체적인 사실에 착안하여 그 기초적인 사회적 사실관계가 기본적인 점에서 동일한 것을 말하며, 처분청이 처분 당시에 적시한 구체적 사실을 변경하지 아니하는 범위 내에서 단지 그 처분의 근거법령만을 추가·변경하거나 당초의 처분사유를 구체적으로 표시하는 것에 불과한 경우에는 새로운 처분사유를 추가하거나 변경하는 것이라고 볼 수 없다.

판례	대판 2006.4.28, 2005두14851 판결
42	**불송달 시 공고한 경우 처분이 있음을 안 날**

행정소송법 제20조 제1항 소정의 제소기간 기산점인 '처분이 있음을 안 날'이라 함은 당사자가 통지, 공고 기타의 방법에 의하여 해당 처분이 있었다는 사실을 현실적으로 안 날을 의미하는 바, 특정인에 대한 행정처분을 주소불명 등의 이유로 송달할 수 없어 관보·공보·게시판·일간신문 등에 공고한 경우에는, 공고가 효력을 발생하는 날에 상대방이 그 행정처분이 있음을 알았다고 볼 수는 없고, 상대방이 해당 처분이 있었다는 사실을 현실적으로 안 날에 그 처분이 있음을 알았다고 보아야 할 것이다.

판례	대판 2007.5.31, 2004두6181 판결
43	기속행위와 재량행위의 구별

행정행위를 기속행위와 재량행위로 구분하는 경우 양자에 대한 사법심사는, 전자의 경우 그 법규에 대한 원칙적인 기속성으로 인하여 법원이 사실인정과 관련법규의 해석·적용을 통하여 일정한 결론을 도출한 후 그 결론에 비추어 행정청이 한 판단의 적법 여부를 독자의 입장에서 판정하는 방식에 의하게 되나, 후자의 경우 행정청의 재량에 기한 공익판단의 여지를 감안하여 법원은 독자의 결론을 도출함이 없이 해당 행위에 재량권의 일탈·남용이 있는지 여부만을 심사하게 되고, 이러한 재량권의 일탈·남용 여부에 대한 심사는 사실오인, 비례·평등의 원칙 위배 등을 그 판단 대상으로 한다.

판례	대판 2000.3.23, 98두2768 판결
44	행정계획의 재량 ①

[판시사항]

[3] 행정계획의 의미 및 행정주체의 행정계획결정에 관한 재량의 범위

[4] 도시계획안의 공고 및 공람절차에 하자가 있는 도시계획결정의 적부(위법)

[판결요지]

[3] 행정계획이라 함은 행정에 관한 전문적·기술적 판단을 기초로 하여 도시의 건설·정비·개량 등과 같은 특정한 행정목표를 달성하기 위하여 서로 관련되는 행정수단을 종합·조정함으로써 장래의 일정한 시점에 있어서 일정한 질서를 실현하기 위한 활동기준으로 설정된 것이다. 행정주체가 가지는 행정계획의 내용에 대한 형성의 자유는 무제한적인 것이 아니라 그 행정계획에 관련되는 자들의 이익을 공익과 사익 사이에서는 물론이고 공익 상호 간과 사익 상호 간에도 정당하게

비교·교량하여야 한다는 제한이 있는 것이고, 따라서 행정주체가 행정계획을 입안·결정함에 있어서 이익형량을 전혀 행하지 아니하거나 이익형량의 고려대상에 마땅히 포함시켜야 할 사항을 누락한 경우 또는 이익형량을 하였으나 정당성·객관성이 결여된 경우에는 그 행정계획결정은 재량권을 일탈·남용한 것으로서 위법하게 된다.

[4] 도시계획의 입안에 있어 해당 도시계획안의 내용을 공고 및 공람하게 한 것은 다수 이해관계자의 이익을 합리적으로 조정하여 국민의 권리자유에 대한 부당한 침해를 방지하고 행정의 민주화와 신뢰를 확보하기 위하여 국민의 의사를 그 과정에 반영시키는 데 있는 것이므로 이러한 공고 및 공람 절차에 하자가 있는 도시계획결정은 위법하다.

판례 45 | 대판 1997.6.24, 96누1313 판결

행정계획의 재량 ②

개발제한구역지정처분은 건설부장관이 법령의 범위 내에서 도시의 무질서한 확산 방지 등을 목적으로 도시정책상의 전문적·기술적 판단에 기초하여 행하는 일종의 행정계획으로서 그 입안·결정에 관하여 광범위한 형성의 자유를 가지는 계획재량처분이므로, 그 지정에 관련된 공익과 사익을 전혀 비교교량하지 아니하였거나 비교교량을 하였더라도 그 정당성과 객관성이 결여되어 비례의 원칙에 위반되었다고 볼 만한 사정이 없는 이상, 그 개발제한구역지정처분은 재량권을 일탈·남용한 위법한 것이라고 할 수 없다.

판례	대판 1982.3.9, 80누105 판결
46	행정계획의 법적 성질 : 도시관리계획의 처분성

[판시사항]

고시된 도시계획결정이 행정소송의 대상이 되는가(적극)

[판결요지]

도시계획결정은 특정 개인의 권리 내지 법률상의 이익을 개별적이고 구체적으로 규제하는 효과를 가져오게 하는 행정청의 처분이라 할 것이고, 이는 행정소송의 대상이 된다.

판례	대판 2007.4.12, 2005두1893 판결
47	행정계획결정이 형량명령의 내용에 반하는 경우에 형량의 하자

행정주체는 구체적인 행정계획을 입안·결정함에 있어서 비교적 광범위한 형성의 자유를 가지는 것이지만, 행정주체가 가지는 이와 같은 형성의 자유는 무제한적인 것이 아니라 그 행정계획에 관련되는 자들의 이익을 공익과 사익 사이에서는 물론이고 공익 상호간과 사익 상호간에도 정당하게 비교·교량하여야 한다는 제한이 있으므로, 행정주체가 행정계획을 입안·결정함에 있어서 이익형량을 전혀 행하지 아니하거나 이익형량의 고려 대상에 마땅히 포함시켜야 할 사항을 누락한 경우 또는 이익형량을 하였으나 정당성과 객관성이 결여된 경우에는 그 행정계획결정은 형량에 하자가 있어 위법하게 된다.

판례	헌재 1999.10.21, 97헌바26 전원재판부
48	적법한 행정계획과 손실보상

도시계획시설의 지정으로 말미암아 당해 토지의 이용가능성이 배제되거나 또는 토지
소유자가 토지를 종래 허용된 용도대로도 사용할 수 없기 때문에 이로 말미암아 현저
한 재산적 손실이 발생하는 경우에는, 원칙적으로 사회적 제약의 범위를 넘는 수용적
효과를 인정하여 국가나 지방자치단체는 이에 대한 보상을 해야 한다.

도시계획시설로 지정된 토지가 나대지인 경우, 토지소유자는 더 이상 그 토지를 종래
허용된 용도(건축)대로 사용할 수 없게 됨으로써 토지의 매도가 사실상 거의 불가능하
고 경제적으로 의미 있는 이용가능성이 배제된다. 이러한 경우, 사업시행자에 의한
토지매수가 장기간 지체되어 토지소유자에게 토지를 계속 보유하도록 하는 것이 경제
적인 관점에서 보아 더 이상 요구될 수 없다면, 입법자는 매수청구권이나 수용신청권
의 부여, 지정의 해제, 금전적 보상 등 다양한 보상가능성을 통하여 재산권에 대한
가혹한 침해를 적절하게 보상하여야 한다.

판례	대판 2005.12.9, 2003두7705 판결
49	재결의 기속력의 범위

[판시사항]

[1] 재결의 기속력의 범위

[2] 새로운 처분의 처분사유와 종전 처분에 관하여 위법한 것으로 재결에서 판단된
    사유가 기본적 사실관계에 있어 동일성이 없으므로 새로운 처분이 종전 처분에
    대한 재결의 기속력에 저촉되지 않는다고 한 사례

[판결요지]

[1] 재결의 기속력은 재결의 주문 및 그 전제가 된 요건사실의 인정과 판단, 즉 처분
    등의 구체적 위법사유에 관한 판단에만 미친다고 할 것이고, 종전 처분이 재결에

의하여 취소되었다 하더라도 종전 처분 시와는 다른 사유를 들어서 처분을 하는 것은 기속력에 저촉되지 않는다고 할 것이며, 여기에서 동일 사유인지 다른 사유인지는 종전 처분에 관하여 위법한 것으로 재결에서 판단된 사유와 기본적 사실관계에 있어 동일성이 인정되는 사유인지 여부에 따라 판단되어야 한다.

[2] 새로운 처분의 처분사유와 종전 처분에 관하여 위법한 것으로 재결에서 판단된 사유가 기본적 사실관계에 있어 동일성이 없으므로 새로운 처분이 종전 처분에 대한 재결의 기속력에 저촉되지 않는다고 한 사례

판례 50	대판 1987.2.10, 86누91 판결
	확정판결의 기판력의 저촉 여부

[판시사항]

절차상의 하자를 이유로 과세처분을 취소하는 판결이 확정된 경우, 그 위법사유를 보완하여 새로운 부과처분을 하는 것과 위 확정판결의 기판력의 저촉 여부

[판결요지]

과세의 절차 내지 형식에 위법이 있어 과세처분을 취소하는 판결이 확정되었을 때는 그 확정판결의 기판력은 거기에 적시된 절차내지 형식의 위법사유에 한하여 미치는 것이므로 과세관청은 그 위법사유를 보완하여 다시 새로운 과세처분을 할 수 있고 그 새로운 과세처분은 확정판결에 의하여 취소된 종전의 과세처분과는 별개의 처분이라 할 것이어서 확정판결의 기판력에 저촉되는 것이 아니다.

판례	대판 1994.11.11, 94다28000 판결
51	행정행위의 공정력

원래 행정처분이 아무리 위법하다고 하여도 그 하자가 중대하고 명백하여 당연무효라고 보아야 할 사유가 있는 경우를 제외하고는 아무도 그 하자를 이유로 무단히 그 효과를 부정하지 못하는 것으로, 이러한 행정행위의 공정력은 판결의 기판력과 같은 효력은 아니지만 그 공정력의 객관적 범위에 속하는 행정행위의 하자가 취소사유에 불과한 때에는 그 처분이 취소되지 않는 한 처분의 효력을 부정하여 그로 인한 이득을 법률상 원인 없는 이득이라고 말할 수 없게 하는 것이다.

판례	대판 2010.4.8, 2009다90092 판결
52	행정행위의 무효를 확인하는 것이 선결문제인 경우(부당이득반환청구소송)

민사소송에 있어서 어느 행정처분의 당연무효 여부가 선결문제로 되는 때에는 이를 판단하여 당연무효임을 전제로 판결할 수 있고 반드시 행정소송 등의 절차에 의하여 그 취소나 무효확인을 받아야 하는 것은 아니며, 한편, 원고 조합의 조합설립결의나 관리처분계획에 대한 결의가 당연무효라는 위 피고들의 주장 속에는 조합설립 인가처분이나 관리처분계획에 당연무효사유가 있다는 주장도 포함되어 있다고 봄이 상당하다고 할 것이므로, 원심으로서는 더 나아가 위 조합설립 인가처분이나 관리처분계획에 당연무효사유가 있는지를 심리하여 위 피고들 주장의 당부를 판단하였어야 할 것임에도, 원심이 그에 대해서는 아무런 판단도 하지 아니한 채, 단지 위 피고들이 항고소송의 방법으로 원고 조합의 조합설립 인가처분이나 관리처분계획에 대하여 취소 또는 무효확인을 받았음을 인정할 증거가 없다는 이유만으로 위 피고들의 주장을 모두 배척한 데에는 필요한 심리를 다하지 아니하고 판단을 유탈하여 판결에 영향을 미친 위법이 있다.

판례 53	대판 1972.4.28, 72다337 판결
	행정행위의 무효를 확인하는 것이 선결문제인 경우(국가배상청구소송)

공무원이 그 직무를 집행함에 당하여 고의 또는 과실로 법령에 위반하여 손해를 가하였을 때에는 국가 또는 지방자치단체에 대하여 배상청구를 할 수 있다 할 것인바, 본건 계고처분 또는 행정 대집행 영장에 의한 통지와 같은 행정처분이 위법인 경우에는 그 각 처분의 무효확인 또는 취소를 소구할 수 있으나 행정대집행이 완료한 후에는 그 처분의 무효확인 또는 취소를 구할 소익이 없다 할 것이며 변론의 전 취지에 의하여 본건 계고처분 행정처분이 위법임을 이유로 배상을 청구하는 취의로 인정될 수 있는 본건에 있어 미리 그 행정처분의 취소판결이 있어야만 그 행정처분의 위법임을 이유로 피고에게 배상을 청구할 수 있는 것은 아니라고 해석함이 상당할 것임에도 불구하고 행정처분의 취소가 있어 그 효력이 상실되어야만 배상을 청구할 수 있는 법리인 것 같이 판단한 원판결에는 배상청구와 행정처분 취소판결과의 관계에 관한 법리를 오해한 위법이 있다 할 것이다.

판례 54	대판 2008.7.24, 2006두20808 판결
	불가쟁력(행정처분이나 행정심판 재결이 불복기간의 경과로 확정될 경우 그 확정력의 의미)

일반적으로 행정처분이나 행정심판 재결이 불복기간의 경과로 확정될 경우 그 확정력은, 처분으로 법률상 이익을 침해받은 자가 당해 처분이나 재결의 효력을 더 이상 다툴 수 없다는 의미일 뿐, 더 나아가 판결과 같은 기판력이 인정되는 것은 아니어서 그 처분의 기초가 된 사실관계나 법률적 판단이 확정되고 당사자들이나 법원이 이에 기속되어 모순되는 주장이나 판단을 할 수 없게 되는 것은 아니다.

판례	대판 2008.3.20, 2007두6342 판결
55	무효등확인소송의 원고적격

[판시사항]

행정소송법 제35조에 규정된 '무효확인을 구할 법률상 이익'이 있는지를 판단할 때 행정처분의 무효를 전제로 한 이행소송 등과 같은 직접적인 구제수단이 있는지를 따져보아야 하는지 여부(소극)

[판결요지]

행정소송은 행정청의 위법한 처분 등을 취소·변경하거나 그 효력 유무 또는 존재 여부를 확인함으로써 국민의 권리 또는 이익의 침해를 구제하고 공법상의 권리관계 또는 법 적용에 관한 다툼을 적정하게 해결함을 목적으로 하므로, 대등한 주체 사이의 사법상 생활관계에 관한 분쟁을 심판대상으로 하는 민사소송과는 목적, 취지 및 기능 등을 달리한다. 그리고 무효확인소송의 보충성을 규정하고 있는 외국의 일부 입법례와는 달리 우리나라 행정소송법에는 명문의 규정이 없어 이로 인한 명시적 제한이 존재하지 않는다. 따라서 행정처분의 근거법률에 의하여 보호되는 직접적이고 구체적인 이익이 있는 경우에는 행정소송법 제35조에 규정된 '무효확인을 구할 법률상 이익'이 있다고 보아야 하고, 이와 별도로 무효확인소송의 보충성이 요구되는 것은 아니므로 행정처분의 무효를 전제로 한 이행소송 등과 같은 직접적인 구제수단이 있는지 여부를 따질 필요가 없다고 해석함이 상당하다.

판례	대판 1987.7.21, 84누126 판결
56	행정법규정의 유추적용

하천법에서는 그 시행으로 인하여 국유화가 된 당해 제외지의 소유자에 대하여 그 손실을 보상한다는 직접적인 보상규정을 둔 바가 없었으나 같은법 제74조의 손실보상 요건에 관한 규정은 보상사유를 제한적으로 열거한 것이라기보다는 예시적으로 열거한 것이어서 국유로 된 제외지의 소유자에 대하여는 위 법조를 유추적용하여 관리청은 그 손실을 보상하여야 한다.

판례	대판 1990.7.13, 90누2284 판결
57	대판 1991.6.28, 90누6521 판결
	대판 2002.8.27, 2002두3850 판결
	행정소송법상 제소기간

처분 등이 있음을 안 날이란 제소기간의 기산점으로서 해당 처분 등이 효력을 발생하는 날을 말한다. 통지, 공고 그 밖의 방법으로 해당 처분이 있었다는 사실을 현실적으로 안 날을 의미하는 것이고, 구체적으로 그 처분의 위법 여부를 판단한 날을 가리키는 것은 아니다. 다만, 처분을 기재한 서류가 당사자의 주소에 송달되는 등으로 사회통념상 처분이 있음을 당사자가 알 수 있는 상태에 놓인 때에는 반증이 없는 한 그 처분이 있음을 알았다고 추정된다.

처분이 있은 날이란 상대방이 있는 행정처분의 경우 특별한 규정이 없는 한 의사표시의 일반적 법리에 따라 그 행정처분이 상대방에게 고지되어 효력이 발생한 날을 말한다.

재결이 있은 날이란 재결이 내부적으로 성립한 날을 말하는 것이 아니라 재결의 효력이 발생한 날을 말한다.

정당한 사유는 당사자가 책임을 질 수 없는 사유나 천재, 지변, 전쟁, 사변 그 밖에 불가항력적인 사유보다는 넓은 개념이라고 할 수 있다.

행정심판법

판례 1	대판 1999.12.28, 99두9742 판결
	처분이 있음을 안 날

행정심판법 제18조 제1항 소정의 심판청구기간 기산점인 '처분이 있음을 안 날'이라 함은 당사자가 통지·공고 기타의 방법에 의하여 해당 처분이 있었다는 사실을 현실적으로 안 날을 의미하고, 추상적으로 알 수 있었던 날을 의미하는 것은 아니지만, 처분에 관한 서류가 당사자의 주소지에 송달되는 등 사회통념상 처분이 있음을 당사자가 알 수 있는 상태에 놓여진 때에는 반증이 없는 한 그 처분이 있음을 알았다고 추정할 수 있다.

판례 2	대판 2010.1.28, 2008두19987 판결
	개별공시지가의 이의신청은 강학상 이의신청

[판시사항]

개별공시지가에 대하여 이의가 있는 자가 행정심판을 거쳐 행정소송을 제기하는 경우 제소기간의 기산점

[판결요지]

(구)부동산 가격공시 및 감정평가에 관한 법률 제12조, 행정소송법 제20조 제1항, 행정심판법 제3조 제1항의 규정 내용 및 취지와 아울러 (구)부동산 가격공시 및 감정평가에 관한 법률에 행정심판의 제기를 배제하는 명시적인 규정이 없고 (구)부동산 가격공시 및 감정평가에 관한 법률에 따른 이의신청과 행정심판은 그 절차 및 담당기관에

차이가 있는 점을 종합하면, (구)부동산 가격공시 및 감정평가에 관한 법률이 이의신청에 관하여 규정하고 있다고 하여 이를 행정심판법 제3조 제1항에서 행정심판의 제기를 배제하는 '다른 법률에 특별한 규정이 있는 경우'에 해당한다고 볼 수 없으므로, 개별공시지가에 대하여 이의가 있는 자는 곧바로 행정소송을 제기하거나 (구)부동산 가격공시 및 감정평가에 관한 법률에 따른 이의신청과 행정심판법에 따른 행정심판청구 중 어느 하나만을 거쳐 행정소송을 제기할 수 있을 뿐 아니라, 이의신청을 하여 그 결과 통지를 받은 후 다시 행정심판을 거쳐 행정소송을 제기할 수도 있다고 보아야 하고, 이 경우 행정소송의 제소기간은 그 행정심판 재결서 정본을 송달받은 날부터 기산한다.

행정절차법

판례	대판 2006.4.28, 2005두9644 판결
1	신뢰보호의 원칙

일반적으로 행정상의 법률관계에 있어 행정청의 행위에 대하여 신뢰보호의 원칙이 적용되기 위해서는, ① 행정청이 개인에 대하여 신뢰의 대상이 되는 공적인 견해표명을 하여야 하고, ② 행정청의 견해표명이 정당하다고 신뢰한 데 대하여 그 개인에게 귀책사유가 없어야 하며, ③ 그 개인이 그 견해표명을 신뢰하고 어떠한 행위를 하였어야 하고, ④ 행정청이 위 견해표명을 신뢰한 개인의 이익이 침해되는 결과가 초래되어야 하며, ⑤ 위 견해표명에 따른 행정처분을 할 경우 이로 인하여 공익 또는 제3자의 정당한 이익을 현저히 해할 우려가 있는 경우가 아니어야 한다. 그리고 위 요건의 하나인 행정청의 공적 견해표명이 있었는지의 여부를 판단하는데 있어서는 담당자의 조직상의 지위와 임무, 해당 언동을 하게 된 구체적인 경위 및 그에 대한 상대방의 신뢰가능성 등에 비추어 실질에 의하여 판단하여야 한다.

판례	대판 2007.11.16, 2005두8092 판결
2	법령개정에서 신뢰보호의 원칙 적용

[판시사항]
법령의 개정에서 신뢰보호원칙이 적용되어야 하는 이유 및 신뢰보호원칙의 위배 여부를 판단하는 방법

[판결요지]
법령의 개정에 있어서 신뢰보호원칙이 적용되어야 하는 이유는 어떤 법령이 장래에도 그대로 존속할 것이라는 합리적이고 정당한 신뢰를 바탕으로 국민이 그 법령에 상응

하는 구체적 행위로 나아가 일정한 법적 지위나 생활관계를 형성하여 왔음에도 국가가 이를 전혀 보호하지 않는다면, 법질서에 대한 국민의 신뢰는 무너지고 현재의 행위에 대한 장래의 법적 효과를 예견할 수 없게 되어 법적안정성이 크게 저해되기 때문이라 할 것이나, 새로운 법령을 통하여 실현하고자 하는 공익적 목적이 우월한 때에는 이를 고려하여 제한될 수 있다고 할 것이므로 이러한 신뢰보호원칙의 위배 여부를 판단하기 위하여는 한편으로는 침해받은 이익의 보호가치, 침해의 중한 정도 신뢰가 손상된 정도, 신뢰침해의 방법 등과 다른 한편으로는 새 법령을 통해 실현하고자 하는 공익적 목적을 종합적으로 비교·형량하여야 할 것이다.

판례 3	대판 2000.11.14, 99두5870 판결
	사전통지나 의견청취를 하지 않은 침익적 처분

행정청이 당사자에게 의무를 과하거나 권익을 제한하는 처분을 하는 경우에는 미리 처분하고자 하는 원인이 되는 사실과 처분의 내용 및 법적 근거, 이에 대하여 의견을 제출할 수 있다는 뜻과 의견을 제출하지 아니하는 경우의 처리방법 등의 사항을 당사자 등에게 통지하여야 하고, 다른 법령 등에서 필요적으로 청문을 실시하거나 공청회를 개최하도록 규정하고 있지 아니한 경우에도 당사자 등에게 의견제출의 기회를 주어야 하되, 해당 처분의 성질상 의견청취가 현저히 곤란하거나 명백히 불필요하다고 인정될 만한 상당한 이유가 있는 경우 등에는 처분의 사전통지나 의견청취를 하지 아니할 수 있도록 규정하고 있으므로, 행정청이 침해적 행정처분을 함에 있어서 당사자에게 위와 같은 사전통지를 하거나 의견제출의 기회를 주지 아니하였다면 사전통지를 하지 않거나 의견제출의 기회를 주지 아니하여도 되는 예외적인 경우에 해당하지 아니하는 한 그 처분은 위법하여 취소를 면할 수 없다.

판례	대판 1992.2.11, 91누11575 판결
4	청문서 도달기간을 어긴 경우

청문제도의 취지에 비추어 볼 때 행정청이 영업정지처분을 하려면 반드시 사전에 청문절차를 거쳐야 함은 물론 청문서 도달기간 등을 엄격히 지켜 영업자로 하여금 의견진술과 변명의 기회를 보장하여야 하는 것이고 가령 같은 법 제58조의 사유가 분명히 존재하는 경우라도 위와 같은 청문절차를 제대로 준수하지 아니하고 한 영업정지처분은 위법하다.

판례	대판 1992.10.23, 92누2844 판결
5	청문서 도달기간을 어겼지만 방어기회를 가진 경우

청문제도의 취지는 처분으로 말미암아 불이익을 받게 될 영업자에게 미리 변경과 유리한 자료를 제출할 기회를 부여함으로써 부당한 권리침해를 예방하려는 데에 있는 것임을 고려하여 볼 때, 가령 행정청이 청문서 도달기간을 다소 어겼다 하더라도 영업자가 이에 대하여 이의하지 아니한 채 스스로 청문일에 출석하여 그 의견을 진술하고 변명하는 등 방어의 기회를 충분히 가졌다면 청문서 도달기간을 준수하지 아니한 하자는 치유되었다고 봄이 상당하다 할 것이다.

판례 6	대판 2004.7.8, 2002두8350 판결
	의견청취

청문제도는 행정처분의 사유에 대하여 당사자에게 변명과 유리한 자료를 제출할 기회를 부여함으로써 위법사유의 시정가능성을 고려하고 처분의 신중과 적정을 기하려는데 그 취지가 있음에 비추어 볼 때, 행정청이 침해적 행정처분을 함에 즈음하여 청문을 실시하지 않아도 되는 예외적인 사유에 해당하지 않는 한 반드시 청문을 실시하여야 하고, 그 절차를 결여한 처분은 위법한 처분으로서 취소사유에 해당한다.

행정청이 당사자와 사이에 도시계획사업의 시행과 관련한 협약을 체결하면서 청문의실시 등 의견청취절차를 배제하는 조항을 두었다고 하더라도, 국민의 행정참여를 도모함으로써 행정의 공정성·투명성 및 신뢰성을 확보하고 국민의 권익을 보호한다는행정절차법의 목적 및 앞서 본 청문제도의 취지 등에 비추어 볼 때, 위와 같은 협약의체결로 청문의 실시에 관한 규정의 적용을 배제할 수 있다고 볼 만한 법령상의 규정이없는 한, 이러한 협약이 체결되었다고 하여 청문의 실시에 관한 규정의 적용이 배제된다거나 청문을 실시하지 않아도 되는 예외적인 경우에 해당한다고 할 수 없다.

판례 7	대판 2008.6.12, 2007두1767 판결
	도로구역변경 결정이 사전통지의 대상인지

행정절차법 제2조 제4호가 행정절차법의 당사자를 행정청의 처분에 대하여 직접 그상대가 되는 당사자로 규정하고, 도로법 제25조 제3항이 도로구역을 결정하거나 변경할 경우 이를 고시에 의하도록 하면서, 그 도면을 일반인이 열람할 수 있도록 한 점등을 종합하여 보면, 도로구역을 변경한 이 사건 처분은 행정절차법 제21조 제1항의사전통지나 제22조 제3항의 의견청취의 대상이 되는 처분은 아니라고 할 것이다.

판례	대판 1994.3.2, 93누18979 판결
8	청문의 미실시가 위법인지 여부 ①

청문절차 없이 어떤 행정처분을 한 경우에도 관계법령에서 청문절차를 시행하도록 규정하지 않고 있는 경우에는 그 행정처분이 위법하게 되는 것이 아니라고 할 것인 바, 주택건설촉진법 및 그 시행령에 의하면 주택조합설립인가처분의 취소처분을 하고자 하는 경우에 청문절차를 거치도록 규정하고 있지 아니하므로 피고가 이 사건 주택조합설립인가취소처분을 함에 있어서 청문절차를 거치지 아니한 것이 위법하다고 할 수 없다.

판례	대판 2001.4.13, 2000두3337 판결
9	청문의 미실시가 위법인지 여부 ②

청문절차에 관한 각 규정과 행정처분의 사유에 대하여 해당 영업자에게 변명과 유리한 자료를 제출할 기회를 부여함으로써 위법사유의 시정 가능성을 고려하고 처분의 신중과 적정을 기하려는 청문제도의 취지에 비추어 볼 때, 행정청이 침해적 행정처분을 함에 즈음하여 청문을 실시하지 않아도 되는 예외적인 경우에 해당하지 않는 한 반드시 청문을 실시하여야 하고, 그 절차를 결한 처분은 위법한 처분으로서 취소 사유에 해당한다고 보아야 할 것이다. 그리고 행정절차법 제21조 제4항 제3호는 침해적 행정처분을 할 경우 청문을 실시하지 않을 수 있는 사유로서 "해당 처분의 성질상 의견청취가 현저히 곤란하거나 명백히 불필요하다고 인정될 만한 상당한 이유가 있는 경우"를 규정하고 있으나, 여기에서 말하는 '의견청취가 현저히 곤란하거나 명백히 불필요하다고 인정될 만한 상당한 이유가 있는지 여부'는 해당 행정처분의 성질에 비추어 판단하여야 하는 것이지, 청문통지서의 반송 여부, 청문통지의 방법 등에 의하여 판단할 것은 아니며, 또한 행정처분의 상대방이 통지된 청문일시에 불출석하였다는 이유만으로 행정청이 관계법령상 그 실시가 요구되는 청문을 실시하지 아니한 채 침해적 행정처분을 할 수는 없을 것이므로, 행정처분의 상대방에 대한 청문통지서가 반송되었다거나, 행정처분의 상대방이 청문일시에 불출석하였다는 이유로 청문을 실시하지 아니하고 한 침해적 행정처분은 위법하다고 하지 않을 수 없다.

판례 10	대판 2009.1.30, 2008두16155 판결
	사전통지를 하지 않거나 의견청취를 하지 않은 경우(위법)

행정청이 당사자에게 의무를 과하거나 권익을 제한하는 처분을 하는 경우에는 미리 처분하고자 하는 원인이 되는 사실과 처분의 내용 및 법적 근거, 이에 대하여 의견을 제출할 수 있다는 뜻과 의견을 제출하지 아니하는 경우의 처리방법 등의 사항을 당사자 등에게 통지하여야 하고, 다른 법령 등에서 필요적으로 청문을 실시하거나 공청회를 개최하도록 규정하고 있지 아니한 경우에도 당사자 등에게 의견제출의 기회를 주어야 하되, "법령 등에서 요구된 자격이 없거나 없어지게 되면 반드시 일정한 처분을 하여야 하는 경우에 그 자격이 없거나 없어지게 된 사실이 법원의 재판 등에 의하여 객관적으로 증명된 때"(행정절차법 제21조 제4항 제2호, 제22조 제4항), "해당 처분의 성질상 의견청취가 현저히 곤란하거나 명백히 불필요하다고 인정될 만한 상당한 이유가 있는 경우"(행정절차법 제21조 제4항 제3호, 제22조 제4항) 등에는 처분의 사전통지나 의견청취를 하지 아니할 수 있도록 규정하고 있으므로, 행정청이 침해적 행정처분을 하면서 당사자에게 위와 같은 사전통지를 하거나 의견제출의 기회를 주지 아니하였다면 사전통지를 하지 않거나 의견제출의 기회를 주지 아니하여도 되는 예외적인 경우에 해당하지 아니하는 한 그 처분은 위법하여 취소를 면할 수 없다.

판례 11	대판 2002.5.17, 2000두8912 판결
	이유제시

행정절차법 제23조 제1항은 행정청은 처분을 하는 때에는 당사자에게 그 근거와 이유를 제시하여야 한다고 규정하고 있는 바, 일반적으로 당사자가 근거규정 등을 명시하여 신청하는 인·허가 등을 거부하는 처분을 함에 있어 당사자가 그 근거를 알 수 있을 정도로 상당한 이유를 제시하는 경우에는 해당 처분의 근거 및 이유를 구체적 조항 및 내용까지 명시하지 않았더라도 그로 말미암아 그 처분이 위법한 것이 된다고 할 수 없다.

감정평가 및 보상법규

Chapter

01

공익사업을 위한 토지 등의 취득 및 보상에 관한 법률

판례 1	대판 2005.11.10, 2003두7507 판결
	공용수용 필요 최소범위

공용수용은 공익사업을 위하여 특정의 재산권을 법률에 의하여 강제적으로 취득하는 것을 내용으로 하므로 그 공익사업을 위한 필요가 있어야 하고, 그 필요가 있는지에 대하여는 수용에 따른 상대방의 재산권 침해를 정당화할 만한 공익의 존재가 쌍방의 이익의 비교형량의 결과로 입증되어야 하며, 그 입증책임은 사업시행자에게 있다.

공용수용은 공익사업을 위하여 타인의 특정한 재산권을 법률의 힘에 의하여 강제적으로 취득하는 것이므로 수용할 목적물의 범위는 원칙적으로 사업을 위하여 필요한 최소한도에 그쳐야 한다.

판례 2	대판 2009.2.12, 2008다76112 판결
	관계인의 범위

토지보상법의 보상 대상이 되는 '기타 토지에 정착한 물건에 대한 소유권 그 밖의 권리를 가진 관계인'에는 독립하여 거래의 객체가 되는 정착물에 대한 소유권 등을 가진 자뿐 아니라, 해당 토지와 일체를 이루는 토지의 구성부분이 되었다고 보기 어렵고 거래관념상 토지와 별도로 취득 또는 사용의 대상이 되는 정착물에 대한 소유권이나 수거·철거권 등 실질적 처분권을 가진 자도 포함된다.

판례	대판 1971.10.22, 71다1716 판결
3	공익사업 : 토지보상법 제4조

[판시사항]

정부방침 아래 교통부장관이 (구)토지수용법 제3조 소정의 문화시설에 해당하는 공익
사업으로 인정하고 스스로 기업자가 되어 토지수용의 재결신청에 의하여 한 수용재결
을 적법유효한 것이라고 한 사례

[판결요지]

교통부장관이 토지수용법 제3조 제1항 제3호 소정의 문화시설에 해당하는 공익사업
으로 인정하고 스스로 기업자가 되어 본건 토지수용의 재결신청을 하여 중앙토지수용
위원회의 재결을 얻어 보상금을 지급한 사실을 인정하였음은 정당하다.

판례	대판 1994.11.1, 93누19375 판결
4	사업인정의 법적 성격과 효력

[판시사항]

가. (구)토지수용법 제14조 소정의 사업인정의 법적 성격과 효력

나. 토지수용위원회가 사업의 시행이 불가능하게 되는 것과 같은 재결을 행할 수 있는
　지 여부

[판결요지]

가. (구)토지수용법 제14조의 규정에 의한 사업인정은 그 후 일정한 절차를 거칠 것을
　조건으로 하여 일정한 내용의 수용권을 설정해 주는 행정처분의 성격을 띠는 것으
　로서 그 사업인정을 받음으로써 수용할 목적물의 범위가 확정되고 수용권으로 하
　여금 목적물에 관한 현재 및 장래의 권리자에게 대항할 수 있는 일종의 공법상의
　권리로서의 효력을 발생시킨다.

나. (구)토지수용법은 수용·사용의 일차 단계인 사업인정에 속하는 부분은 사업의
공익성 판단으로 사업인정기관에 일임하고, 그 이후의 구체적인 수용·사용의 결
정은 토지수용위원회에 맡기고 있는 바, 이와 같은 토지수용절차의 2분화 및 사
업인정의 성격과 토지수용위원회의 재결사항을 열거하고 있는 같은 법 제29조 제
2항의 규정 내용에 비추어 볼 때, 토지수용위원회는 행정쟁송에 의하여 사업인정
이 취소되지 않는 한 그 기능상 사업인정 자체를 무의미하게 하는, 즉 사업의 시
행이 불가능하게 되는 것과 같은 재결을 행할 수는 없다.

판례 5	대판 1987.9.8, 87누395 판결
	공용수용 목적물

[판시사항]

[1] 공용수용에 있어서 공익사업을 위한 필요에 대한 증명책임의 소재(=사업시행자)

[2] 공용수용의 목적물의 범위

[판결요지]

[1] 공용수용은 공익사업을 위하여 특정의 재산권을 법률에 의하여 강제적으로 취득
하는 것을 내용으로 하므로 그 공익사업을 위한 필요가 있어야 하고, 그 필요가
있는지에 대하여는 수용에 따른 상대방의 재산권침해를 정당화할 만한 공익의 존
재가 쌍방의 이익의 비교형량의 결과로 입증되어야 하며, 그 입증책임은 사업시
행자에게 있다.

[2] 공용수용은 공익사업을 위하여 타인의 특정한 재산권을 법률의 힘에 의하여 강제
적으로 취득하는 것이므로 수용할 목적물의 범위는 원칙적으로 사업을 위하여 필
요한 최소한도에 그쳐야 한다.

판례	대판 2005.4.29, 2004두14670 판결
6	전기사업자 공중사용이 공익사업에 해당하는지 여부

[판시사항]

[1] 전기사업자가 전선로를 설치하기 위하여 다른 사람의 토지 위의 공중사용을 할 필요가 있는 경우, 전기사업법상의 공중사용이 아닌 공익사업을 위한 토지 등의 취득 및 보상에 관한 법률상의 공중사용을 대상으로 한 사업인정처분을 할 수 있는지 여부(적극)

[2] 공익사업을 위한 토지 등의 취득 및 보상에 관한 법률 제20조에 의한 사업인정처분이 이미 시행된 공익사업의 유지를 위한 것이라는 이유만으로 당연히 위법한 것인지 여부(소극)

[판결요지]

[1] 전선로의 설치·유지를 위한 다른 사람의 토지 위의 공중의 사용권도 공익사업의 규정에 의한 수용 또는 사용의 대상이 될 수 있으므로, 전기사업법 제89조의 규정에도 불구하고 공익사업법 소정의 규정에 의하여 공익사업인 전기사업의 일환으로서 전선로의 설치를 위하여 다른 사람의 토지 위의 공중의 사용을 대상으로 한 사업인정처분을 할 수 있다.

[2] 공익사업법 제20조는 공익사업의 수행을 위하여 필요한 때, 즉 공공의 필요가 있을 때 사업인정처분을 할 수 있다고 되어 있을 뿐 장래에 시행할 공익사업만을 대상으로 한정한다거나 이미 시행된 공익사업의 유지를 그 대상에서 제외하고 있지 않은 점, 해당 공익사업이 적법한 절차를 거치지 아니한 채 시행되었다 하여 그 시행된 공익사업의 결과를 원상회복한 후 다시 사업인정처분을 거쳐 같은 공익사업을 시행하도록 하는 것은 해당 토지소유자에게 비슷한 영향을 미치면서도 사회적으로 불필요한 비용이 소요되고, 그 과정에서 해당 사업에 의하여 제공되었던 공익적 기능이 저해되는 사태를 초래하게 되어 사회·경제적인 측면에서 반드시 합리적이라고 할 수 없으며, 이미 시행된 공익사업의 유지를 위한 사업인정처분의 허용 여부는 사업인정처분의 요건인 공공의 필요, 즉 공익사업의 시행으로 인한 공익과 재산권 보장에 의한 사익 사이의 이익형량을 통한 재량권의 한계 문제로서 통제될 수 있는 점 등에 비추어 보면, 사업인정처분이 이미 실행된 공익사업의 유지를 위한 것이라는 이유만으로 당연히 위법하다고 할 수 없다.

판례	대판 2005.9.30, 2003두12349 판결
7	조서작성상 하자의 효과

[판시사항]

[1] 토지수용위원회의 수용재결 및 이의재결 중 지장물에 대한 부분만이 무효인 경우, 토지에 대한 수용재결 및 이의재결까지 무효로 된다고 할 수 없다고 한 원심의 판단을 수긍한 사례

[2] 기업자가 토지조서 및 물건조서의 작성에 있어서 토지소유자를 입회시켜서 이에 서명날인하게 하지 아니하거나 토지소유자에게 협의요청을 하지 아니하거나 협의경위서를 작성함에 있어서 토지소유자의 서명날인을 받지 아니한 하자가 수용재결 및 이의재결의 당연무효 사유인지 여부(소극)

[판결요지]

[1] 지장물에 대한 수용재결 및 이의재결이 무효라고 하여 토지에 대한 수용재결 및 이의재결까지 무효로 된다고 할 수는 없다.

[2] 기업자가 토지수용법 제23조 소정의 토지조서 및 물건조서를 작성함에 있어서 토지소유자를 입회시켜서 이에 서명날인을 하게 하지 아니하였다 하더라도 그러한 사유만으로는 그 토지에 대한 수용재결 및 이의재결까지 무효가 된다고 할 수 없고, 기업자가 토지소유자에게 성의 있고 진실하게 설명하여 이해할 수 있도록 협의요청을 하지 아니하였다거나, 협의경위서를 작성함에 있어서 토지소유자의 서명날인을 받지 아니하였다는 하자 역시 절차상의 위법으로서 수용재결 및 이의재결에 대한 당연무효의 사유가 된다고 할 수도 없다.

판례 8	대판 1998.5.22, 98다2242 판결
	협의의 법적 성질

공공용지의 취득 및 손실보상에 관한 특례법에 의한 협의취득 또는 보상합의는 공공기관이 사경제주체로서 행하는 사법상 매매 내지 사법상 계약의 실질을 가지는 것으로서, 당사자 간의 합의로 같은 법 소정의 손실보상의 기준에 의하지 아니한 매매대금을 정할 수도 있으며, 또한 같은 법이 정하는 기준에 따르지 아니하고 손실보상액에 관한 합의를 하였다고 하더라도 그 합의가 착오 등을 이유로 취소되지 않는 한 유효하다.

판례 9	대판 2011.1.27, 2009두1051 판결
	사업인정의 요건 : 사업시행자의 공익사업 수행능력과 의사

[판시사항]

[1] 사업인정기관이 공익사업을 위한 토지 등의 취득 및 보상에 관한 법률상의 사업인정을 하기 위한 요건

[2] 사업시행자가 사업인정을 받은 후 그 사업이 공용수용을 할 만한 공익성을 상실하거나 사업인정에 관련된 자들의 이익이 현저히 비례의 원칙에 어긋나게 된 경우 또는 사업시행자가 해당 공익사업을 수행할 의사나 능력을 상실한 경우, 그 사업인정에 터잡아 수용권을 행사할 수 있는지 여부(소극)

[판결요지]

[1] 사업인정이란 공익사업을 토지 등을 수용 또는 사용할 사업으로 결정하는 것으로서 공익사업의 시행자에게 그 후 일정한 절차를 거칠 것을 조건으로 일정한 내용의 수용권을 설정하여 주는 형성행위이므로, 해당 사업이 외형상 토지 등을 수용 또는 사용할 수 있는 사업에 해당한다고 하더라도 사업인정기관으로서는 그 사업

이 공용수용을 할 만한 공익성이 있는지의 여부와 공익성이 있는 경우에도 그 사업의 내용과 방법에 관하여 사업인정에 관련된 자들의 이익을 공익과 사익 사이에서는 물론, 공익 상호간 및 사익 상호간에도 정당하게 비교·교량하여야 하고, 그 비교·교량은 비례의 원칙에 적합하도록 하여야 한다. 그뿐만 아니라 해당 공익사업을 수행하여 공익을 실현할 의사나 능력이 없는 자에게 타인의 재산권을 공권력적·강제적으로 박탈할 수 있는 수용권을 설정하여 줄 수는 없으므로, 사업시행자에게 해당 공익사업을 수행할 의사와 능력이 있어야 한다는 것도 사업인정의 한 요건이라고 보아야 한다.

[2] 공용수용은 헌법상의 재산권 보장의 요청상 불가피한 최소한에 그쳐야 한다는 헌법 제23조의 근본취지에 비추어 볼 때, 사업시행자가 사업인정을 받은 후 그 사업이 공용수용을 할 만한 공익성을 상실하거나 사업인정에 관련된 자들의 이익이 현저히 비례의 원칙에 어긋나게 된 경우 또는 사업시행자가 해당 공익사업을 수행할 의사나 능력을 상실하였음에도 여전히 그 사업인정에 기하여 수용권을 행사하는 것은 수용권의 공익 목적에 반하는 수용권의 남용에 해당하여 허용되지 않는다.

판례 10	대판 1996.4.26, 95누13241 판결
	공물의 수용가능성

[판시사항]

[1] 택지개발촉진법에 의한 택지개발계획 승인처분의 제소기간이 도과한 후 수용재결 이나 이의재결 단계에서 그 위법 부당함을 이유로 재결의 취소를 구할 수 있는지 여부(소극)

[2] 구 문화재보호법 제54조의2 제1항에 의하여 지방문화재로 지정된 토지가 수용대 상이 되는지 여부(적극)

[판결요지]

[1] 택지개발계획의 승인은 당해 사업이 택지개발촉진법상의 택지개발사업에 해당함 을 인정하여 시행자가 그 후 일정한 절차를 거칠 것을 조건으로 하여 일정한 내용 의 수용권을 설정해 주는 행정처분의 성격을 갖는 것이고, 그 승인고시의 효과는 수용할 목적물의 범위를 확정하고 수용권으로 하여금 목적물에 관한 현재 및 장 래의 권리자에게 대항할 수 있는 일종의 공법상 권리로서의 효력을 발생시킨다고 할 것이므로 토지소유자로서는 선행처분인 건설부장관의 택지개발계획 승인단계 에서 그 제척사유를 들어 쟁송하여야 하고, 그 제소기간이 도과한 후 수용재결이 나 이의재결 단계에 있어서는 위 택지개발계획 승인처분에 명백하고 중대한 하자 가 있어 당연무효라고 볼 특단의 사정이 없는 이상 그 위법 부당함을 이유로 재결 의 취소를 구할 수는 없다.

[2] (구)토지수용법은 제5조의 규정에 의한 제한 이외에는 수용의 대상이 되는 토지 에 관하여 아무런 제한을 하지 아니하고 있을 뿐만 아니라, 관련 규정들을 종합하 면 (구)문화재보호법 제54조의2 제1항에 의하여 지방문화재로 지정된 토지가 수 용의 대상이 될 수 없다고 볼 수는 없다.

판례 11	대판 1992.11.13, 92누596 판결
	사업인정거부처분의 취소

(구)토지수용법 제14조에 의한 토지수용을 위한 사업인정은 단순한 확인행위가 아니라 형성행위이고 해당 사업이 비록 토지를 수용할 수 있는 사업에 해당된다 하더라도 행정청으로서는 과연 그 사업이 공용수용을 할 만한 공익성이 있는지의 여부를 모든 사정을 참작하여 구체적으로 판단하여야 하는 것이므로 사업인정의 여부는 행정청의 재량에 속한다 할 것이다.

판례 12	대판 1987.9.8, 87누395 판결
	사업인정의 성격 및 하자로 인한 수용재결 취소가능성

(구)토지수용법 제14조에 따른 사업인정은 그 후 일정한 절차를 거칠 것을 조건으로 하여 일정한 내용의 수용권을 설정해 주는 행정처분의 성격을 띠는 것으로서 그 사업인정을 받음으로써 수용할 목적물의 범위가 확정되고 수용권으로 하여금 목적물에 관한 현재 및 장래의 권리자에게 대항할 수 있는 일종의 공법상의 권리로서의 효력을 발생시킨다고 할 것이므로 위 사업인정단계에서의 하자를 다투지 아니하여 이미 쟁송기간이 도과한 수용재결단계에 있어서는 위 사업인정처분에 중대하고 명백한 하자가 있어 당연무효라고 볼만한 특단의 사정이 없다면 그 처분의 불가쟁력에 의하여 사업인정처분의 위법·부당함을 이유로 수용재결처분의 취소를 구할 수 없다.

합격까지 박문각

판례 13	대판 2007.7.12, 2007두6663 판결
	사업시행인가처분과 부담

주택재건축사업시행의 인가는 상대방에게 권리나 이익을 부여하는 효과를 가진 이른바 수익적 행정처분으로서 법령에 행정처분의 요건에 관하여 일의적으로 규정되어 있지 아니한 이상 행정청의 재량행위에 속하므로, 처분청으로서는 법령상의 제한에 근거한 것이 아니라 하더라도 공익상 필요 등에 의하여 필요한 범위 내에서 여러 조건(부담)을 부과할 수 있다.

판례 14	대판 2000.10.13, 2000두5142 판결
	사업인정고시의 누락

건설부장관이 사업인정을 하는 때에는 지체 없이 그 뜻을 기업자·토지소유자·관계인 및 관계도지사에게 통보하고 기업자의 성명 또는 명칭, 사업의 종류, 기업지 및 수용 또는 사용할 토지의 세목을 관보에 공시하여야 한다고 규정하고 있는 바, 가령 건설부장관이 위와 같은 절차를 누락한 경우 이는 절차상의 위법으로서 수용재결단계 전의 사업인정단계에서 다툴 수 있는 취소사유에 해당하기는 하나, 더 나아가 그 사업인정 자체를 무효로 할 중대하고 명백한 하자라고 보기는 어렵고, 따라서 이러한 위법을 들어 수용재결처분의 취소를 구하거나 무효확인을 구할 수는 없다.

| 판례 | 대판 1994.4.15, 93누18594 판결 |
| 15 | 협의절차를 결한 수용재결의 무효 |

기업자가 과실 없이 토지소유자의 등기부상 주소와 실제 주소가 다른 사실을 알지 못하거나 과실로 이를 알지 못하여 등기부상 주소로 보상협의에 관한 토지를 한 결과 보상협의절차를 거치지 못하였다 하더라도 그러한 사유만으로는 수용재결이 당연무효이거나 부존재하는 것으로 볼 수 없다.

| 판례 | 대판 1993.9.10, 93누5543 판결 |
| 16 | 토지조서의 작성 |

토지조서는 토지의 상황을 명백히 함으로써 조서에 개재된 사항에 대하여는 일응 진실성의 추정을 인정하여, 토지의 상황에 관한 당사자 사이의 차후 분쟁을 예방하며 토지수용위원회의 심리와 재결 등의 절차를 용이하게 하고 신속·원활을 기하려는 데 그 작성의 목적이 있는 것이므로 토지소유자 등에게 입회를 요구하지 아니하고 작성한 조서는 절차상의 하자를 지니게 되는 것으로서 토지로서의 효력이 부인되어 조서의 기재에 대한 증명력에 관하여 추정력이 인정되지 아니하는 것일 뿐, 토지조서의 작성에 하자가 있다 하여 그것이 곧 수용재결이나 그에 대한 이의재결의 효력에 영향을 미치는 것은 아니라 할 것이므로 토지조서에 실제 현황에 관한 기재가 되어 있지 아니하다거나 실측평면도가 첨부되어 있지 아니하다거나 토지소유자의 입회나 서명날인이 없었다든지 하는 사유만으로는 이의재결이 위법하다 하여 그 취소를 구할 사유로 삼을 수는 없다 할 것이다.

판례	대판 1993.8.27, 93누9064 판결
17	재결신청청구권

(구)토지수용법이 토지소유자 등에게 재결신청의 청구권을 부여한 이유는, 협의가 성립되지 아니한 경우, 시행자는 사업인정의 고시 후 1년 이내(도시계획사업은 그 사업의 시행기간 내)에는 언제든지 재결을 신청할 수 있는 반면에, 토지소유자는 재결신청권이 없으므로, 수용을 둘러싼 법률관계의 조속한 확정을 바라는 토지소유자 등의 이익을 보호함과 동시에 수용당사자 간의 공평을 기하기 위한 것이라고 해석되는 점, 위 가산금제도의 취지는 위 청구권의 실효를 확보하자는 것이라고 해석되는 점을 참작하여 볼 때, 토지소유자로서는 (구)토지수용법 제25조의2 제1항에 따라 재결신청의 청구를 할 수 있다고 봄이 타당하다.

판례	대판 2011.7.14, 2011두2309 판결
18	토지보상법 제30조 재결신청청구권에서 "협의가 성립하지 아니한 때"의 해석

'협의가 성립되지 아니한 때'에는 사업시행자가 토지소유자 등과 공익사업법 제26조에서 정한 협의 절차를 거쳤으나 보상액 등에 관하여 협의가 성립하지 아니한 경우는 물론 토지소유자 등이 손실보상대상에 해당한다고 주장하며 보상을 요구하는데도 사업시행자가 손실보상대상에 해당하지 아니한다며 보상대상에서 이를 제외한 채 협의를 하지 않아 결국 협의가 성립하지 않은 경우도 포함된다.

판례	대판 1998.10.24, 97다31175 판결
19	재결신청청구권의 지연가산금에 대한 불복

(구)토지수용법이 토지소유자 및 관계인에게 재결신청의 청구권을 부여한 이유는, 시행자는 사업인정의 고시 후 1년 이내(재개발사업은 그 사업의 시행기간 내)에는 언제든지 재결을 신청할 수 있는 반면에 토지소유자 및 관계인은 재결신청권이 없으므로, 수용을 둘러싼 법률관계의 조속한 확정을 바라는 토지소유자 및 관계인의 이익을 보호하고 수용당사자 간의 공평을 기하기 위한 것이다.

(구)토지수용법이 정한 지연가산금은 수용보상금에 대한 법정 지연손해금의 성격을 갖는 것이므로 이에 대한 불복은 수용보상금에 대한 불복절차에 의함이 상당할 뿐 아니라, 지연가산금은 수용보상금과 함께 수용재결로 정하도록 규정하고 있으므로, 지연가산금에 대한 불복은 수용보상금의 증액에 관한 소에 의하여야 한다.

판례	대판 2015.12.23, 2015두50535 판결
20	협의의 성립가능성이 없음이 명백한 경우

토지등소유자는 원칙적으로 현금청산기간 내에 협의가 성립되지 않은 경우 사업시행자에게 수용재결신청을 청구할 수 있고, 사업시행자는 이러한 수용재결신청의 청구를 받은 날로부터 60일 이내에 수용재결을 신청하지 아니하면 토지보상법 제30조 제3항에 따라 그 지연된 기간에 대하여 가산금을 지급하여야 한다. 다만 토지등소유자와 사업시행자 사이에 협의가 성립될 가능성이 없다고 볼 수 있는 명백한 사정이 이는 경우에는 그러한 재결신청 청구도 유효하다고 보아야 한다. 이와 같이 현금청산기간 만료 전에 유효한 재결신청 청구가 있는 경우 토지보상법 제30조 제2항에서 정한 60일의 기간은 수용재결신청 청구를 받은 날이 아니라 현금청산기간의 만료일로부터 기산하여야 하므로, 사업시행자가 현금청산기간의 만료일로부터 60일 이내에 수용재결신청을 하지 아니하면 그 지연기간에 대하여 토지보상법 제30조 제3항에 따른 가산금을 지급하여야 한다고 봄이 타당하다.

판례 21	대판 1993.7.13, 93누2902 판결
	재결신청청구 60일의 기산점

수용에 관한 협의기간이 정하여져 있더라도 협의의 성립가능성 없음이 명백해졌을 때와 같은 경우에는 굳이 협의기간이 종료될 때까지 기다리게 하여야 할 필요성도 없는 것이므로 협의기간 종료 전이라도 기업자나 그 업무대행자에 대하여 재결신청의 청구를 할 수 있는 것으로 보아야 하며, 다만 그와 같은 경우 토지수용법 제25조의3 제2항에 의한 2월의 기간은 협의기간 만료일로부터 기산하여야 한다.

판례 22	대판 1995.10.13, 94누7232 판결
	재결신청청구권의 성립요건(형식 및 당사자)

재결신청의 청구는 엄격한 형식을 요하지 아니하는 서면행위이고, 따라서 토지소유자 등이 서면에 의하여 재결청구의 의사를 명백히 표시한 이상 같은 법 시행령 제16조의2 제1항 각 호의 사항 중 일부를 누락하였다고 하더라도 위 청구의 효력을 부인할 것은 아니고, 또한 기업자를 대신하여 협의절차의 업무를 대행하고 있는 자가 따로 있는 경우에는 특별한 사정이 없는 한 재결신청의 청구서를 그 업무대행자에게도 제출할 수 있다.

판례 23	대판 1997.11.14, 97다13016 판결
	재결신청청구 거부시 민사소송 가능성

(구)토지수용법이 토지소유자 등에게 재결신청의 청구권을 부여한 이유는 협의가 성립되지 아니한 경우 기업자는 사업인정의 고시가 있은 날로부터 1년 이내(전원개발사업은 그 사업의 시행기간 내)에는 언제든지 재결신청을 할 수 있는 반면에, 토지소유자는 재결신청권이 없으므로, 수용을 둘러싼 법률관계의 조속한 확정을 바라는 토지소유자 등의 이익을 보유함과 동시에 수용당사자 사이의 공평을 기하기 위한 것이라고 해석되는 점, 위 청구권의 실효를 확보하기 위하여 가산금 제도를 두어 간접적으로 이를 강제하고 있는 점, 기업자가 위 신청기간 내에 재결신청을 하지 아니한 때에는 사업인정은 그 기간만료일의 익일부터 당연히 효력을 상실하고, 그로 인하여 토지소유자 등이 입은 손실을 보상하여야 하는 점 등을 종합해 보면, 기업자가 토지소유자 등의 재결신청의 청구를 거부한다고 하여 이를 이유로 민사소송의 방법으로 그 절차 이행을 구할 수는 없다.

판례 24	대판 2007.3.29, 2004두6235 판결
	통지 등 절차를 거치지 않은 수용재결의 위법성

분양신청기간의 통지 등 절차는 재개발구역 내의 토지 등의 소유자에게 분양신청의 기회를 보장해주기 위한 것으로 법 제31조 제2항에 의한 토지수용을 하기 위하여 반드시 거쳐야 할 필요적 절차라고 할 것이고, 또한 그 통지를 함에 있어서는 분양신청기간과 그 기간 내에 분양신청을 할 수 있다는 취지를 명백히 표시하여야 할 것이므로, 이러한 통지 등의 절차를 제대로 거치지 않고 수용재결에 이르렀다면 그 수용재결은 위법하다.

판례 25	대판 2007.1.11, 2004두8538 판결
	사업시행기간 경과 후 수용재결 가능성

도시계획시설사업의 시행자는 늦어도 인가·고시된 도시계획시설사업에 필요한 타인 소유의 토지를 양수하거나 수용재결의 신청을 하여야 하고, 도시계획시설사업의 시행자가 그 사업시행기간 내에 토지에 대한 수용재결신청을 하였다면 그 신청은 사업시행기간이 경과하였다 하더라도 여전히 유효하므로, 토지수용위원회는 사업시행기간이 경과한 이후에도 위 신청에 따른 수용재결을 할 수 있다.

판례 26	대판 2004.7.9, 2004다16181 판결
	변제공탁

민법상의 변제공탁은 채무를 변제할 의사와 능력이 있는 채무자로 하여금 채권자의 사정으로 채무관계에서 벗어나지 못하는 경우를 대비할 수 있도록 마련된 제도로서 그 제487조 소정의 변제공탁의 요건인 "채권자가 변제를 받을 수 없을 때"의 변제라 함은 채무자로 하여금 종국적으로 채무를 면하게 하는 효과를 가져다 주는 변제를 의미하는 것이다.

판례 27	대판 1989.6.27, 88누3956 판결
	이의재결절차에서의 미공탁

이의재결절차는 수용재결에 대한 불복절차이면서 수용재결과는 확정의 효력 등을 달리하는 별개의 절차이므로 기업자가 이의재결에서 증액된 보상금을 일정한 기한 내에 지급 또는 공탁하지 아니하였다 하더라도 그 때문에 이의재결 자체가 당연히 실효된다고는 할 수 없다.

판례	대판 1990.10.23, 90누6125 판결
28	공탁에 대한 이의유보

기업자가 토지수용위원회가 재결한 토지수용보상금을 공탁한 경우에 토지소유자가 그 공탁에 대하여 아무런 이의를 유보하지 아니한 채 이를 수령한 때에는 종전의 수령 거절의사를 철회하고 재결에 승복하여 공탁의 취지에 따라 보상금 전액을 수령한 것으로 볼 것이고 공탁금 수령 당시 단순히 그 공탁의 취지에 반하는 소송이나 이의신청을 하고 있다는 사실만으로는 그 공탁물 수령에 관한 이의를 유보한 것과 같이 볼 수 없다.

판례	대판 2009.11.12, 2006두15462 판결
29	공탁에 대한 이의유보의 방법

토지수용절차에서 보상금 수령시 사업시행자에 대한 이의유보의 의사표시는 반드시 명시적으로 하여야 하는 것은 아니다. 도시계획시설사업지구에 편입된 토지 등의 소유자가 수용재결에서 정한 토지보상금은 이의를 유보하여 수령하였으나 보상금 증감에 관한 행정소송을 제기한 후 이의재결에서 증액된 보상금에 대하여는 이의유보의 뜻을 표시하지 않은 채 수령한 사안에서, 이미 상당한 금액의 소송비용을 지출한 토지 등의 소유자가 최초 청구금액에도 훨씬 못 미치는 이의재결의 증액분을 수령한 것이 이로써 이 사건 수용보상금에 관한 다툼을 일체 종결하려는 의사는 아니라는 점은 사업시행자가 충분히 인식하였거나 인식할 수 있었다고 봄이 상당하고, 따라서 토지등 소유자는 소송진행과정과 시가감정의 비용지출 등을 통하여 이의재결의 증액보상금에 대하여는 이 사건 소송을 통하여 확정 될 정당한 수용보상금의 일부를 수령한다고 묵시적인 이의유보의 의사표시가 있었다고 볼 수 있다.

판례 30	대판 1991.6.11, 90누7203 판결
	공탁금 수령의 효과(이의유보하지 않는 경우)

이의보류의 의사표시는 반드시 명시적으로 하여야 하는 것은 아니지만 토지소유자가 공탁물을 수령할 당시 원재결에서 정한 보상금을 증액하기로 한 이의신청의 재결에 대하여 토지소유자가 제기한 행정소송이 계속 중이었다는 사실만으로는, 묵시적인 이의보류의 의사표시가 있었다고 볼 수 없다.

판례 31	대판 2008.2.15, 2006두9832 판결
	보상금 공탁의 시기

사업시행자가 행정소송 제기 시 증액된 보상금을 공탁하도록 한 법 제85조 제1항 단서 규정의 입법취지 및 그 규정에 의해 보호되는 보상금을 받을 자의 이익과 그로 인해 제한받게 되는 사업시행자의 재판청구권과의 균형 등을 종합적으로 고려하여 보면, 사업시행자가 재결에 불복하여 이의신청을 거쳐 행정소송을 제기하는 경우에는 원칙적으로 행정소송 제기 전에 이의재결에서 증액된 보상금을 공탁하여야 할 것이지만, 제소 당시 그와 같은 요건을 구비하지 못하였다 하여도 사실심 변론종결 당시까지 그 요건을 갖추었다면 그 흠결의 하자는 치유되었다 볼 것이다.

판례	대판 2001.1.16, 98다58511 판결
32	토지 등 인도의무에 목적물 하자담보책임이 포함되는지 여부

[판시사항]

[1] 토지수용법 제63조에 의한 토지소유자의 토지 등 인도의무에 목적물에 대한 하자담보책임이 포함되는지 여부(소극)

[2] 토지수용법 제63조의 규정에 의하여 수용 대상 토지에 있는 물건에 관하여 권리를 가진 자가 기업자에게 이전할 의무를 부담하는 물건의 의미

[3] 제3자가 무단으로 폐기물을 매립하여 놓은 상태의 토지를 수용한 경우, 위 폐기물은 토지의 토사와 물리적으로 분리할 수 없을 정도로 혼합되어 있어 독립된 물건이 아니며 토지수용법 제49조 제1항의 이전료를 지급하고 이전시켜야 되는 물건도 아니어서 토지소유자는 폐기물의 이전의무가 있다고 볼 수 없다고 한 원심의 판단을 수긍한 사례

[4] 수용재결이 있은 후에 수용 대상 토지에 숨은 하자가 발견되었으나 기업자가 불복절차를 취하지 않음으로써 그 재결에 대하여 더 이상 다툴 수 없게 된 경우, 기업자가 민사소송절차로 토지소유자에게 부당이득의 반환을 구할 수 있는지 여부(소극)

[판결요지]

[1] 토지수용법에 의한 수용재결의 효과로서 수용에 의한 기업자의 토지소유권취득은 토지소유자와 수용자와의 법률행위에 의하여 승계취득하는 것이 아니라, 법률의 규정에 의하여 원시취득하는 것이므로, 토지소유자가 토지수용법 제63조의 규정에 의하여 부담하는 토지의 인도의무에는 수용목적물에 숨은 하자가 있는 경우에도 하자담보책임이 포함되지 아니하여 토지소유자는 수용시기까지 수용 대상 토지를 현존 상태 그대로 기업자에게 인도할 의무가 있을 뿐이다.

[2] 토지수용법 제63조의 규정에 의하여 수용 대상 토지에 있는 물건에 관하여 권리를 가진 자가 기업자에게 이전할 의무를 부담하는 물건은 같은 법 제49조 제1항에 의하여 이전료를 보상하고 이전시켜야 할 물건을 말한다.

[3] 제3자가 무단으로 폐기물을 매립하여 놓은 상태의 토지를 수용한 경우, 위 폐기물은 토지의 토사와 물리적으로 분리할 수 없을 정도로 혼합되어 있어 독립된 물건이 아니며 토지수용법 제49조 제1항의 이전료를 지급하고 이전시켜야 되는 물

건도 아니어서 토지소유자는 폐기물의 이전의무가 있다고 볼 수 없다고 한 원심의 판단을 수긍한 사례

[4] 수용재결이 있은 후에 수용 대상 토지에 숨은 하자가 발견되는 때에는 불복기간이 경과되지 아니한 경우라면 공평의 견지에서 기업자는 그 하자를 이유로 재결에 대한 이의를 거쳐 손실보상금의 감액을 내세워 행정소송을 제기할 수 있다고 보는 것이 상당하나, 이러한 불복절차를 취하지 않음으로써 그 재결에 대하여 더 이상 다툴 수 없게 된 경우에는 기업자는 그 재결이 당연무효이거나 취소되지 않는 한 재결에서 정한 손실보상금의 산정에 있어서 위 하자가 반영되지 않았다는 이유로 민사소송절차로 토지소유자에게 부당이득의 반환을 구할 수는 없다.

판례 33	대판 1992.9.8, 92누5331 판결
	개인별 보상 등

[판시사항]

가. 수용토지에 대하여 표준지가 특정되지 아니하고 지역적, 개별적 요인 등 보상액 산정요인들이 명시되지 아니한 보상액 감정평가의 적부(소극)

나. 토지수용보상액에 관하여 행정소송이 제기된 대상물건 중 일부 항목에 관한 보상액은 과소하고 다른 항목의 보상액은 과다한 경우 항목류용의 가부(적극)

[판결요지]

가. 수용토지에 대하여 표준지가 특정되지 아니하고 지역적, 개별적 요인등 보상액 산정요인들도 구체적으로 명시되지 아니하여 그 요인들이 어떻게 참작되었는지 알아볼 수 없게 되어 있는 감정평가는 법령의 규정에 따라 적법하게 평가된 것이라고 할 수 없다.

나. 토지수용법 제45조 제2항은 토지를 수용 또는 사용함으로 인한 보상은 피보상자의 개인별로 산정할 수 없을 때를 제외하고는 피보상자에게 개인별로 하여야 한다고 규정하고 있으므로, 보상은 수용 또는 사용의 대상이 되는 물건별로 하는 것이 아니라 피보상자의 개인별로 행하여지는 것이라고 할 것이므로 피보상자는 수용

대상물건 중 일부에 대하여만 불복이 있는 경우에는 그 부분에 대하여만 불복의 사유를 주장하여 행정소송을 제기할 수 있다고 할 것이나, 행정소송의 대상이 된 물건 중 일부 항목에 관한 보상액은 과소하고 다른 항목의 보상액은 과다한 경우에는 그 항목 상호 간의 유용을 허용하여 과다부분과 과소부분을 합산하여 보상금 계액을 결정하여야 할 것이다.

판례 34	대판 1998.9.18, 97누13375 판결
	사업시행 이익과의 상계금지

동일한 소유자의 소유에 속하던 일단의 토지 중 일부가 수용됨으로 인하여 좁고 긴 형태로 남게 된 잔여토지가 수용의 목적사업인 도시계획사업에 의하여 설치된 너비 8m의 도로에 접하게 되는 이익을 누리게 되었더라도 (구)토지수용법 제53조의 규정에 따라 그 이익을 수용 자체의 법률효과에 의한 가격감소의 손실(이른바 수용손실)과 상계할 수는 없는 것이므로, 그와 같은 이익을 참작하여 잔여지 손실보상액을 산정할 것은 아니다.

판례 35	헌재 2009.12.29, 2009헌바142
	개발이익 배제와 정당보상

공익사업의 시행으로 지가가 상승하여 발생하는 개발이익은 사업시행자의 투자에 의한 것으로서 피수용자인 토지소유자의 노력이나 자본에 의하여 발생하는 것이 아니므로, 이러한 개발이익은 형평의 관념에 비추어 볼 때 토지소유자에게 당연히 귀속되어야 할 성질의 것이 아니고, 또한 개발이익은 공공사업의 시행에 의하여 비로소 발생하는 것이므로, 그것이 피수용토지가 수용 당시 갖는 객관적 가치에 포함된다고 볼 수 없다. 따라서 개발이익은 그 성질상 완전보상의 범위에 포함되는 피수용자의 손실이라고 볼 수 없으므로, 이러한 개발이익을 배제하고 손실보상액을 산정한다 하여 헌법이 규정한 정당한 보상의 원칙에 위반되지 않는다.

판례 36	대판 1998.1.23, 97누17711 판결
	인근 유사토지 정상거래가격의 반영

수용대상토지의 정당한 보상액을 산정함에 있어서 인근 유사토지의 정상거래사례를 반드시 조사하여 참작하여야 하는 것은 아니지만, 인근 유사토지가 거래된 사례나 보상이 된 사례가 있고 그 가격이 정상적인 것으로서 적정한 보상액 평가에 영향을 미칠 수 있는 것임이 입증된 경우에는 이를 참작할 수 있다. 토지수용의 손실보상액을 산정함에 있어서 참작할 수 있는 "인근 유사토지의 정상거래가격"이라고 함은 그 토지가 수용대상토지의 인근지역에 위치하고 용도지역, 지목, 등급, 지적, 형태, 이용상황, 법령상의 제한 등 자연적·사회적 조건이 수용대상토지와 동일하거나 유사한 토지에 관하여 통상의 거래에서 성립된 가격으로서, 개발이익이 포함되지 아니하고, 투기적인 거래에서 형성된 것이 아닌 가격을 말한다.

판례	대판 1993.7.13, 93누227 판결
37	비교표준지공시지가의 개발이익 배제

수용사업 시행으로 인한 개발이익은 해당 사업의 시행에 의하여 비로소 발생하는 것이어서 수용대상토지가 수용 당시 갖는 객관적 가치에 포함될 수는 없는 것이므로, (구)토지수용법 제46조 제2항에 의하여 손실보상액 산정의 기준으로 되는 표준지의 공시지가 자체에 해당 수용사업 시행으로 인한 개발이익이 포함되어 있을 경우에는 이를 배제하고 손실보상액을 평가하는 것이 정당보상의 원리에 합당하지만, 공시지가에 개발이익이 포함되어 있다 하여 이를 배제하기 위해서는 표준지의 전년도 공시지가에 대비한 공시지가변동률이 공공사업이 없는 인근 지역의 지가변동률에 비교하여 다소 높다는 사유만으로는 부족하고, 그 지가변동률의 차이가 현저하여 해당 사업시행으로 인한 개발이익이 개재되어 수용대상토지의 지가가 자연적 지가상승분 이상으로 상승되었다고 인정될 수 있는 경우이어야 한다.

판례	대판 2000.7.28, 98두6081 판결
38	토지보상평가방법 등

[판시사항]

[1] 일제시대에 국도로 편입되어 그 지목이 도로로 변경된 토지가 개인의 소유로 남아 있다가 1994년경 수용이 이루어진 경우, 위 토지는 미보상용지로서 이에 대한 보상액은 종전에 도로로 편입될 당시의 이용상황을 상정하여 평가하여야 하는지 여부(적극)

[2] 토지수용 보상액의 평가방법 및 감정평가서에 기재하여야 할 가격산정요인의 기술 방법

[3] 수용재결에 의하여 수용의 효력이 발생하기 전에 사업시행자가 수용대상 토지를 권원 없이 사용한 경우, 재결절차에서 그 손실보상을 구할 수 있는지 여부(소극)

[판결요지]

[1] 원래 지목이 답으로서 일제시대에 국도로 편입되어 그 지목도 도로로 변경된 토지가 그 동안 여전히 개인의 소유로 남아있으면서 전전 양도되어 1994년경 피수용자 명의로 소유권이전등기가 경료되고 이어 수용에 이르렀다면 위 토지는 종전에 정당한 보상금이 지급되지 아니한 채 공공사업의 부지로 편입되어 버린 이른바 미보상용지에 해당하므로, 이에 대한 보상액은 공공용지의취득및손실보상에관한특례법시행규칙 제6조 제7항의 규정에 의하여 종전에 도로로 편입될 당시의 이용상황을 상정하여 평가하여야 한다.

[2] 토지수용 보상액을 평가하는 데에는 관계 법령에서 들고 있는 모든 가격산정요인들을 구체적·종합적으로 참작하여 그 각 요인들이 빠짐없이 반영된 적정가격을 산출하여야 하고, 이 경우 감정평가서에는 모든 가격산정요인의 세세한 부분까지 일일이 설시하거나 그 요소가 평가에 미치는 영향을 수치로 표현할 필요는 없다고 하더라도, 적어도 그 가격산정요인들을 특정·명시하고 그 요인들이 어떻게 참작되었는지를 알아 볼 수 있는 정도로 기술하여야 한다.

[3] 사업시행자가 수용재결에 의하여 수용의 효력이 발생하기도 전에 토지를 권원 없이 사용한 사실이 있다고 하더라도, 이를 원인으로 하여 사업시행자에 민사상 손해배상이나 부당이득의 반환을 구함은 별론으로 하고, 재결절차에서 그 손실보상을 구할 수는 없다.

판례	대판 2000.7.28, 2007두13845 판결
39	보상금증액 소송 시 표준지공시지가의 위법성을 독립사유로 주장 여부

표준지공시지가결정은 이를 기초로 한 수용재결 등과는 별개의 독립된 처분으로서 서로 독립하여 별개의 법률효과를 목적으로 하지만, 표준지공시지가는 이를 인근 토지의 소유자나 기타 이해관계인에게 개별적으로 고지하도록 되어 있는 것이 아니어서 인근 토지의 소유자 등이 표준지공시지가결정 내용을 알고 있었다고 전제하기가 곤란할 뿐만 아니라, 결정된 표준지공시지가가 공시될 당시 보상금 산정의 기준이 되는 표준지의 인근 토지를 함께 공시하는 것이 아니어서 인근 토지 소유자는 보상금 산정의 기준이 되는 표준지가 어느 토지인지를 알 수 없으므로, 인근 토지 소유자가 표준지의 공시지가가 확정되기 전에 이를 다투는 것은 불가능하다. 더욱이 장차 어떠한 수용재결 등 구체적인 불이익이 현실적으로 나타나게 되었을 경우에 비로소 권리구제의 길을 찾는 것이 우리 국민의 권리의식임을 감안하여 볼 때, 인근 토지소유자 등으로 하여금 결정된 표준지공시지가를 기초로 하여 장차 토지보상 등이 이루어질 것에 대비하여 항상 토지의 가격을 주시하고 표준지공시지가결정이 잘못된 경우 정해진 시정절차를 통하여 이를 시정하도록 요구하는 것은 부당하게 높은 주의의무를 지우는 것이고, 위법한 표준지공시지가결정에 대하여 그 정해진 시정절차를 통하여 시정하도록 요구하지 않았다는 이유로 위법한 표준지공시지가를 기초로 한 수용재결 등 후행 행정처분에서 표준지공시지가결정의 위법을 주장할 수 없도록 하는 것은 수인한도를 넘는 불이익을 강요하는 것으로서 국민의 재산권과 재판받을 권리를 보장한 헌법의 이념에도 부합하는 것이 아니다. 따라서 표준지공시지가결정이 위법한 경우에는 그 자체를 행정소송의 대상이 되는 행정처분으로 보아 그 위법 여부를 다툴 수 있음은 물론, 수용보상금의 증액을 구하는 소송에서도 선행처분으로서 그 수용대상 토지 가격 산정의 기초가 된 비교표준지공시지가결정의 위법을 독립한 사유로 주장할 수 있다.

판례	대판 2007.4.12, 2006두18492 판결
40	이용상황의 판단

[판시사항]

[1] 구 택지개발촉진법 제6조 제1항 단서에서 정한 '예정지구의 지정·고시 당시에 공사 또는 사업에 착수한 자'의 의미 및 예정지구의 지정·고시로 인하여 건축허가가 효력을 상실한 후에 공사에 착수하여 공사가 진척된 토지에 대한 보상액을 산정함에 있어서 그 이용현황의 평가방법

[2] 공익사업을 위한 토지 등의 취득 및 보상에 관한 법률 시행규칙 제26조 제2항 제1호, 제2호에서 정한 '도로개설 당시의 토지소유자가 자기 토지의 편익을 위하여 스스로 설치한 도로' 및 '토지소유자가 그 의사에 의하여 타인의 통행을 제한할 수 없는 도로'의 판단기준

[판결요지]

[1] 건축법 등에 따른 건축허가를 받은 자가 택지개발 예정지구의 지정·고시일까지 건축행위에 착수하지 아니하였으면 종전의 건축허가는 예정지구의 지정·고시에 의하여 그 효력을 상실하였다고 보아야 할 것이어서, 이후 건축행위에 착수하여 행하여진 공사 부분은 택지개발촉진법 제6조 제2항의 원상회복의 대상이 되는 것이므로, 예정지구의 지정·고시 이후 공사에 착수하여 공사가 진척되었다고 하더라도 당해 토지에 대한 보상액을 산정함에 있어서 그 이용현황을 수용재결일 당시의 현황대로 평가할 수는 없고, 구 공익사업을 위한 토지 등의 취득 및 보상에 관한 법률 시행규칙 제24조에 따라 공사에 착수하기 전의 이용상황을 상정하여 평가하여야 한다.

[2] '도로개설 당시의 토지소유자가 자기 토지의 편익을 위하여 스스로 설치한 도로' 와 '토지소유자가 그 의사에 의하여 타인의 통행을 제한할 수 없는 도로'는 '사실상의 사도'로서 인근토지에 대한 평가액의 1/3 이내로 평가하도록 규정하고 있는데, 여기서 '도로개설당시의 토지소유자가 자기 토지의 편익을 위하여 스스로 설치한 도로'인지 여부는 인접토지의 획지면적, 소유관계, 이용상태 등이나 개설경위, 목적, 주위환경 등에 의하여 객관적으로 판단하여야 하고, '토지소유자가 그 의사에 의하여 타인의 통행을 제한할 수 없는 도로'에는 법률상 소유권을 행사하여 통행을 제한할 수 없는 경우뿐만 아니라 사실상 통행을 제한하는 것이 곤란하다고 보

이는 경우도 해당한다고 할 것이나, 적어도 도로로의 이용상황이 고착화되어 당
해 토지의 표준적 이용상황으로 원상회복하는 것이 용이하지 않은 상태에 이르러
야 할 것이어서 단순히 당해 토지가 불특정 다수인의 통행에 장기간 제공되어 왔
고 이를 소유자가 용인하여 왔다는 사정만으로는 사실상의 도로에 해당한다고 할
수 없다.

판례	대판 2009.3.26, 2008두22129 판결
41	비교표준지 선정 등

[판시사항]

[1] 수용대상토지가 도시계획구역 내에 있는 경우 비교표준지의 선정방법

[2] 토지수용보상금의 증감에 관한 소송에서 이의재결의 기초가 된 각 감정평가와 법
원 감정인의 감정평가가 품등비교에서만 평가를 달리하여 감정결과에 차이가 생
긴 경우, 그 중 어느 것을 신뢰할 것인지가 사실심 법원의 재량에 속하는지 여부
(적극)

[판결요지]

[1] 수용대상토지가 도시계획구역 내에 있는 경우에는 그 용도지역이 토지의 가격형
성에 미치는 영향을 고려하여 볼 때, 당해 토지와 같은 용도지역의 표준지가 있으
면 다른 특별한 사정이 없는 한 용도지역이 같은 토지를 당해 토지에 적용할 표준
지로 선정함이 상당하고, 가령 그 표준지와 당해 토지의 이용상황이나 주변환경
등에 다소 상이한 점이 있다 하더라도 이러한 점은 지역요인이나 개별요인의 분
석 등 품등비교에서 참작하면 된다.

[2] 토지수용보상금의 증감에 관한 소송에 있어서, 이의재결의 기초가 된 각 감정평
가와 법원 감정인의 감정평가가 모두 그 평가방법에 있어 위법사유가 없고 품등
비교를 제외한 나머지 가격사정요인의 참작에 있어서는 서로 견해가 일치하나 품
등비교에만 그 평가를 다소 달리한 관계로 감정결과에 차이가 생기게 된 경우에
는, 그 중 어느 감정평가의 품등비교 내용에 오류가 있음을 인정할 자료가 없는
이상, 그 각 감정평가 중 어느 것을 더 신뢰하는가 하는 것은 사실심 법원의 재량
에 속한다.

판례	대판 2008.7.10, 2006두19495 판결
42	사업시행자를 상대로 한 잔여지손실보상 청구

토지소유자가 사업시행자로부터 공익사업법 제73조에 따른 잔여지 가격감소 등으로
인한 손실보상을 받기 위해서는 공익사업법 제34조, 제50조 등에 규정된 재결절차를
거친 다음 재결에 대하여 불복이 있는 때에 비로소 공익사업법 제83조 내지 제85조에
따라 권리구제를 받을 수 있을 뿐, 이러한 재결절차를 거치지 않은 채 곧바로 사업시
행자를 상대로 손실보상을 청구하는 것은 허용되지 않는다고 봄이 상당하다.

판례	대판 2005.1.28, 2002두4679 판결
43	잔여지수용의 요건 등

[판시사항]

[1] (구)토지수용법 제48조 제1항에서 정한 '종래의 목적'과 '사용하는 것이 현저히 곤
란한 때'의 의미

[2] 지방자치단체가 기업자로서 관할 토지수용위원회에 토지의 취득을 위한 재결신청
을 하고 그 장이 관할 토지수용위원회의 재결신청서 및 관계 서류 사본의 공고
및 열람의뢰에 따라 이를 공고 및 열람에 제공함에 있어서 토지소유자 등에게 의
견제출할 것을 통지한 경우, 토지소유자가 당해 지방자치단체에 대하여 한 잔여
지수용청구의 의사표시는 관할 토지수용위원회에 대하여 한 잔여지수용청구의 의
사표시로 보아야 한다고 한 사례

[판결요지]

[1] (구)토지수용법 제48조 제1항에서 규정한 '종래의 목적'이라 함은 수용재결 당시에
당해 잔여지가 현실적으로 사용되고 있는 구체적인 용도를 의미하고, '사용하는 것
이 현저히 곤란한 때'라고 함은 물리적으로 사용하는 것이 곤란하게 된 경우는 물
론 사회적, 경제적으로 사용하는 것이 곤란하게 된 경우, 즉 절대적으로 이용 불가
능한 경우만이 아니라 이용은 가능하나 많은 비용이 소요되는 경우를 포함한다.

[2] 지방자치단체가 기업자로서 관할 토지수용위원회에 토지의 취득을 위한 재결신청을 하고 그 장이 관할 토지 수용위원회의 재결신청서 및 관계 서류 사본의 공고 및 열람의뢰에 따라 이를 공고 및 열람에 제공함에 있어서 토지소유자 등에게 의견제출할 것을 통지한 경우, 토지소유자가 당해 지방자치단체에 대하여 한 잔여지수용청구의 의사표시는 관할 토지수용위원회에 대하여 한 잔여지수용청구의 의사표시로 보아야 한다.

판례	대판 2010.8.29, 2008두822 판결
44	잔여지수용청구권

[판시사항]

[1] (구)'공익사업을 위한 토지 등의 취득 및 보상에 관한 법률' 제74조 제1항에 의한 잔여지 수용청구를 받아들이지 않은 토지수용위원회의 재결에 대하여 토지소유자가 불복하여 제기하는 소송의 성질 및 그 상대방

[2] (구)'공익사업을 위한 토지 등의 취득 및 보상에 관한 법률' 제74조 제1항의 잔여지 수용청구권 행사기간의 법적 성질(=제척기간) 및 잔여지 수용청구 의사표시의 상대방(=관할 토지수용위원회)

[3] 토지소유자가 자신의 토지에 숙박시설을 신축하기 위해 부지를 조성하던 중 그 토지의 일부가 익산-장수 간 고속도로 건설공사에 편입되자 사업시행자에게 부지조성비용 등의 보상을 청구한 사안에서, 부지조성비용이 별도의 보상대상으로 인정되지 않는다면 토지소유자에게 잔여지의 가격 감소로 인한 손실보상을 구하는 취지인지 여부에 관하여 의견을 진술할 기회를 부여하고 그 당부를 심리·판단하였어야 함에도, 이러한 조치를 취하지 않은 원심판결에 석명의무를 다하지 않아 심리를 제대로 하지 않은 위법이 있다고 한 사례

[판결요지]

[1] 잔여지 수용청구권은 손실보상의 일환으로 토지소유자에게 부여되는 권리로서 그 요건을 구비한 때에는 잔여지를 수용하는 토지수용위원회의 재결이 없더라도 그 청구에 의하여 수용의 효과가 발생하는 형성권적 성질을 가지므로, 잔여지 수용 청구를 받아들이지 않은 토지수용위원회의 재결에 대하여 토지소유자가 불복하여 제기하는 소송은 위 법 제85조 제2항에 규정되어 있는 '보상금의 증감에 관한 소송'에 해당하여 사업시행자를 피고로 하여야 한다.

[2] (구)'공익사업을 위한 토지 등의 취득 및 보상에 관한 법률' 제74조 제1항에 의하면, 잔여지 수용청구는 사업시행자와 사이에 매수에 관한 협의가 성립되지 아니한 경우 일단의 토지의 일부에 대한 관할 토지수용위원회의 수용재결이 있기 전까지 관할 토지수용위원회에 하여야 하고, 잔여지 수용청구권의 행사기간은 제척기간으로서, 토지소유자가 그 행사기간 내에 잔여지 수용청구권을 행사하지 아니하면 그 권리가 소멸한다. 또한 위 조항의 문언 내용 등에 비추어 볼 때, 잔여지 수용청구의 의사표시는 관할 토지수용위원회에 하여야 하는 것으로서, 관할 토지수용위원회가 사업시행자에게 잔여지 수용청구의 의사표시를 수령할 권한을 부여하였다고 인정할 만한 사정이 없는 한, 사업시행자에게 한 잔여지 매수청구의 의사표시를 관할 토지수용위원회에 한 잔여지 수용청구의 의사표시로 볼 수는 없다.

[3] 잔여지에 지출된 부지조성비용은 그 토지의 가치를 증대시킨 한도 내에서 잔여지의 감소로 인한 손실보상액을 산정할 때 반영되는 것일 뿐, 별도의 보상대상이 아니므로, 잔여지에 지출된 부지조성비용이 별도의 보상대상으로 인정되지 않는다면 토지소유자에게 잔여지의 가격 감소로 인한 손실보상을 구하는 취지인지 여부에 관하여 의견을 진술할 기회를 부여하고 그 당부를 심리·판단하였어야 함에도, 이러한 조치를 취하지 않은 원심판결에 석명의무를 다하지 않아 심리를 제대로 하지 않은 위법이 있다.

판례	대판 2014.4.24, 2012두6773 판결
45	재결절차를 거치지 않은 채 사업시행자를 상대로 한 잔여지손실보상청구권

[판시사항]

[1] 토지소유자가 공익사업을 위한 토지 등의 취득 및 보상에 관한 법률 제34조, 제50조 등에 규정된 재결절차를 거치지 않고 곧바로 사업시행자를 상대로 같은 법 제73조에 따른 잔여지 가격감소 등으로 인한 손실보상을 청구할 수 있는지 여부(소극) 및 이는 수용대상토지에 대하여 재결절차를 거친 경우에도 마찬가지인지 여부(적극)

[2] 논리적으로 양립할 수 없는 수 개 청구의 선택적 병합이 허용되는지 여부(소극) / 공익사업을 위한 토지 등의 취득 및 보상에 관한 법률 제74조에 따른 잔여지 수용청구와 제73조에 따른 잔여지의 가격감소로 인한 손실보상청구의 선택적 병합이 허용되는지 여부(소극)

[판결요지]

[1] 토지소유자가 사업시행자로부터 공익사업법 제73조에 따른 잔여지 가격감소 등으로 인한 손실보상을 받기 위하여는 공익사업법 제34조, 제50조 등에 규정된 재결절차를 거친 다음 그 재결에 대하여 불복할 때 비로소 공익사업법 제83조 내지 제85조에 따라 권리구제를 받을 수 있을 뿐이며, 이러한 재결절차를 거치지 않은 채 곧바로 사업시행자를 상대로 손실보상을 청구하는 것은 허용되지 않는다고 봄이 상당하고, 이는 수용대상토지에 대하여 재결절차를 거친 경우에도 마찬가지이다.

[2] 청구의 선택적 병합은 원고가 양립할 수 있는 수 개의 경합적 청구권에 기하여 동일 취지의 급부를 구하거나 양립할 수 있는 수 개의 형성권에 기하여 동일한 형성적 효과를 구하는 경우에 그 어느 한 청구가 인용될 것을 해제조건으로 하여 수 개의 청구에 관한 심판을 구하는 병합 형태이므로, 논리적으로 양립할 수 없는 수 개의 청구는 선택적 병합이 허용되지 아니한다. 그러나 잔여지의 수용청구와 잔여지의 가격감소로 인한 손실보상청구는 서로 양립할 수 없는 관계에 있어 선택적 병합이 불가능하다.

판례	대판 2014.4.24, 2012두6773 판결
46	토지보상법상 잔여건축물의 가격하락에 대한 보상을 인정한 판례

잔여건물에 대하여 보수만으로 보전될 수 없는 가치하락이 있는 경우에는, 동일한 토지소유자의 소유에 속하는 일단의 토지 일부가 공공사업용지로 편입됨으로써 잔여지의 가격이 하락한 경우에는 공공사업용지로 편입되는 토지의 가격으로 환산한 잔여지의 가격에서 가격이 하락된 잔여지의 평가액을 차감한 잔액을 손실액으로 평가하도록 되어 있는 (구)공공용지의 취득 및 손실보상에 관한 특례법 시행규칙 제26조 제2항을 유추적용하여 잔여건물의 가치하락분에 대한 감가보상을 인정함이 상당하다.

판례	대판 2011.6.23, 2007다63089 · 63096 전원합의체 판결
47	이주대책(대판 1994.5.24, 92다35783 전원합의체에서 대판 2011.6.23, 2007다63089 · 63096 전원합의체 판결로 변경됨 → 이주대책은 실체적 권리로 판례 변경)

[판시사항]

[2] 사업시행자가 구 공익사업을 위한 토지 등의 취득 및 보상에 관한 법률 시행령 제40조 제2항 단서에 따라 택지개발촉진법 또는 주택법 등 관계 법령에 의하여 이주대책대상자들에게 택지 또는 주택을 공급하는 경우에도 이주정착지를 제공하는 경우와 마찬가지로 사업시행자 부담으로 구 공익사업을 위한 토지 등의 취득 및 보상에 관한 법률 제78조 제4항에서 정한 생활기본시설을 설치하여 이주대책대상자들에게 제공하여야 하는지 여부(적극)

[3] 사업시행자의 이주대책 수립·실시의무를 정하고 있는 구 공익사업을 위한 토지 등의 취득 및 보상에 관한 법률 제78조 제1항과 이주대책의 내용을 정하고 있는 같은 조 제4항 본문이 강행법규인지 여부(적극)

[4] (구)공익사업을 위한 토지 등의 취득 및 보상에 관한 법률 제78조 제4항에서 정한 '도로·급수시설·배수시설 그 밖의 공공시설 등 당해 지역조건에 따른 생활기본시설'의 의미 및 이주대책대상자들과 사업시행자 등이 체결한 택지 또는 주택에 관한 특별공급계약에서 위 조항에 규정된 생활기본시설 설치비용을 분양대금에 포함시킴으로써 이주대책대상자들이 그 비용까지 사업시행자 등에게 지급하게 된 경우, 사업시행자가 그 비용 상당액을 부당이득으로 이주대책대상자들에게 반환하여야 하는지 여부(적극)

[판결요지]

[2] (구)공익사업법 제78조 제1항은 사업시행자의 이주대책 수립·실시의무를 정하고 있고, (구)공익사업법 시행령 제40조 제2항은 "이주대책은 건설교통부령이 정하는 부득이한 사유가 있는 경우를 제외하고는 이주대책대상자 중 이주를 희망하는 자가 10호 이상인 경우에 수립·실시한다. 다만 사업시행자가 택지개발촉진법 또는 주택법 등 관계 법령에 의하여 이주대책대상자에게 택지 또는 주택을 공급한 경우(사업시행자의 알선에 의하여 공급한 경우를 포함한다)에는 이주대책을 수립·실시한 것으로 본다."고 규정하고 있으며, 한편 (구)공익사업법 제78조 제4항 본문은 "이주대책의 내용에는 이주정착지에 대한 도로·급수시설·배수시설 그 밖의 공공시설 등 당해 지역조건에 따른 생활기본시설이 포함되어야 하며, 이에 필요한 비용은 사업시행자의 부담으로 한다."고 규정하고 있다. 위 각 규정을 종합하면 사업시행자가 (구)공익사업법 시행령 제40조 제2항 단서에 따라 택지개발촉진법 또는 주택법 등 관계 법령에 의하여 이주대책대상자들에게 택지 또는 주택을 공급(이하 '특별공급'이라 한다)하는 것도 (구)공익사업법 제78조 제1항의 위임에 근거하여 사업시행자가 선택할 수 있는 이주대책의 한 방법이므로, 특별공급의 경우에도 이주정착지를 제공하는 경우와 마찬가지로 사업시행자의 부담으로 같은 조 제4항이 정한 생활기본시설을 설치하여 이주대책대상자들에게 제공하여야 한다고 보아야 하고, 이주대책대상자들이 특별공급을 통해 취득하는 택지나 주택의 시가가 공급가액을 상회하여 그들에게 시세차익을 얻을 기회나 가능성이 주어진다고 하여 달리 볼 것은 아니다.

[3] (구)공익사업법은 공익사업에 필요한 토지 등을 협의 또는 수용에 의하여 취득하거나 사용함에 따른 손실 보상에 관한 사항을 규정함으로써 공익사업의 효율적인 수행을 통하여 공공복리의 증진과 재산권의 적정한 보호를 도모함을 목적으로 하고 있고, 위 법에 의한 이주대책은 공익사업의 시행에 필요한 토지 등을 제공함으로 인하여 생활의 근거를 상실하게 되는 이주대책대상자들에게 종전 생활상태를

원상으로 회복시키면서 동시에 인간다운 생활을 보장하여 주기 위하여 마련된 제
도이므로, 사업시행자의 이주대책 수립·실시의무를 정하고 있는 구 공익사업법
제78조 제1항은 물론 이주대책의 내용에 관하여 규정하고 있는 같은 조 제4항
본문 역시 당사자의 합의 또는 사업시행자의 재량에 의하여 적용을 배제할 수 없
는 강행법규이다.

[4] 사업시행자가 직접 택지 또는 주택을 특별공급한 경우에는 특별공급계약 중 분양
대금에 생활기본시설 설치비용을 포함시킨 부분이 강행법규인 위 조항에 위배되
어 무효이고, 사업시행자의 알선에 의하여 다른 공급자가 택지 또는 주택을 공급
한 경우에는 사업시행자가 위 규정에 따라 부담하여야 할 생활기본시설 설치비용
에 해당하는 금액의 지출을 면하게 되어, 결국 사업시행자는 법률상 원인 없이
생활기본시설 설치비용 상당의 이익을 얻고 그로 인하여 이주대책대상자들이 같
은 금액 상당의 손해를 입게 된 것이므로, 사업시행자는 그 금액을 부당이득으로
이주대책대상자들에게 반환할 의무가 있다. 다만 구 공익사업법 제78조 제4항에
따라 사업시행자의 부담으로 이주대책대상자들에게 제공하여야 하는 것은 위 조
항에서 정한 생활기본시설에 국한되므로, 이와 달리 사업시행자가 이주대책으로
서 이주정착지를 제공하거나 택지 또는 주택을 특별공급하는 경우 사업시행자는
이주대책대상자들에게 택지의 소지(소지)가격 및 택지조성비 등 투입비용의 원가
만을 부담시킬 수 있고 이를 초과하는 부분은 생활기본시설 설치비용에 해당하는
지를 묻지 않고 그 전부를 이주대책대상자들에게 전가할 수 없다는 취지로 판시
한 종래 대법원 판결들은 이 판결의 견해에 배치되는 범위 안에서 모두 변경하기
로 한다.

판례	대판 1995.10.12, 94누11279 판결
48	이주대책의 법적 성질

[판시사항]

[1] (구)공공용지의 취득 및 손실보상에 관한 특례법 제8조 제1항에 따른 이주대책대상자 선정신청에 대한 확인·결정 등 이주대책에 관한 법적 성질

[2] (구)공공용지의 취득 및 손실보상에 관한 특례법 제8조 제1항 및 같은 법 시행령 제5조 제5항 소정이주 대책의 의미와 사업시행자가 특별공급주택의 수량, 특별공급대상자의 선정 등에 재량이 있는지 여부

[판결요지]

[1] 이주대책대상자에 대한 구체적인 권리는 사업시행자가 이주대책에 관한 구체적인 계획을 수립하여 이를 해당자에게 통지 내지 공고한 후, 이주자가 수분양권을 취득하기를 희망하여 이주대책에 정한 절차에 따라 사업시행자에게 이주대책대상자 선정신청을 하고 사업시행자가 이를 받아들여 이주대책대상자로 확인·결정하여야만 비로소 구체적인 수분양권이 발생하게 된다.

[2] 이주대책은 공공사업의 시행으로 생활근거를 상실하게 되는 자를 위하여 이주자에게 이주 정착지의 택지를 분양하도록 하는 것이고, 사업시행자는 특별공급주택의 수량, 특별공급대상자의 선정 등에 있어서 재량을 가진다.

판례	헌재 2006.2.23, 2004헌마19
49	이주대책의 정당보상 포함 여부

[판시사항]

[1] 공익사업을 위한 토지 등의 취득 및 보상에 관한 법률 시행령 제40조 제3항 제3호(이하 '이 사건 조항'이라 한다)가 이주대책의 대상자에서 세입자를 제외하고 있는 것이 세입자의 재산권을 침해하는지 여부(소극)

[2] 이 사건 조항이 세입자의 평등권을 침해하는지 여부(소극)

[판결요지]

[1] 이주대책은 헌법 제23조 제3항에 규정된 정당보상에 포함되는 것이라기보다는 이에 부가하여 이주자들에게 종전의 생활상태를 회복시키기 위한 생활보상의 일환으로서 국가의 정책적인 배려에 의하여 마련된 제도라고 볼 것이다. 따라서 이주대책의 실시 여부는 입법자의 입법정책적 재량의 영역에 속하므로 토지보상법 시행령 제40조 제3항 제3호가 이주대책의 대상자에서 세입자를 제외하고 있는 것이 세입자의 재산권을 침해하는 것이라 볼 수 없다.

[2] 소유자와 세입자는 생활의 근거의 상실 정도에 있어서 차이가 있는 점, 세입자에 대해서 주거이전비와 이사비가 보상되고 있는 점을 고려할 때, 입법자가 이주대책대상자에서 세입자를 제외하고 있는 이 사건 조항을 불합리한 차별로서 세입자의 평등권을 침해하는 것이라 볼 수는 없다.

판례	대판 2007.8.23, 2005두3776 판결
50	이주대책 관련 소송의 정당한 피고

SH공사가 택지개발사업 시행자인 서울특별시장으로부터 이주대책 수립권한을 포함한 택지개발사업에 따른 권한을 위임 또는 위탁받은 경우, 이주대책대상자들이 SH공사 명의로 이루어진 이주대책에 관한 처분에 대한 취소소송을 제기함에 있어 정당한 피고는 SH공사가 된다.

판례	대판 2010.3.25, 2009두23709 판결
51	이주 및 생활대책자 선정의 제외통보처처분취소

[판시사항]

[1] 사업시행자가 공부상 기재된 건물의 용도를 원칙적인 기준으로 삼아 이주대책대
상자를 선정하는 것이 현저히 불합리하여 위법한 재량권 행사에 해당하는지 여부
(소극)

[2] 사업시행자가 이주 및 생활대책 준칙에서 기준일 이전부터 사업지구 내에 사용승
인을 받은 주택을 소유하고 있으면서 그 주택에 계속 거주하여 온 자를 이주대책
대상자로 정한 후, 타인 명의로 근린생활시설 증축신고를 하고 사용승인을 받은
건물부분에서 거주해오다가 기준일이 지난 다음에야 자신의 명의로 소유권이전등
기를 경료한 사람을 이주대책 대상자에서 제외한 것이 합리적 재량권 행사의 범
위를 넘는 위법한 것으로 볼 수 없다고 한 원심판단을 수긍한 사례

[판결요지]

[1] 사업시행자는 이주대책기준을 정하여 이주대책대상자 중에서 이주대책을 수립 ·
실시하여야 할 자를 선정하여 그들에게 공급할 택지 또는 주택의 내용이나 수량
을 정할 수 있고 이를 정하는 데 재량을 가지므로, 이를 위해 사업시행자가 설정
한 기준은 그것이 객관적으로 합리적이 아니라거나 타당하지 않다고 볼 만한 다
른 특별한 사정이 없는 한 존중되어야 한다. 또한, 공부상 건물의 용도란 기재는
그 건물 소유자의 필요에 의한 신청을 전제로 그 건물의 이용현황에 관계되는 법
령상 규율 등이 종합적으로 반영되어 이루어지는 것이어서 현실적 이용상황에 대
한 가장 객관적인 징표가 될 수 있다는 점 등의 사정에 비추어 볼 때, 공부상 기재
된 용도를 원칙적인 기준으로 삼아 이주대책대상자를 선정하는 방식의 사업시행
자의 재량권 행사가 현저히 불합리하여 위법하다고 보기는 어렵다.

[2] 원고들은 타인명의로 근린생활시설로 증축신고하고 사용승인을 받은 이 사건 건
물부분에서 거주하여 왔고, 원고들 명의 소유권이전등기도 기준일이 지난 다음에
야 경료하였음을 알 수 있는바, 관련 법리와 공익관계법령의 입법 취지 등에 비추
어 보면 피고가 위 기준 내지 준칙에서 기준일 이전부터 사업지구 내에 사용승인
을 받은 주택을 소유하고 있으면서 그 주택에 계속 거주하여 온 자를 이주대책대
상자로 정한 후 원고들이 그와 같은 요건을 갖추지 못하였음을 이유로 원고들을

이주대책대상자에서 제외한 이 사건 처분이 사업시행자로서 합리적 재량권 행사의 범위를 넘는 위법한 것이라고 할 수는 없다.

판례 52	대판 2011.2.24, 2010다43498 판결
	이주대책 중 토지보상법 제78조 제4항 해석

[1] 토지보상법상 이주대책의 제도적 취지

공익사업법에 의한 이주대책은 공익사업의 시행에 필요한 토지 등을 제공함으로 인하여 생활의 근거를 상실하게 되는 이주대책대상자들을 위하여 사업시행자가 '기본적인 생활시설이 포함된' 택지를 조성하거나 그 지상에 주택을 건설하여 이 주대책대상자들에게 이를 '그 투입비용 원가만의 부담하에' 개별공급하는 것으로 서, 그 본래의 취지가 이주대책대상자들에 대하여 종전의 생활상태를 원상으로 회복시키면서 동시에 인간다운 생활을 보장하여 주기 위한 이른바 생활보상의 일 환으로 국가의 적극적이고 정책적인 배려에 의하여 마련된 제도이다.

[2] 토지보상법 소정의 이주대책으로서 이주정착지에 택지를 조성하거나 주택을 건설 하여 공급하는 경우, 이주정착지에 대한 공공시설 등의 설치비용을 당사자들의 합의로 이주자들에게 부담시킬 수 있는지 여부(소극)

공익사업법 제78조 제4항은 사업시행자가 이주대책대상자들을 위한 이주대책으 로서 이주정착지에 택지를 조성하거나 주택을 건설하여 공급하는 경우 그 이주정 착지에 대한 도로, 급수 및 배수시설 기타 공공시설 등 해당 지역조건에 따른 생 활기본시설이 설치되어 있어야 하고, 또한 그 공공시설 등의 설치비용은 사업시 행자가 부담하는 것으로 이를 이주대책대상자들에게 전가할 수 없으며, 이주대책 대상자들에게는 택지조성원가, 건축원가만을 부담시킬 수 있는 것으로 해석함이 상당하고, 위 규정은 그 취지에 비추어 볼 때 당사자의 합의로도 그 적용을 배제 할 수 없는 강행법규에 해당한다.

[3] 이주정착지 조성에 갈음하여 택지개발촉진법에 의하여 이주대책대상자에게 택지 를 공급하는 경우, 그 택지의 분양가격 결정을 위한 택지조성원가의 구체적인 산

정을 택지개발촉진법령에 의하여야 하는지 여부(적극)

택지개발촉진법에 의하여 이주대책대상자에게 택지를 공급하는 경우도 공익사업법 제78조 제1항 소정의 이주대책의 하나인 이상 공익사업법 제78조 제4항의 규정은 이 경우에도 마찬가지로 적용된다고 할 것이나, 그 공급하는 택지의 분양가격 결정을 위한 택지조성 원가의 구체적인 산정은 공익사업법령에 특별한 규정이 없는 이상 택지 공급의 직접적인 근거가 되는 택지개발촉진법령에 의하여야 한다고 봄이 상당하다.

판례	대판 2013.8.22, 2011두28301 판결
53	이주대책에서 처분사유 추가 변경 – 기본적 사실관계가 동일하다는 것의 의미(27회 1번 기출)

행정처분의 취소를 구하는 항고소송에 있어서는 실질적 법치주의와 행정처분의 상대방인 국민에 대한 신뢰보호라는 견지에서 처분청은 당초 처분의 근거로 삼은 사유와 기본적 사실관계에 있어서 동일성이 있다고 인정되지 않는 별개의 사실을 들어 처분사유로 주장함은 허용되지 아니하나, 당초 처분의 근거로 삼은 사유와 기본적 사실관계에 있어서 동일성이 있다고 인정되는 한도 내에서는 다른 사유를 추가하거나 변경할 수 있다. 그리고 기본적 사실관계가 동일하다는 것은 처분사유를 법률적으로 평가하기 이전의 구체적인 사실에 착안하여 그 기초적인 사회적 사실관계가 기본적인 점에서 동일한 것을 말하며, 처분청이 처분 당시에 적시한 구체적 사실을 변경하지 아니하는 범위 내에서 단지 그 처분의 근거 법령만을 추가·변경하거나 당초의 처분사유를 구체적으로 표시하는 것에 불과한 경우에는 새로운 처분사유를 추가하거나 변경하는 것이라고 볼 수 없다.

판례 54	대판 1999.6.11, 97다56150 판결
	간접손실보상

[판시사항]

[1] 공공사업의 시행으로 손실을 입은 자가 사업시행자와 사이에 손실보상에 관한 협의가 이루어지지 않은 경우, 공공용지의 취득 및 손실보상에 관한 특례법 및 같은 법시행규칙상의 간접보상에 관한 규정에 근거하여 직접 사업시행자에게 간접손실에 관한 구체적인 손실보상청구권을 행사할 수 있는지 여부(소극)

[2] 택지개발촉진법에 따른 공공사업의 시행 결과 공공사업의 기업지 밖에서 간접손실이 발생한 경우, 토지수용법 제51조에 근거하여 간접손실에 대한 손실보상청구권이 발생하는지 여부(소극)

[3] 공공사업의 시행 결과 공공사업의 기업지 밖에서 발생한 간접손실에 대하여 사업시행자와 협의가 이루어지지 아니하고, 그 보상에 관한 명문의 법령이 없는 경우, 피해자는 공공용지의 취득 및 손실보상에 관한 특례법 시행규칙상의 손실보상에 관한 규정을 유추적용하여 사업시행자에게 보상을 청구할 수 있는지 여부(적극) 및 그 청구의 방법(=민사소송)

[판결요지]

[1] 공공용지의 취득 및 손실보상에 관한 특례법은 사업시행자가 공공사업에 필요한 토지 등을 협의에 의하여 취득 또는 사용할 경우 이에 따르는 손실보상의 기준과 방법을 정하는 것을 목적으로 하는 법이므로, 공공사업의 시행으로 손실을 입은 자는 사업시행자와 사이에 손실보상에 관한 협의가 이루어지지 아니한 이상, 같은법 시행규칙 제23조의5, 제23조의6 등의 간접보상에 관한 규정들에 근거하여 곧바로 사업시행자에게 간접손실에 관한 구체적인 손실보상청구권을 행사할 수는 없다.

[2] '영업상의 손실'이란 수용의 대상이 된 토지·건물 등을 이용하여 영업을 하다가 그 토지·건물 등이 수용됨으로 인하여 영업을 할 수 없거나 제한을 받게 됨으로 인하여 생기는 직접적인 손실, 즉 수용손실을 말하는 것일 뿐이고 공공사업의 시행 결과 그 공공사업의 시행이 기업지 밖에 미치는 간접손실을 말하는 것은 아니므로, 그 영업상의 손실에 대한 보상액 산정에는 토지수용법 제57조의2에 따라 공공용지의 취득 및 손실보상에 관한 특례법 시행규칙 제23조의6 등의 간접보상에 관한 규정들을 준용할 수 없고, 따라서 토지수용법 제51조에 근거하여 간접손실에 대한 손실보상청구권이 발생한다고 할 수 없다.

[3] 공공사업시행지구 밖에 위치한 영업과 공작물 등에 대한 간접손실에 대하여도 일정한 조건하에서 이를 보상하도록 규정하고 있는 점에 비추어, 공공사업의 시행으로 인하여 그러한 손실이 발생하리라는 것을 쉽게 예견할 수 있고 그 손실의 범위도 구체적으로 이를 특정할 수 있는 경우라면 그 손실의 보상에 관하여 공공용지의 취득 및 손실보상에 관한 특례법 시행규칙의 관련 규정 등을 유추적용할 수 있다고 해석함이 상당하고, 이러한 간접손실은 사법상의 권리인 영업권 등에 대한 손실을 본질적 내용으로 하고 있는 것으로서 그 보상청구권은 공법상의 권리가 아니라 사법상의 권리이고, 그 보상금의 결정 방법, 불복절차 등에 관하여 아무런 규정도 마련되어 있지 아니하므로, 그 보상을 청구하려는 자는 사업시행자가 보상청구를 거부하거나 보상금액을 결정한 경우라도 이에 대하여 행정소송을 제기할 것이 아니라, 사업시행자를 상대로 민사소송으로 직접 손실보상금 지급청구를 하여야 한다.

판례 55 | 대판 2002.3.12, 2000다73612 판결

공익사업시행지구 밖의 보상

[판시사항]

[1] 수산제조업 신고에 있어서 담당 공무원이 관계법령에 규정되지 아니한 서류를 요구하여 신고서를 제출하지 못하였다는 사정만으로 신고가 있었던 것으로 볼 수 있는지 여부(소극)

[3] 공공사업시행지구 밖의 수산제조업자가 공공사업의 시행으로 그 배후지가 상실되어 영업을 할 수 없게 된 경우, 그 손실보상액 산정에 관하여 (구)공공용지의 취득 및 손실보상에 관한 특례법 시행규칙의 간접보상규정을 유추적용할 수 있는지 여부(적극)

[판결요지]

[1] 수산제조업을 하고자 하는 사람이 형식적 요건을 모두 갖춘 수산제조업 신고서를 제출한 경우에는 담당 공무원이 관계법령에 규정되지 아니한 사유를 들어 그 신고를 수리하지 아니하고 반려하였다고 하더라도 그 신고서가 제출된 때에 신

고가 있었다고 볼 것이나, 담당 공무원이 관계법령에 규정되지 아니한 서류를 요구하여 신고서를 제출하지 못하였다는 사정만으로는 신고가 있었던 것으로 볼 수 없다.

[3] 공공사업시행지구 밖에서 관계법령에 따라 신고를 하고 수산제조업을 하고 있는 사람에게 공공사업의 시행으로 인하여 그 배후지가 상실되어 영업을 할 수 없게 되었음을 이유로 손실보상을 하는 경우 그 보상액의 산정에 관하여는 (구)공공용지의 취득 및 손실보상에 관한 특례법 시행규칙의 간접보상에 관한 규정을 유추적용할 수 있다.

판례 56	대판 2005.1.28, 2002두4679 판결
	보상금증감청구소송에 있어서 감정평가의 차이 시 채증방법

보상금증감청구소송에 있어서 이의재결의 기초가 된 각 감정기관의 감정평가와 법원 감정인의 감정평가가 평가방법에 있어 위법사유가 없고 개별요인비교를 제외한 나머지 가격산정요인의 참작에 있어서는 서로 견해가 일치하나 개별요인비교에 관하여만 평가를 다소 달리한 관계로 감정결과에 차이가 생기게 된 경우, 그 중 어느 감정평가의 개별요인비교의 내용에 오류가 있음을 인정할 자료가 없는 이상 각 감정평가 중 어느 것을 취신하여 정당보상가액으로 인정하는가 하는 것은 그것이 논리칙과 경험칙에 반하지 않는 이상 법원의 재량에 속한다.

판례	대판 2008.9.25, 2008두9591 판결
57	보상금증감청구소송에서 법원의 심리

사업시행자를 피고로 하여 제기하는 보상금증감청구소송은 법원이 정당한 보상액을 심리하는 것을 전제로 하고 있으므로, 법원은 토지수용위원회 재결의 기초가 된 감정기관의 감정평가가 위법하다고 인정하는 경우에는 그 후 법원의 심리과정에서 선임된 감정인의 감정평가 역시 위법하다고 하더라도 곧바로 토지소유자 또는 관계인의 청구를 기각할 것이 아니라, 감정인 등에게 적법한 감정평가방법에 따른 재감정을 명하거나 사실조회를 하는 등의 방법으로 석명권을 행사하여 그 정당한 보상액을 심리한 다음, 이를 토지수용위원회 재결시의 보상액과 비교하여 청구의 인용 여부를 결정하여야 한다.

판례	대판 2010.6.24, 2010두1231 판결
58	대집행계고를 하기 위한 요건

행정대집행법 제2조는 대집행의 대상이 되는 의무를 '법률(법률의 위임에 의한 명령, 지방자치단체의 조례를 포함한다)에 의하여 직접 명령되었거나 또는 법률에 의거한 행정청의 명령에 의한 행위로서 타인이 대신하여 행할 수 있는 행위'라고 규정하고 있으므로, 대집행계고처분을 하기 위하여는 법령에 의하여 직접 명령되거나 법령에 근거한 행정청의 명령에 의한 의무자의 대체적 작위의무 위반행위가 있어야 한다.

판례	대판 2006.10.13, 2006두7086 판결
59	대집행의 대상

토지 등의 협의취득은 공공사업에 필요한 토지 등을 그 소유자와의 협의에 의하여 취득하는 것으로서 공공기관이 사경제주체로서 행하는 사법상 매매 내지 사법상 계약의 실질을 가지는 것이므로, 그 협의취득 시 건물소유자가 매매대상 건물에 대한 철거의무를 부담하겠다는 취지의 약정을 하였다고 하더라도 이러한 철거의무는 공법상의 의무가 될 수 없고, 이 경우에도 행정대집행법을 준용하여 대집행을 허용하는 별도의 규정이 없는 한 위와 같은 철거의무는 행정대집행법에 의한 대집행의 대상이 되지 않는다.

판례	대판 2010.1.14, 2009다76270 판결
60	환매권 : 토지보상법 제91조 제2항의 입법취지

사업시행자가 공익사업에 필요하여 취득한 토지가 그 공익사업의 폐지·변경 등의 사유로 공익사업에 이용할 필요가 없게 된 것은 아니라고 하더라도, 사실상 그 전부를 공익사업에 이용하지도 아니할 토지를 미리 취득하여 두도록 허용하는 것은 공익사업법에 의하여 토지를 취득할 것을 인정한 원래의 취지에 어긋날 뿐 아니라 토지가 이용되지 아니한 채 방치되는 결과가 되어 사회경제적으로도 바람직한 일이 아니기 때문에, 취득한 토지가 공익사업에 이용할 필요가 없게 되었을 때와 마찬가지로 보아 환매권의 행사를 허용하려는 것이 공익사업법 제91조 제2항의 입법취지라고 할 수 있다.

| 판례 | 대판 2005.8.19, 2004다2809 판결 |
| 61 | 토지의 인도이전의무가 대집행의 대상이 되는지 여부 |

피수용자 등이 기업자에 대하여 부담하는 수용대상토지의 '인도'에는 명도도 포함되는 것으로 보아야 하고, 이러한 명도의무는 그것을 강제적으로 실현하면서 직접적인 실력행사가 필요한 것이지 대체적 작위의무라고 볼 수 없으므로 특별한 사정이 없는 한 행정대집행법에 의한 대집행의 대상이 될 수 있는 것이 아니다.

| 판례 | 대판 2010.5.13, 2010다12043, 12050 판결 |
| 62 | 환매권 : 토지보상법 제91조 정한 환매권의 행사요건 및 그 판단기준 |

토지보상법 제91조에서 정하는 환매권은 '해당 사업의 폐지 · 변경 그 밖의 사유로 인하여 취득한 토지의 전부 또는 일부가 필요 없게 된 경우'에 행사할 수 있다. 여기서 '해당 사업'이란 토지의 협의취득 또는 수용의 목적이 된 구체적인 특정 공익사업을 가리키는 것이고, 취득된 토지가 '필요 없게 된 경우'라 함은 그 토지가 취득의 목적이 된 특정 공익사업의 폐지 · 변경 그 밖의 사유로 인하여 그 사업에 이용할 필요가 없어진 경우를 의미하며, 위와 같이 취득된 토지가 필요 없게 되었는지의 여부는 해당 공익사업의 목적과 내용, 토지 취득의 경위와 범위, 해당 토지와 공익사업의 관계, 용도 등 제반 사정에 비추어 객관적, 합리적으로 판단하여야 한다.

판례	대판 2010.9.30, 2010다30782 판결
63	환매권 행사의 제한

[판시사항]

[3] '공익사업을 위한 토지 등의 취득 및 보상에 관한 법률' 제91조 제6항에 정한 공익사업의 변환이 인정되는 경우, 환매권 행사가 제한되는지 여부(적극)

[4] '공익사업을 위한 토지 등의 취득 및 보상에 관한 법률' 제91조 제6항에 정한 공익사업의 변환은 새로운 공익사업에 관해서도 같은 법 제20조 제1항의 규정에 의해 사업인정을 받거나 위 규정에 따른 사업인정을 받은 것으로 의제되는 경우에만 인정할 수 있는지 여부(적극)

[5] 공익사업을 위해 협의취득하거나 수용한 토지가 변경된 사업의 사업시행자 아닌 제3자에게 처분된 경우에도 '공익사업의 변환'을 인정할 수 있는지 여부(소극)

[판결요지]

[3] 공익사업의 변환을 인정한 입법 취지 등에 비추어 볼 때, 토지보상법 제91조 제6항은 사업인정을 받은 당해 공익사업의 폐지·변경으로 인하여 협의취득하거나 수용한 토지가 필요 없게 된 때라도 위 규정에 의하여 공익사업의 변환이 허용되는 다른 공익사업으로 변경되는 경우에는 당해 토지의 원소유자 또는 그 포괄 승계인에게 환매권이 발생하지 않는다는 취지를 규정한 것이라고 보아야 하고, 위 조항에서 정한 "제1항 및 제2항의 규정에 의한 환매권 행사기간은 관보에 당해 공익사업의 변경을 고시한 날로부터 기산한다."는 의미는 새로 변경된 공익사업을 기준으로 다시 환매권 행사의 요건을 갖추지 못하는 한 환매권을 행사할 수 없고 환매권 행사 요건을 갖추어 제1항 및 제2항에 정한 환매권을 행사할 수 있는 경우에 그 환매권 행사기간은 당해 공익사업의 변경을 관보에 고시한 날로부터 기산한다는 의미로 해석해야 한다.

[4] 토지보상법 제91조 제6항에 정한 공익사업의 변환은 같은 법 제20조 제1항의 규정에 의한 사업인정을 받은 공익사업이 일정한 범위 내의 공익성이 높은 다른 공익사업으로 변경된 경우에 한하여 환매권의 행사를 제한하는 것이므로, 적어도 새로운 공익사업에 관해서도 같은 법 제20조 제1항의 규정에 의해 사업인정을 받거나 또는 위 규정에 따른 사업인정을 받은 것으로 의제하는 다른 법률의 규정에 의해 사업인정을 받은 것으로 볼 수 있는 경우에만 공익사업의 변환에 의한 환매권 행사의 제한을 인정할 수 있다.

[5] 공익사업의 원활한 시행을 위한 무익한 절차의 반복 방지라는 '공익사업의 변환'을 인정한 입법 취지에 비추어 볼 때, 만약 사업시행자가 협의취득하거나 수용한 당해 토지를 제3자에게 처분해 버린 경우에는 어차피 변경된 사업시행자는 그 사업의 시행을 위하여 제3자로부터 토지를 재취득해야 하는 절차를 새로 거쳐야 하는 관계로 위와 같은 공익사업의 변환을 인정할 필요성도 없게 되므로, 공익사업의 변환을 인정하기 위해서는 적어도 변경된 사업의 사업시행자가 당해 토지를 소유하고 있어야 한다. 나아가 공익사업을 위해 협의취득하거나 수용한 토지가 제3자에게 처분된 경우에는 특별한 사정이 없는 한 그 토지는 당해 공익사업에는 필요 없게 된 것이라고 보아야 하고, 변경된 공익사업에 관해서도 마찬가지이므로, 그 토지가 변경된 사업의 사업시행자 아닌 제3자에게 처분된 경우에는 공익사업의 변환을 인정할 여지도 없다.

판례 64	헌재 2005.5.26, 2004헌가10
	환매의 목적물 : 토지의 소유권에 한정

토지에 대해서는 보상이 이루어지더라도 수용당한 소유자에게 감정상의 손실 등이 남아있게 되나, 건물의 경우 정당한 보상이 주어졌다면 그러한 손실이 남아있는 경우는 드물다. 따라서 토지에 대해서는 그 존속가치를 보장해 주기 위해 공익사업의 폐지·변경 등으로 토지가 불필요하게 된 경우 환매권이 인정되어야 할 것이나, 건물에 대해서는 그 존속가치를 보장하기 위하여 환매권을 인정하여야 할 필요성이 없거나 매우 적다. 따라서 건물에 대한 환매권을 인정하지 않는 입법이 자의적인 것이라거나 정당한 입법목적을 벗어난 것이라 할 수 없고, 이미 정당한 보상을 받은 건물소유자의 입장에서는 해당 건물을 반드시 환매 받아야 할만한 중요한 사익이 있다고 보기 어려우며, 건물에 대한 환매권이 부인된다고 해서 종전 건물소유자의 자유실현에 여하한 지장을 초래한다고 볼 수 없다. 즉, 토지보상법 제91조 제1항 중 "토지" 부분으로 인한 기본권 제한의 정도와 피해는 미비하고 이 사건 조항이 공익에 비하여 사익을 과도하게 침해하는 것은 아니다. 입법자가 건물에 대한 환매권을 부인한 것은 헌법적 한계 내에 있는 입법재량권의 행사이므로 재산권을 침해하는 것이라 볼 수 없다.

판례	대판 2006.11.23, 2006다35124 판결
65	환매권의 제척기간 및 불법행위의 성립여부

[판시사항]

[1] 징발재산 정리에 관한 특별조치법 부칙(1993.12.27.) 제2조에 정한 국방부장관의 환매통지가 없는 경우, 같은 조에 따른 환매권의 제척기간

[2] 국방부장관이 징발재산 정리에 관한 특별조치법 부칙(1993.12.27.) 제2조에 정한 환매의 통지나 공고를 하지 않거나 부적법하게 함으로써 환매권자로 하여금 환매권 행사기간을 넘기게 하여 환매권을 상실하는 손해를 입게 한 경우, 불법행위의 성립 여부

[판결요지]

[1] 징발재산 정리에 관한 특별조치법 부칙(1993.12.27.) 제2조에 의한 환매권을 행사할 수 있는 기간은 같은 조 제3항, 같은 법 제20조 제3항에 의하여 국방부장관의 통지가 있을 때에는 그 통지를 받은 날로부터 3개월이고, 국방부장관의 통지가 없을 때에는, 같은 법 부칙 제2조의 환매권이 제척기간의 경과로 환매권이 소멸한 자에게 은혜적으로 환매권을 재행사할 수 있도록 배려한 것이라는 점과 그로 인한 법률관계가 조속하게 안정되어야 할 필요성 및 국방부장관의 통지가 있는 경우와의 균형에 비추어 볼 때 국방부장관의 통지가 있는 경우에 최종적으로 환매권을 행사할 수 있는 시한과 같은 1996.3.31.까지이다.

[2] 징발재산 정리에 관한 특별조치법 부칙(1993.12.27.) 제2조 제3항 및 같은 법 제20조 제2항이 환매권 행사의 실효성을 보장하기 위하여 국방부장관의 통지 또는 공고의무를 규정한 이상 국방부장관이 위 규정에 따라 환매권자에게 통지나 공고를 하여야 할 의무는 법적인 의무이므로, 국방부장관이 이러한 의무를 위반한 채 통지 또는 공고를 하지 아니하거나 통지 또는 공고를 하더라도 그 통지 또는 공고가 부적법하여 환매권자로 하여금 환매권 행사기간을 넘기게 하여 환매권을 상실하는 손해를 입게 하였다면 환매권자에 대하여 불법행위가 성립할 수 있다.

판례 66	대판 2000.11.14, 99다45864 판결
	환매권의 통지의무

환매권의 규정은 단순한 선언적인 것이 아니라 사업시행자의 법적인 의무를 정한 것이라고 보아야 할 것인 바, 사업시행자가 위 각 규정에 의한 통지나 공고를 하여야할 의무가 있는데도 불구하고 이러한 의무에 위배한 채 원소유자 등에게 통지나 공고를 하지 아니하여, 원소유자 등으로 하여금 환매권 행사기간이 도과되도록 하여 이로인하여 법률에 의하여 인정되는 환매권 행사가 불가능하게 되어 환매권 그 자체를상실하게 하는 손해를 가한 때에는 원소유자 등에 대하여 불법행위를 구성한다고 할것이다.

판례 67	대판 2006.12.21, 2006다49277 판결
	환매권의 행사방법

환매는 환매기간 내에 환매의 요건이 발생하면 환매권자가 지급받은 보상금에 상당한금액을 사업시행자에게 미리 지급하고 일방적으로 의사표시를 함으로써 사업시행자의 의사와 관계없이 환매가 성립하고, 토지 등의 가격이 취득 당시에 비하여 현저히변경되었더라도 같은 법 제91조 제4항에 의하여 당사자 간에 금액에 관하여 협의가성립하거나 사업시행자 또는 환매권자가 그 금액의 증감을 법원에 청구하여 법원에서그 금액이 확정되지 않는 한, 그 가격이 현저히 등귀한 경우이거나 하락한 경우이거나를 묻지 않고 환매권을 행사하기 위하여는 지급받은 보상금 상당액을 미리 지급하여야 하고 또한 이로써 족한 것이며, 사업시행자는 소로써 법원에 환매대금의 증액을청구할 수 있을 뿐 환매권 행사로 인한 소유권이전등기 청구소송에서 환매대금 증액청구권을 내세워 증액된 환매대금과 보상금 상당액의 차액을 지급할 것을 선이행 또는 동시이행의 항변으로 주장할 수 없다.

판례 68	대판 2009.6.11, 2009두3323 판결
	이주대책대상자 적격성 확인청구(20회 기출)

[판시사항]

[1] 도시개발사업에 따른 이주대책대상자와 아닌 자를 정하는 기준일(=공익사업을 위한 관계법령에 의한 고시 등이 있은 날)

[2] 은평뉴타운 개발사업에 따른 이주대책대상자를 정하면서 이주대책기준일을 공익사업을 위한 토지 등의 취득 및 보상에 관한 법률 시행령 제40조 제3항 제2호에 정한 '공익사업을 위한 관계법령에 의한 고시 등이 있은 날로 본 원심판결을 파기한 사례

[판결요지]

[1] 공익사업법 시행령 제40조 제3항 제2호에서 말하는 '공익사업을 위한 관계법령에 의한 고시 등이 있은 날'은 이주대책대상자와 아닌 자를 정하는 기준이라고 할 것이다.

[2] 위 사안의 이주대책기준일을 공익사업법 시행령 제40조 제3항 제2호에서 말하는 '공익사업을 위한 관계법령에 의한 공시 등이 있은 날'에 해당한다고 볼 아무런 근거가 없을 뿐만 아니라, 이 사건 이주대책기준은 이주대책기준일을 기준으로 이주대책대상자와 아닌 자를 정한 것이 아니라, 보상계획 공고일을 기준으로 이주대책대상자를 정한 다음, 협의계약과 자진 이주 여부, 협의계약 체결일 또는 수용재결일까지 해당 주택에 계속 거주하였는지 여부, 전세대원이 사업구역 내 주택 외에 무주택자인지 여부, 주택 취득 시점이 이 사건 이주대책기준일 전후인지 여부 등을 고려하여 이주대책대상자 중 이주대책을 수립·실시하여야 할 자를 선정하고, 그들에게 공급할 아파트의 종류 및 면적을 정한 것이라고 봄이 상당하고, 따라서 이 사건 보상계획공고일 이전에 주택을 취득, 소유하고 있던 원고는 일단 이주대책대상자에는 해당한다고 할 것이다. 그럼에도 불구하고 이 사건은 이주대책기준일이 '관계법령에 의한 고시 등이 있은 날과 동일시 할 수 있거나 그와 유사한 날로 보아야 할 것이라고 단정한 나머지 원고가 이 사건 보상계획의 내용에 따른 이주대책대상자에 해당하는지 여부를 따져보지도 아니한 채 이 사건 청구를 배척하였으므로, 이는 보상계획의 내용을 오해하여 판결에 영향을 미친 위법이 있다고 할 것이다.

판례	대판 2009.2.26, 2007두13340 판결
69	이주대책대상자 제외처분 취소

[판시사항]

[1] 공익사업을 위한 토지 등의 취득 및 보상에 관한 법률 시행령 제40조 제3항 제2호의 '공익사업을 위한 관계법령에 의한 고시 등이 있은 날' 당시 주거용 건물이 아니었던 건물이 그 후 주거용으로 용도 변경된 경우, 이주대책대상이 되는 주거용 건축물인지 여부(소극)

[2] 공익사업을 위한 토지 등의 취득 및 보상에 관한 법률 시행령 제40조 제3항 제2호의 '공익사업을 위한 관계법령에 의한 고시 등이 있은 날'에 주민 등에 대한 공람공고일도 포함되는지 여부(한정 적극)

[판결요지]

[1] 토지보상법 제78조 제1항에 정한 이주대책의 대상이 되는 주거용 건축물이란 위 시행령 제40조 제3항 제2호의 '공익사업을 위한 관계법령에 의한 고시 등이 있은 날' 당시 건축물의 용도가 주거용인 건물을 의미한다고 해석되므로, 그 당시 주거용 건물이 아니었던 건물이 그 이후에 주거용으로 용도 변경된 경우에는 건축 허가를 받았는지 여부에 상관없이 수용재결 내지 협의계약 체결 당시 주거용으로 사용된 건물이라 할지라도 이주대책대상이 되는 주거용 건축물이 될 수 없다.

[2] 이주대책기준일이 되는 토지보상법 시행령 제40조 제3항 제2호의 '공익사업을 위한 관계법령에 의한 고시 등이 있은 날'에는 토지수용 절차에 토지수용법을 준용하도록 한 관계법률에서 사업인정의 고시 외에 주민 등에 대한 공람공고를 예정하고 있는 경우에는 사업인정의 고시일뿐만 아니라 공람공고일도 포함될 수 있다.

판례	대판 1995.11.7, 94누13725 판결
70	해당 공익사업의 시행을 위한 용도지역의 변경

토지수용으로 인한 손실보상액을 산정함에 있어서는 해당 공공사업의 시행을 직접 목적으로 하는 계획의 승인·고시로 인한 가격변동은 이를 고려함이 없이 수용재결 당시의 가격을 기준으로 하여 적정가격을 정하여야 하는 것이므로, 택지개발계획의 시행을 위하여 용도지역이 경지지역에서 도시지역으로 변경된 토지들에 대하여 그 이후 이 사업을 시행하기 위하여 이를 수용하였다면, 표준지의 선정이나 지가변동률의 적용, 품등비교 등 그 보상액 재결을 위한 평가를 함에 있어서는 용도지역의 변경을 고려함이 없이 평가하여야 할 것이다.

판례	대판 2005.2.18, 2003두14222 판결
71	공법상 제한을 받는 토지의 평가

공법상의 제한을 받는 토지의 수용보상액을 산정함에 있어서는 그 공법상의 제한이 해당 공공사업의 시행을 직접 목적으로 하여 가하여진 경우에는 그 제한을 받지 아니하는 상태대로 평가하여야 할 것이지만, 공법상 제한이 해당 공공사업의 시행을 직접 목적으로 하여 가하여진 경우가 아니라면 그러한 제한을 받는 상태 그대로 평가하여야 하고, 그와 같은 제한이 해당 공공사업의 시행 이후에 가하여진 경우라고 하여 달리 볼 것은 아니다.

문화재보호구역의 확대 지정이 해당 공공사업인 택지개발사업의 시행을 직접 목적으로 하여 가하여진 것이 아님이 명백하므로 토지의 수용보상액은 그러한 공법상 제한을 받는 상태대로 평가하여야 한다.

판례	대판 2007.7.12, 2006두11507 판결
72	보상액 산정 시 용도지역 판단

[판시사항]

[1] 공원조성사업의 시행을 직접 목적으로 일반주거지역에서 자연녹지지역으로 변경된 토지에 대한 수용보상액을 산정하는 경우, 그 대상 토지의 용도지역을 일반주거지역으로 하여 평가하여야 한다고 한 사례

[2] 수용보상액 산정을 위해 토지를 평가함에 있어 토지의 현재 상태가 산림으로서 사실상 개발이 어렵다는 사정이 개별요인의 비교 시에 이미 반영된 경우, 입목본수도가 높아 관계 법령상 토지의 개발이 제한된다는 점을 기타요인에서 다시 반영하는 것은 이미 반영한 사유를 중복하여 반영하는 것으로서 위법하다고 한 사례

[3] 한국감정평가업협회가 제정한 '토지보상평가지침'의 법적 성질 및 감정평가가 이에 반하여 이루어졌다는 사정만으로 위법하게 되는지 여부(소극)

[4] 도시계획구역 내에 있는 수용대상토지에 대한 표준지 선정 방법

[5] 토지가격비준표가 토지수용에 따른 보상액 산정의 기준이 되는지 여부(소극)

[6] 비교표준지와 수용대상토지에 대한 지역요인 및 개별요인 등 품등비교를 함에 있어서 현실적인 이용상황에 따른 비교수치 외에 공부상 지목에 따른 비교수치를 중복적용할 수 있는지 여부(소극)

[7] 토지수용보상액 산정에 있어 인근유사토지의 정상거래가격이나 보상선례를 참작할 수 있는지 여부(한정 적극)

[판결요지]

[1] 공원조성사업의 시행을 직접 목적으로 일반주거지역에서 자연녹지지역으로 변경된 토지에 대한 수용보상액을 산정하는 경우, 그 대상 토지의 용도지역을 일반주거지역으로 하여 평가하여야 한다.

[2] 수용보상액 산정을 위해 토지를 평가함에 있어 토지의 현재 상태가 산림으로서 사실상 개발이 어렵다는 사정이 개별요인의 비교 시에 이미 반영된 경우, 입목본수도가 높아 관계 법령상 토지의 개발이 제한된다는 점을 기타요인에서 다시 반영하는 것은 이미 반영한 사유를 중복하여 반영하는 것으로서 위법하다.

[3] 한국감정평가업협회가 제정한 토지보상평가지침에서 입목본수도 등에 따른 관계 법령상의 사용제한 등을 개별요인이 아닌 기타요인에서 평가하도록 정하고 있으나, 위 토지보상평가지침은 단지 한국감정평가업협회가 내부적으로 기준을 정한 것에 불과하여 일반 국민이나 법원을 기속하는 것이 아니므로 위 지침에 반하여 위와 같은 법령상의 제한사항을 기타요인이 아닌 개별요인의 비교 시에 반영하였다는 사정만으로 감정평가가 위법하게 되는 것은 아니다.

[4] 수용대상토지가 도시계획구역 내에 있는 경우에는 그 용도지역이 토지의 가격형성에 미치는 영향을 고려하여 볼 때, 당해 토지와 같은 용도지역의 표준지가 있으면 다른 특별한 사정이 없는 한 용도지역이 같은 토지를 당해 토지에 적용할 표준지로 선정함이 상당하고, 가령 그 표준지와 당해 토지의 이용상황이나 주변환경 등에 다소 상이한 점이 있다 하더라도 이러한 점은 지역요인이나 개별요인의 분석 등 품등비교에서 참작하면 된다.

[5] 건설교통부장관이 작성하여 관계 행정기관에 제공하는 '지가형성요인에 관한 표준적인 비교표(토지가격비준표)'는 개별토지가격을 산정하기 위한 자료로 제공되는 것으로, 토지수용에 따른 보상액 산정의 기준이 되는 것은 아니고 단지 참작자료에 불과할 뿐이다.

[6] 토지의 수용·사용에 따른 보상액을 평가함에 있어서는 관계 법령에서 들고 있는 모든 산정요인을 구체적·종합적으로 참작하여 그 각 요인들을 모두 반영하되 지적공부상의 지목에 불구하고 가격시점에 있어서의 현실적인 이용상황에 따라 평가되어야 하므로, 비교표준지와 수용대상토지의 지역요인 및 개별요인 등 품등비교를 함에 있어서도 현실적인 이용상황에 따른 비교수치 외에 다시 공부상의 지목에 따른 비교수치를 중복적용하는 것은 허용되지 아니한다.

[7] 토지수용보상액 산정에 관한 관계 법령의 규정을 종합하여 보면, 수용대상토지에 대한 보상액을 산정하는 경우 거래사례나 보상선례 등을 반드시 조사하여 참작하여야 하는 것은 아니지만, 인근유사토지가 거래되거나 보상이 된 사례가 있고 그 가격이 정상적인 것으로서 적정한 보상액 평가에 영향을 미칠 수 있는 것임이 입증된 경우에는 인근유사토지의 정상거래가격을 참작할 수 있고, 보상선례가 인근유사토지에 관한 것으로서 당해 수용대상토지의 적정가격을 평가하는 데 있어 중요한 자료가 되는 경우에는 이를 참작하는 것이 상당하다.

판례	대판 2005.5.12, 2003두9565 판결
73	불법형질변경토지의 평가

(구)공공용지의 취득 및 손실보상에 관한 특례법 시행규칙 부칙 제4항에 의하여 그 시행일인 1995.1.7. 이전에 도시계획시설(공원)의 부지로 결정·고시 된 불법형질변경토지에 대하여는 형질변경이 될 당시의 토지이용상황을 상정하여 평가하도록 한 같은 법 시행규칙 제6조 제6항을 적용할 수 없으므로 수용재결 당시의 현실적인 이용상황에 따라 평가되어야 할 것이나, 그 주위환경의 사정으로 보아 그 이용방법이 임시적인 것이라면 이는 일시적인 이용상황에 불과하므로 그 토지를 평가함에 있어서 고려할 사항이 아니다.

판례	대판 1997.4.25, 96누13651 판결
74	사실상의 사도

[판시사항]

[1] (구)공공용지의 취득 및 손실보상에 관한 특례법 시행규칙 제6조의2 제1항 제2호 소정의 '사도법에 의한 사도 외의 도로'의 범위

[2] '사도법에 의한 사도 외의 도로'가 사실상 도로인 경우, 공공용지의 취득 및 손실보상에 관한 특례법 시행규칙 제6조의2 제1항 제2호를 적용하기 위한 요건

[판결요지]

[1] 사도법에 의한 사도 외의 도로의 부지를 인근 토지에 대한 평가금액의 3분의 1 이내로 평가하도록 규정함으로써 그 규정의 문언상으로는 그것이 도로법·도시계획법 등에 의하여 설치된 도로이든 사실상 불특정 다수인의 통행에 제공되고 있는 도로이든 가리지 않고 모두 위 규정의 소정의 사도법에 의한 사도 이외의 도로에 해당하는 것으로 보아야 한다.

[2] 위 규정의 취지는 사실상 불특정 다수인의 통행에 제공되고 있는 토지이기만 하면 그 모두를 인근 토지의 3분의 1 이내로 평가한다는 것이 아니라 그 도로의 개

설 경위, 목적, 주위환경, 인접 토지의 획지면적, 소유관계, 이용 상태 등의 제반 사정에 비추어 해당 토지소유자가 자기 토지의 편익을 위하여 스스로 공중의 통행에 제공하는 등 인근 토지에 비하여 낮은 가격으로 보상하여 주어도 될 만한 객관적인 사유가 인정되는 경우에만 인근 토지의 3분의 1 이내에서 평가한다.

판례 75 | 대판 2007.4.12, 2006두18492 판결

사실상의 사도 판단기준

'도로개설 당시의 토지소유자가 자기 토지의 편익을 위하여 스스로 설치한 도로'인지 여부는 인접토지의 획지면적, 소유관계, 이용상태 등이나 개설경위, 목적, 주위환경 등에 의하여 객관적으로 판단하여야 하고, '토지소유자가 그 의사에 의하여 타인의 통행을 제한할 수 없는 도로'에는 법률상 소유권을 행사하여 통행을 제한할 수 없는 경우뿐만 아니라 사실상 통행을 제한하는 것이 곤란하다고 보이는 경우도 해당한다고 할 것이나, 적어도 도로로의 이용상황이 고착화되어 당해 토지의 표준적 이용상황으로 원상회복하는 것이 용이하지 않은 상태에 이르러야 할 것이어서 단순히 당해 토지가 불특정 다수인의 통행에 장기간 제공되어 왔고 이를 소유자가 용인하여 왔다는 사정만으로는 사실상의 도로에 해당한다고 할 수 없다.

판례 76 | 대판 2007.4.26, 2004두6853 판결

토지보상법 시행규칙상 어업손실보상기준 적용 가능 여부

(구)내수면어업개발 촉진법 제7조 제3항에 따라 사유수면에서 하는 양식어업 면허를 받음으로써 같은 법 제11조에 의하여 어업권을 취득하였다면, 이와 같은 면허어업의 경우에는 비록 사유수면이라 하더라도 같은 법 제3조의2 제1항 소정의 '특별한 규정'에 해당하여 위 법의 적용대상이 된다고 봄이 상당하다.

판례	대판 2007.5.31, 2005다44060 판결
77	허가 및 신고어업자의 범위와 그 판단기준

공유수면의 어업자에게 공공사업의 시행으로 인한 손실보상 또는 손해배상을 청구할 수 있는 피해가 발생하였다고 볼 수 있으려면 그 사업시행에 관한 면허 등의 고시일 및 사업시행 당시 적법한 면허어업자이거나 허가 또는 신고어업자로서 어업에 종사하고 있어야 하고, 위 사업시행의 면허 등 고시 이후에 비로소 어업허가를 받았거나 어업신고를 한 경우에는 이는 그 공유수면에 대한 공공사업의 시행과 이로 인한 허가 또는 신고어업의 제한이 이미 객관적으로 확정되어 있는 상태에서 그 제한을 전제로 하여 한 것으로서 그 이전에 어업허가 또는 신고를 마친 자와는 달리 위 공공사업이 시행됨으로써 그렇지 않을 경우에 비하여 그 어업자가 얻을 수 있는 이익이 감소된다고 하더라도 손실보상의 대상이 되는 특별한 손실을 입게 되었다고 할 수 없어 이에 대하여는 손실보상 또는 손해배상을 청구할 수 없고, 어업허가 또는 신고의 경우 그러한 공공사업에 의한 제한이 있는 상태에서 이루어진 것인지 여부는 해당 어업허가 또는 는 신고를 기준으로 하여야 하며, 그 이전에 받았으나 이미 유효기간이 만료한 어업허가 또는 신고를 기준으로 할 수 없다.

판례	대판 2010.9.9, 2010두11641 판결
78	영업손실의 보상대상(가격시점)

토지보상법 제67조 제1항은 공익사업의 시행으로 인한 손실보상액의 산정은 협의에 의한 경우에는 협의성립 당시의 가격을, 재결에 의한 경우에는 수용 또는 사용의 재결 당시의 가격을 기준으로 한다고 규정하므로, 위 법 제77조 제4항의 위임에 따라 영업손실의 보상대상인 영업을 정한 같은 법 시행규칙 제45조 제1호에서 말하는 '적법한 장소(무허가건축물 등, 불법형질변경토지, 그 밖에 다른 법령에서 물건을 쌓아놓는 행위가 금지되는 장소가 아닌 곳을 말한다)에서 인적·물적 시설을 갖추고 계속적으로 행하고 있는 영업'에 해당하는지 여부는 협의성립, 수용재결 또는 사용재결 당시를 기준으로 판단하여야 한다.

대판 2001.8.24, 2001두7209 판결

가설건축물 수용 시 임차인의 영업손실보상 여부

구 도시계획법제14조의2 제4항의 규정은 도시계획시설사업의 집행계획이 공고된 토지에 대하여 건축물을 건축하고자 하는 자는 장차 도시계획사업이 시행될 때에는 건축한 건축물을 철거하는 등 원상회복의무가 있다는 점을 이미 알고 있으므로 건축물의 한시적 이용 및 원상회복에 따른 경제성 기타 이해득실을 형량하여 건축 여부를 결정할 수 있도록 한 것으로서, 이러한 사실을 알면서도 건축물을 건축하였다면 스스로 원상회복의무의 부담을 감수한 것이므로 도시계획사업을 시행함에 있어 무상으로 당해 건축물의 원상회복을 명하는 것이 과도한 침해라거나 특별한 희생이라고 볼 수 없다. 그러므로 토지소유자는 도시계획사업이 시행될 때까지 가설건축물을 건축하여 한시적으로 사용할 수 있는 대신 도시계획사업이 시행될 경우에는 자신의 비용으로 그 가설건축물을 철거하여야 할 의무를 부담할 뿐 아니라 가설건축물의 철거에 따른 손실보상을 청구할 수 없고, 보상을 청구할 수 없는 손실에는 가설건축물 자체의 철거에 따른 손실뿐만 아니라 가설건축물의 철거에 따른 영업손실도 포함된다고 할 것이며, 소유자가 그 손실보상을 청구할 수 없는 이상 그의 가설건축물의 이용권능에 터잡은 임차인 역시 그 가설건축물의 철거에 따른 영업손실의 보상을 청구할 수는 없다.

대판 2005.9.15, 2004두14649 판결

영업의 폐지와 휴업보상의 구별기준

영업손실에 관한 보상의 경우 (구)공특법 시행규칙 제24조 제2항 제1호 내지 제3호에 의한 영업의 폐지로 볼 것인지 아니면 영업의 휴업으로 볼 것인지를 구별하는 기준은 해당 영업을 그 영업의 소재지나 인접 시·군 또는 구 지역 안의 다른 장소로 이전하는 것이 가능한지 여부에 달려 있고, 이러한 이전 가능성 여부는 법령상의 이전 장애 사유 유무와 해당 영업의 종류와 특성, 영업시설의 규모, 인접 지역의 현황과 특성, 그 이전을 위하여 당사자가 들인 노력 등과 인근 주민들의 이전 반대 등과 같은 사실상의 이전 장애사유 유무 등을 종합하여 판단하여야 한다.

판례	대판 2014.6.26, 2013두13457 판결
81	영업의 폐지에 대한 보상기준

토지보상법 시행규칙 제46조 제1항에 의하면, 공익사업의 시행으로 인하여 영업을 폐지하는 경우에는 2년간의 영업이익에 영업용 고정자산·원재료·제품 및 상품 등의 매각손실액을 더한 금액을 평가하여 보상한다. 여기에서 제품 및 상품 등 재고자산의 매각손실액이란 영업의 폐지로 인하여 제품이나 상품 등을 정상적인 영업을 통하여 판매하지 못하고 일시에 매각해야 하거나 필요 없게 된 원재료 등을 매각해야 함으로써 발생하는 손실을 말한다. 그리고 위 영업이익에는 이윤이 이미 포함되어 있는 점 등에 비추어 보면 매각손실액 산정의 기초가 되는 재고자산의 가격에 해당 재고자산을 판매할 경우 거둘 수 있는 이윤은 포함되지 않는다.

판례	대판 2001.11.13, 2000두1003 판결
82	휴업보상

[판시사항]

[1] 휴업보상을 인정한 수용재결에 대하여 폐업보상을 요청하며 이의신청을 하였으나 이의재결에서 인용되지 않고 휴업보상금만 증액되었는데 그 휴업보상금을 이의유보 없이 수령한 경우, 이의재결의 결과에 승복한 것인지 여부(적극)

[2] 영업손실에 관한 보상에 있어서 영업의 폐지 또는 영업의 휴업인지 여부의 구별기준(=영업의 이전 가능성) 및 그 판단방법

[판결요지]

[1] 토지소유자가 수용재결에서 정한 손실보상금을 수령할 당시 이의유보의 뜻을 표시하였다 하더라도, 이의재결에서 증액된 손실보상금을 수령하면서 이의유보의 뜻을 표시하지 않은 이상 특별한 사정이 없는 한 이는 이의재결의 결과에 승복하여 수령한 것으로 보아야 하고, 위 증액된 손실보상금을 수령할 당시 이의재결을

다투는 행정소송이 계속중이라는 사실만으로는 추가보상금의 수령에 관하여 이의 유보의 의사표시가 있는 것과 같이 볼 수는 없다 할 것인 바, 이러한 법리는 휴업 보상을 인정한 수용재결에 대하여 폐업보상을 하여 줄 것을 요청하면서 이의를 신청하였으나 이의재결에서 이를 받아들이지 않으면서 증액하여 인정한 휴업보상 금을 이의유보의 뜻을 표시하지 않고 수령한 경우에도 마찬가지로 적용된다.

[2] 영업의 폐지로 볼 것인지 아니면 영업의 휴업으로 볼 것인지를 구별하는 기준은 당해 영업을 그 영업소 소재지나 인접 시·군 또는 구 지역 안의 다른 장소로 이 전하는 것이 가능한지 여부에 달려 있고, 이러한 이전 가능성 여부는 법령상의 이전 장애사유 유무와 당해 영업의 종류와 특성, 영업시설의 규모, 인접지역의 현 황과 특성, 그 이전을 위하여 당사자가 들인 노력 등과 인근 주민들의 이전 반대 등과 같은 사실상의 이전 장애사유 유무 등을 종합하여 판단하여야 한다.

판례	대판 2001.4.27, 2000다50237 판결
83	사업인정고시 이후의 조건부 영업보상

[판시사항]

[1] 공공사업의 시행으로 인한 손실보상액의 산정 시기 및 영업의 폐지나 휴업에 대한 손실보상의 대상에서 제외되는 영업의 종류

[2] 도로구역 결정고시 전에 공장을 운영하다가 고시 후에 시로부터 3년 내에 공장을 이전할 것을 조건으로 공장설립허가를 받았더라도 그 공장부지가 수용되었다면 휴업보상의 대상이 된다고 본 사례

[3] 재결에 대하여 불복절차를 취하지 아니함으로써 그 재결에 대하여 더 이상 다툴 수 없게 된 경우, 기업자가 이미 보상금을 지급받은 자에 대하여 민사소송으로 부당이득의 반환을 구할 수 있는지 여부(소극)

[판결요지]

[1] 영업의 폐지나 휴업에 대한 손실보상의 대상이 되는 영업의 범위에는, 관계 법령에 의하여 당해 공공사업에 관한 계획의 고시 등이 있은 후에 당해 법률에 의하여 금지된 행위를 하거나 허가를 받아야 할 행위를 허가 없이 행한 경우 또는 관계 법령에 의하여 허가·면허 또는 신고 등이나 일정한 자격이 있어야 행할 수 있는 영업이나 행위를 당해 허가·면허 또는 신고 등이나 자격 없이 행하고 있는 경우만 제외되므로, 공공사업에 관한 계획의 고시 등이 있기 이전은 물론이고 그 이후라도 계약체결, 협의성립 또는 수용재결 이전에 영업이나 행위에 필요한 허가·면허·신고나 자격을 정하고 있는 관계 법령에 의하여 그 허가 등의 요건을 갖춘 영업이나 행위는 그것이 어느 법령에도 위반되지 아니하고 또한 위와 같은 보상 제외사유의 어디에도 해당되지 아니하는 것으로서 손실보상의 대상이 된다.

[2] 도로구역 결정고시 전에 공장을 운영하다가 고시 후에 시로부터 3년 내에 공장을 이전할 것을 조건으로 공장설립허가를 받았더라도 그 공장부지가 수용되었다면 휴업보상의 대상이 된다고 본 사례

[3] 재결에 대하여 불복절차를 취하지 아니함으로써 그 재결에 대하여 더 이상 다툴 수 없게 된 경우에는 기업자는 그 재결이 당연무효이거나 취소되지 않는 한, 이미 보상금을 지급받은 자에 대하여 민사소송으로 그 보상금을 부당이득이라 하여 반환을 구할 수 없다.

판례	대판 2006.7.28, 2004두3468 판결
84	일부편입 시 일실임대수입의 보상 등

건물의 일부가 공공사업지구에 편입되어 그 건물의 잔여부분을 종래의 목적대로 사용할 수 없거나 사용이 현저히 곤란한 경우에는 그 잔여부분에 대하여는 원가법으로 산정한 이전비용으로 보상하되, 그 건물의 잔여부분을 보수하여 사용할 수 있는 경우에는 보수비로 평가하여 보상하도록 하고 있고, 보상액을 지급하였다고 하더라도 그 보상액에는 보수기간이나 임대하지 못한 기간 동안의 일실임대수입액은 포함되어 있지 않으므로 그러한 경우에는 3월의 범위 내에서 보수기간이나 임대하지 못한 기간 동안

의 일실 임대수입은 수용으로 인한 보상액에 포함되어야 하고, 다만 3월 이상의 보수기간이나 임대하지 못한 기간이 소요되었다는 특별한 사정이 있는 경우에는 그 기간동안의 일실 임대수입 역시 수용으로 인한 보상액에 포함되어야 하며, 위와 같이 보수기간이나 임대하지 못한 기간이 3월 이상 소요되었다는 특별한 사정은 잔여건물이나임대사업 자체의 고유한 특수성으로 인하여 3월 내에 잔여건물을 보수하거나 임대하는 것이 곤란하다고 객관적으로 인정되는 경우라야 한다.

판례 85	대판 2007.5.31, 2006두8235 판결
	'농지법'상 농지의 판단

농지인지의 여부는 공부상의 지목 여하에 불구하고 해당 토지의 사실상의 현상에 따라 가려져야 할 것이고, 농지의 현상이 변경되었다고 하더라도 그 변경 상태가 일시적인 것에 불과하고 농지로서의 원상회복이 용이하게 이루어질 수 있다면 그 토지는 여전히 농지법에서 말하는 농지에 해당하며, 공부상 지목이 잡종지인 토지의 경우에도이를 달리 볼 것은 아니다. 또한, (구)농지법 소정의 농지가 현실적으로 다른 용도로이용되고 있다고 하더라도 그 토지가 적법한 절차에 의하지 아니한 채 형질변경되거나 전용된 것이어서 어차피 복구되어야 할 상태이고 그 형태와 주변토지의 이용상황등에 비추어 농지로 회복하는 것이 불가능한 상태가 아니라 농지로서의 성격을 일시적으로 상실한 데 불과한 경우라면 그 변경 상태가 일시적인 것에 불과하다고 보아야한다.

판례 86	대판 2006.4.27, 2006두2435 판결
	주거이전비와 이사비의 법적 성격

주거용 건축물의 세입자에게 지급하는 주거이전비와 이사비는, 해당 공익사업시행지구 안에 거주하는 세입자들의 조기이주를 장려하여 사업추진을 원활하게 하려는 정책적인 목적과 주거이전으로 인하여 특별한 어려움을 겪게 될 세입자들을 대상으로 하는 사회보장적인 차원에서 지급하는 금원의 성격을 갖는다.

판례	대판 2008.5.29, 2007다8129 판결
87	**주거이전비 보상청구권의 법적 성격 등**

[판시사항]

[1] 구 공익사업을 위한 토지 등의 취득 및 보상에 관한 법령에 의하여 주거용 건축물의 세입자에게 인정되는 주거이전비 보상청구권의 법적 성격(=공법상의 권리) 및 그 보상에 관한 분쟁의 쟁송절차(=행정소송)

[2] 구 공익사업을 위한 토지 등의 취득 및 보상에 관한 법령에 따라 주거용 건축물의 세입자가 주거이전비 보상을 소구하는 경우 그 소송의 형태

[판결요지]

[1] 주거이전비는 당해 공익사업 시행지구 안에 거주하는 세입자들의 조기이주를 장려하여 사업추진을 원활하게 하려는 정책적인 목적과 주거이전으로 인하여 특별한 어려움을 겪게 될 세입자들을 대상으로 하는 사회보장적인 차원에서 지급되는 금원의 성격을 가지므로, 적법하게 시행된 공익사업으로 인하여 이주하게 된 주거용 건축물 세입자의 주거이전비 보상청구권은 공법상의 권리이고, 따라서 그 보상을 둘러싼 쟁송은 민사소송이 아니라 공법상의 법률관계를 대상으로 하는 행정소송에 의하여야 한다.

[2] 구 토지보상법 제78조 제5항, 제7항, 같은 법 시행규칙 제54조 제2항 본문, 제3항의 각 조문을 종합하여 보면, 세입자의 주거이전비 보상청구권은 그 요건을 충족하는 경우에 당연히 발생하는 것이므로, 주거이전비 보상청구소송은 행정소송

법 제3조 제2호에 규정된 당사자소송에 의하여야 한다. 세입자의 주거이전비 보상에 관하여 재결이 이루어진 다음 세입자가 보상금의 증감 부분을 다투는 경우에는 같은 법 제85조 제2항에 규정된 행정소송에 따라, 보상금의 증감 이외의 부분을 다투는 경우에는 같은 조 제1항에 규정된 행정소송에 따라 권리구제를 받을 수 있다.

판례 88	대판 2011.7.14, 2011두3685 판결
	주거이전비 등

[판시사항]

[2] 사업시행자의 세입자에 대한 주거이전비 지급의무를 정하고 있는 공익사업을 위한 토지 등의 취득 및 보상에 관한 법률 시행규칙 제54조 제2항이 강행규정인지 여부(적극)

[3] 주택재개발사업 정비구역 안에 있는 주거용 건축물에 거주하던 세입자 갑이 주거이전비를 받을 수 있는 권리를 포기한다는 취지의 주거이전비 포기각서를 제출하고 사업시행자가 제공한 임대아파트에 입주한 다음 별도로 주거이전비를 청구한 사안에서, 위 포기각서의 내용은 강행규정에 반하여 무효라고 한 사례

[판결요지]

[2] 토지보상법은 공익사업에 필요한 토지 등을 협의 또는 수용에 의하여 취득하거나 사용함에 따른 손실의 보상에 관한 사항을 규정함으로써 공익사업의 효율적인 수행을 통하여 공공복리의 증진과 재산권의 적정한 보호를 도모함을 목적으로 하고 있고, 위 법에 근거하여 토지보상법 시행규칙에서 정하고 있는 세입자에 대한 주거이전비는 공익사업 시행으로 인하여 생활 근거를 상실하게 되는 세입자를 위하여 사회보장적 차원에서 지급하는 금원으로 보아야 하므로, 사업시행자의 세입자에 대한 주거이전비 지급의무를 정하고 있는 토지보상법 시행규칙 제54조 제2항은 당사자 합의 또는 사업시행자 재량에 의하여 적용을 배제할 수 없는 강행규정이라고 보아야 한다.

[3] 주택재개발사업 정비구역 안에 있는 주거용 건축물에 거주하던 세입자 갑이 주거
이전비를 받을 수 있는 권리를 포기한다는 취지의 '이주단지 입주에 따른 주거이
전비 포기각서'를 제출한 후 사업시행자가 제공한 임대아파트에 입주한 다음 별도
로 주거이전비를 청구한 사안에서, 사업시행자는 주택재개발 사업으로 철거되는
주택에 거주하던 갑에게 임시수용시설 제공 또는 주택자금 융자알선 등 임시수용
에 상응하는 조치를 취할 의무를 부담하는 한편, 갑이 토지보상법 시행규칙 제54
조 제2항에 규정된 주거이전비 지급요건에 해당하는 세입자인 경우, 임시수용시
설인 임대아파트에 거주하게 하는 것과 별도로 주거이전비를 지급할 의무가 있
고, 갑이 임대아파트에 입주하면서 주거이전비를 포기하는 취지의 포기각서를 제
출하였다 하더라도, 포기각서의 내용은 강행규정인 토지보상법 시행규칙 제54조
제2항에 위배되어 무효라고 한 사례.

| 판례 | 대판 2012.2.23, 2011두23603 판결 |
| 89 | 주거이전비 및 이사비 보상대상자 |

[판시사항]

[1] 도시 및 주거환경정비법상 주거용 건축물의 세입자가 주거이전비를 보상받기 위
하여 정비사업 시행에 따른 관리처분계획인가고시 및 그에 따른 주거이전비에 관
한 보상계획 공고일 내지 산정통보일까지 계속 거주해야 하는지 여부(소극)

[2] 공익사업을 위한 토지 등의 취득 및 보상에 관한 법률 제78조 제5항 등에 따른
이사비의 보상대상자

[판결요지]

[1] 주거이전비의 취지, 성격 등을 고려할 때 도시정비법상 주거용 건축물의 세입자
가 주거이전비를 보상받기 위하여 반드시 정비사업의 시행에 따른 관리처분계획
인가고시 및 그에 따른 주거이전비에 관한 보상계획의 공고일 내지 그 산정통보
일까지 계속 거주하여야 할 필요는 없다.

[2] 이사비제도의 취지에 비추어 보면, 이사비의 보상대상자는 공익사업시행지구에

편입되는 주거용 건축물의 거주자로서 공익사업의 시행으로 인하여 이주하게 되
는 사람으로 봄이 상당하다.

판례	대판 2013.5.23, 2012두11072 판결
90	주거이전비 대상 판단

공부상 주거용 용도가 아닌 건축물을 허가·신고 등의 적법한 절차 없이 임의로 주거
용으로 용도를 변경하여 사용한 경우 그 건축물은 원칙적으로 주거이전비 보상 대상
이 되는 '주거용 건축물'로는 볼 수 없고, 이는 단지 '무허가건축물 등'에 해당하여 예
외적으로 그 건축물에 입주한 세입자가 주거이전비 보상 대상자가 될 수 있을 뿐이다.
나아가 구법 시행규칙 제54조 제2항 단서가 주거이전비 보상 대상자로 정하는 '무허
가건축물 등에 입주한 세입자'는 기존에 주거용으로 사용되어 온 무허가건축물 등에
입주하여 일정기간 거주한 세입자를 의미하고, 공부상 주거용 용도가 아닌 건축물을
임차한 후 임의로 주거용으로 용도를 변경하여 거주한 세입자는 이에 해당한다고 할
수 없다.

판례	대판 2000.1.28, 97누11720 판결
91	보상금증감청구소송에서 동일한 사실에 대한 상반되는 수 개의 감정평가가 있는 경우 법원은 감정평가 일부만을 선택가능

[판시사항]

[1] 토지수용법에 의한 보상은 피보상자 개인별로 행하여지는 것인지 여부(적극) 및 피보상자가 수용 대상물건 중 전부 또는 일부에 관하여 불복이 있는 경우, 그 불복의 사유를 주장하여 행정소송을 제기할 수 있는지 여부(적극)

[2] 보상금의 증감에 관한 소송에 있어서 동일한 사실에 대한 상반되는 수개의 감정평가가 있는 경우, 법원이 각 감정평가 중 어느 하나를 채용하거나 하나의 감정평가 중 일부만에 의거하여 사실을 인정할 수 있는지 여부(한정 적극)

[판결요지]

[1] 토지수용법 제45조 제2항은 수용 또는 사용함으로 인한 보상은 피보상자의 개인별로 산정할 수 없을 때를 제외하고는 피보상자에게 개인별로 하여야 한다고 규정하고 있으므로, 보상은 수용 또는 사용의 대상이 되는 물건별로 하는 것이 아니라 피보상자 개인별로 행하여지는 것이라고 할 것이어서 피보상자는 수용 대상물건 중 전부 또는 일부에 관하여 불복이 있는 경우 그 불복의 사유를 주장하여 행정소송을 제기할 수 있다.

[2] 보상금의 증감에 관한 소송에 있어서 동일한 사실에 대한 상반되는 수개의 감정평가가 있고, 그 중 어느 하나의 감정평가가 오류가 있음을 인정할 자료가 없는 이상 법원이 각 감정평가 중 어느 하나를 채용하거나 하나의 감정평가 중 일부만에 의거하여 사실을 인정하였다 하더라도 그것이 경험법칙이나 논리법칙에 위배되지 않는 한 위법하다고 할 수 없다.

부동산 가격공시에 관한 법률

판례 1	대판 1994.10.7, 93누15588 판결
	개별공시지가가 정정되면 당초 공시기준일에 소급하여 효력이 발생하는지 여부

개별토지가격이 지가산정에 명백한 잘못이 있어 경정결정 공고되었다면 당초에 결정
공고된 개별토지가격은 그 효력을 상실하고 경정결정된 새로운 개별토지가격이 공시
기준일에 소급하여 그 효력을 발생한다.

판례 2	대판 2002.2.5, 2000두5043 판결
	개별공시지가 경정결정신청에 대한 행정청의 정정불가 결정 통지가 항고소송 의 대상이 되는 처분인지 여부

개별토지가격합동조사지침 제12조의3은 행정청이 개별토지가격결정에 위산·오기
등 명백한 오류가 있음을 발견한 경우 직권으로 이를 경정하도록 한 규정으로서 토지
소유자 등 이해관계인이 그 경정결정을 신청할 수 있는 권리를 인정하고 있지 아니하
므로, 토지소유자 등의 토지에 대한 개별공시지가 조정신청을 재조사청구가 아닌 경
정결정신청으로 본다고 할지라도, 이는 행정청에 대하여 직권발동을 촉구하는 의미밖
에 없으므로, 행정청이 위 조정신청에 대하여 정정불가 결정 통지를 한 것은 이른바
관념의 통지에 불과할 뿐 항고소송의 대상이 되는 처분이 아니다.

판례 3	대판 2002.2.5, 2000두5043 판결
	하자 있는 행정행위에 있어서 하자의 치유의 허용 여부(한정 소극) - 개별공시지가 결정이 위법하여 그 개발부담금 부과처분도 위법한 경우 내용상 하자의 치유는 인정 안됨

하자 있는 행정행위에 있어서 하자의 치유는 행정행위의 성질이나 법치주의의 관점에서 원칙적으로 허용될 수 없고, 행정행위의 무용한 반복을 피하고 당사자의 법적 안정성을 보호하기 위하여 국민의 권익을 침해하지 아니하는 범위 내에서 예외적으로만 허용된다.

선행처분인 개별공시지가결정이 위법하여 그에 기초한 개발부담금 부과처분도 위법하게 된 경우 그 하자의 치유를 인정하면 개발 부담금 납부의무자로서는 위법한 처분에 대한 가산금 납부의무를 부담하게 되는 등 불이익이 있을 수 있으므로, 그 후 적법한 절차를 거쳐 공시된 개별공시지가결정이 종전의 위법한 공시지가결정과 그 내용이 동일하다는 사정만으로는 위법한 개별공시지가결정에 기초한 개발 부담금 부과처분이 적법하게 된다고 볼 수 없다.

판례 4	대판 1997.4.11, 96누8895 판결
	표준지공시지가와 조세처분의 하자승계 부정

표준지로 선정된 토지의 공시지가에 대하여는 (구)부동산공시법 제8조 제1항의 소정의 이의절차를 거쳐 처분청을 상대로 그 공시지가 결정의 위법성을 다툴 수 있을 뿐 그러한 절차를 밟지 아니한 채 조세소송에서 그 공시지가의 결정의 위법성을 다툴 수는 없다.

판례	대판 2009.12.10, 2007두20140 판결
5	표준지공시지가의 평가서 기재내용과 정도

표준지 공시지가의 결정절차 및 그 효력과 기능 등에 비추어 보면, 표준지 공시지가는 당해 토지뿐 아니라 인근 유사토지의 가격을 결정하는 데에 전제적 · 표준적 기능을 수행하는 것이어서 특히 그 가격의 적정성이 엄격하게 요구된다. 이를 위해서는 무엇보다도 적정가격 결정의 근거가 되는 감정평가업자의 평가액 산정이 적정하게 이루어졌음이 담보될 수 있어야 하므로, 그 감정평가서에는 평가원인을 구체적으로 특정하여 명시함과 아울러 각 요인별 참작 내용과 정도가 객관적으로 납득이 갈 수 있을 정도로 설명됨으로써, 그 평가액이 당해 토지의 적정가격을 평가한 것임을 인정할 수 있어야 한다.

판례	대판 2008.8.21, 2007두13845 판결
6	표준지공시지가의 위법을 독립사유로 다툴 수 있는지 여부

표준지공시지가결정은 이를 기초로 한 수용재결 등과는 별개의 독립된 처분으로서 서로 독립하여 별개의 법률효과를 목적으로 하지만, 표준지공시지가는 이를 인근 토지의 소유자나 기타 이해관계인에게 개별적으로 고지하도록 되어 있는 것이 아니어서 인근 토지의 소유자 등이 표준지공시지가결정 내용을 알고 있었다고 전제하기가 곤란할 뿐만 아니라, 결정된 표준지공시지가가 공시될 당시 보상금 산정의 기준이 되는 표준지의 인근 토지를 함께 공시하는 것이 아니어서 인근 토지 소유자는 보상금 산정의 기준이 되는 표준지가 어느 토지인지를 알 수 없으므로, 인근 토지 소유자가 표준지의 공시지가가 확정되기 전에 이를 다투는 것은 불가능하다. 더욱이 장차 어떠한 수용재결 등 구체적인 불이익이 현실적으로 나타나게 되었을 경우에 비로소 권리구제의 길을 찾는 것이 우리 국민의 권리의식임을 감안하여 볼 때, 인근 토지소유

자 등으로 하여금 결정된 표준지공시지가를 기초로 하여 장차 토지보상 등이 이루어 질 것에 대비하여 항상 토지의 가격을 주시하고 표준지공시지가결정이 잘못된 경우 정해진 시정절차를 통하여 이를 시정하도록 요구하는 것은 부당하게 높은 주의의무를 지우는 것이고, 위법한 표준지공시지가결정에 대하여 그 정해진 시정절차를 통하여 시정하도록 요구하지 않았다는 이유로 위법한 표준지공시지가를 기초로 한 수용재결 등 후행 행정처분에서 표준지공시지가결정의 위법을 주장할 수 없도록 하는 것은 수인한도를 넘는 불이익을 강요하는 것으로서 국민의 재산권과 재판받을 권리를 보장한 헌법의 이념에도 부합하는 것이 아니다. 따라서 표준지공시지가결정이 위법한 경우에는 그 자체를 행정소송의 대상이 되는 행정처분으로 보아 그 위법 여부를 다툴 수 있음은 물론, 수용보상금의 증액을 구하는 소송에서도 선행처분으로서 그 수용대상 토지 가격 산정의 기초가 된 비교표준지공시지가결정의 위법을 독립한 사유로 주장할 수 있다.

판례 7	대판 1998.5.26, 96누17103 판결
	토지가격비준표의 법규성

건설부장관이 표준지와 지가산정 대상토지의 지가형성요인에 관한 표준적인 비교표로서 매년 관계 행정기관에 제공하는 토지가격비준표는 같은 법 제10조의 시행을 위한 집행명령인 개별토지가격합동조사지침과 더불어 법률보충적인 구실을 하는 법규적 성질을 가지고 있는 것으로 보아야 할 것인 바, 법규성이 인정된다.

판례 8	대판 2006.9.8, 2006두9276 판결
	개별공시지가 산정 시 도로접면조건

'도로접면' 조건은 주로 그것이 건축과 교통 등의 면에서 해당 토지의 이용가치에 영향을 미쳐 그 지가형성요인으로 작용한다는 점에 근거하여 토지특성의 한 항목으로 조사하는 것으로서 원칙적으로 사실상 이용되는 현황도로를 기준으로 하여 산정하는 것이라 할 것이지만, 도로접면 조건을 산정할 당시에 특수한 사정에 의하여 일시적·잠정적으로 일부분이 도로로 이용되거나 혹은 이용되지 못하고 있는 상황은 현황으로 고려할 수 없고, 또한 현황도로 중 평가대상토지와 직접 접촉한 부분의 노폭이 다른 부분보다 특수하게 넓거나 좁은 경우에는 공법상의 제한이나 현황도로의 전체적인 이용상황을 감안하지 아니한 채 평가대상토지와 직접 접촉한 부분만을 현황으로 고려하여서는 안 된다.

판례 9	대판 1995.3.28, 94누12920 판결
	대판 1996.5.10, 95누9808 판결
	표준지공시지가와 개별공시지가의 하자승계 부정

[1] 표준지로 선정된 토지의 공시지가에 대하여 불복하기 위하여는 지가공시 및 토지 등의 평가에 관한 법률 제8조 제1항 소정의 이의절차를 거쳐 처분청을 상대로 그 공시지가 결정의 취소를 구하는 행정소송을 제기하여야 하는 것이지, 그러한 절차를 밟지 아니한 채 개별토지가격 결정을 다투는 소송에서 그 개별토지가격 산정의 기초가 된 표준지공시지가의 위법성을 다툴 수는 없다.

[2] 해당 토지와 용도지역, 지목, 이용상황, 지형 및 지세, 주위환경 등이 유사하여 표준지 선정기준에 적합한 표준지를 비교표준지로 선정한 이상 종전의 비교표준지를 바꾼 것만으로는 비교표준지 선정에 있어 어떠한 위법이 있다고 할 수 없다.

[3] 해당 토지의 개별토지가격이 인근 토지의 개별토지가격 등에 비추어 현저하게 부당하다는 점에 대하여는 이를 다투는 자에게 그 입증의 필요가 있다.

판례	대판 1994.1.25, 93누8542 판결
10	개별공시지가와 과세처분의 하자승계 인정

개별공시지가결정은 이를 기초로 한 과세처분 등과는 별개의 독립된 처분으로서 서로 독립하여 별개의 법률효과를 목적으로 하는 것이나, 개별공시지가는 이를 토지소유자나 이해관계인에게 개별적으로 고지하도록 되어 있는 것이 아니어서 토지소유자 등이 개별공시지가결정 내용을 알고 있었다고 전제하기도 곤란할 뿐만 아니라 결정된 개별공시지가가 자신에게 유리하게 작용될 것인지 또는 불이익하게 작용될 것인지 여부를 쉽사리 예견할 수 있는 것도 아니며, 더욱이 장차 어떠한 과세처분 등 구체적인 불이익이 현실적으로 나타나게 되었을 경우에 비로소 권리구제의 길을 찾는 것이 우리 국민의 권리의식임을 감안하여 볼 때 토지소유자 등으로 하여금 결정된 개별공시지가를 기초로 하여 장차 과세처분 등이 이루어질 것에 대비하여 항상 토지의 가격을 주시하고 개별공시지가결정이 잘못된 경우 정해진 시정절차를 통하여 이를 시정하도록 요구하는 것은 부당하게 높은 주의의무를 지우는 것이라고 아니할 수 없고, 위법한 개별공시지가결정에 대하여 그 정해진 시정절차를 통하여 시정하도록 요구하지 아니하였다는 이유로 위법한 개별공시지가를 기초로 한 과세처분 등 후행 행정처분에서 개별공시지가결정의 위법을 주장할 수 없도록 하는 것은 수인한도를 넘는 불이익을 강요하는 것으로서 국민의 재산권과 재판받을 권리를 보장한 헌법의 이념에도 부합하는 것이 아니라고 할 것이므로, 개별공시지가결정에 위법이 있는 경우에는 그 자체를 행정소송의 대상이 되는 행정처분으로 보아 그 위법 여부를 다툴 수 있음은 물론 이를 기초로 한 과세처분 등 행정처분의 취소를 구하는 행정소송에서도 선행처분인 개별공시지가결정의 위법을 독립된 위법사유로 주장할 수 있다고 해석함이 타당하다.

판례 11	대판 1998.3.13, 96누6059 판결
	개별공시지가와 과세처분의 하자승계 부정

개별토지가격 결정에 대한 재조사 청구에 따른 감액조정에 대하여 더 이상 불복하지 아니한 경우까지 선행처분인 개별공시지가 결정의 불가쟁력이나 구속력이 수인한도를 넘는 가혹한 것이거나 예측불가능하다고 볼 수 없어, 이를 기초로 한 양도소득세 부과처분 취소소송에서 다시 개별토지가격 결정의 위법을 해당 과세처분의 위법사유로 주장할 수 없다.

판례 12	대판 1993.12.24, 92누17204 판결
	개별공시지가의 불복 및 제기기간

[판시사항]

[1] 개별토지가격 결정에 대한 불복방법

[2] 개별토지가격 결정에 대한 재조사청구 또는 행정심판청구의 제기기간

[판결요지]

[1] 개별토지가격 결정에 대하여 재조사청구를 하여 재조사 결과통지를 받은 자는 별도의 행정심판절차를 거치지 않더라도 곧바로 행정소송을 제기할 수 있다.

[2] 개별토지가격결정에 대한 재조사 또는 행정심판의 청구기간은 처분 상대방이 실제로 처분이 있음을 안 날로부터 기산하여야 할 것이나, 시장, 군수 또는 구청장이 개별토지가격 결정을 처분 상대방에 대하여 별도의 고지절차를 취하지 않는이상 토지소유자 및 이해관계인이 위 처분이 있음을 알았다고 볼 경우는 그리 흔치 않을 것이므로, 특별히 위 처분을 알았다고 볼만한 사정이 없는 한 개별토지가격 결정에 대한 재조사청구 또는 행정심판청구는 행정심판법 제18조 제3항 소정의 처분이 있는 날로부터 180일 이내에 이를 제기하면 된다.

판례	대판 2010.1.28, 2008두19987 판결
13	개별공시지가의 이의신청은 강학상 이의신청

부동산 가격공시 및 감정평가에 관한 법률 제12조, 행정소송법 제20조 제1항, 행정심판법 제3조 제1항의 규정 내용 및 취지와 아울러 부동산 가격공시 및 감정평가에 관한 법률에 행정심판의 제기를 배제하는 명시적인 규정이 없고 부동산 가격공시 및 감정평가에 관한 법률에 따른 이의신청과 행정심판은 그 절차 및 담당 기관에 차이가 있는 점을 종합하면, 부동산 가격공시 및 감정평가에 관한 법률이 이의신청에 관하여 규정하고 있다고 하여 이를 행정심판법 제3조 제1항에서 행정심판의 제기를 배제하는 '다른 법률에 특별한 규정이 있는 경우'에 해당한다고 볼 수 없으므로, 개별공시지가에 대하여 이의가 있는 자는 곧바로 행정소송을 제기하거나 부동산 가격공시 및 감정평가에 관한 법률에 따른 이의신청과 행정심판법에 따른 행정심판청구 중 어느 하나만을 거쳐 행정소송을 제기할 수 있을 뿐 아니라, 이의신청을 하여 그 결과 통지를 받은 후 다시 행정심판을 거쳐 행정소송을 제기할 수도 있다고 보아야 하고, 이 경우 행정소송의 제소기간은 그 행정심판 재결서 정본을 송달받은 날부터 기산한다.

판례	대판 1995.3.28, 94누12920 판결
14	개별공시지가 부당의 입증책임

해당 토지의 개별토지가격이 인근 토지의 개별토지가격 등에 비추어 현저하게 부당하다는 점에 대하여는 이를 다투는 자에게 그 입증의 필요가 있다.

판례	대판 2010.7.22, 2010다13527 판결
15	개별공시지가 산정업무 손해배상책임

[판시사항]

[1] 개별공시지가 산정업무 담당공무원 등이 부담하는 직무상 의무의 내용 및 그 담당공무원 등이 직무상 의무에 위반하여 현저하게 불합리한 개별공시지가가 결정되도록 함으로써 국민 개개인의 재산권을 침해한 경우, 그 담당공무원 등이 속한 지방자치단체가 손해배상책임을 지는지 여부(적극)

[2] 시장(시장)이 토지의 이용상황을 실제 이용되고 있는 '자연림'으로 하여 개별공시지가를 산정한 다음 감정평가법인에 검증을 의뢰하였는데, 감정평가법인이 그 토지의 이용상황을 '공업용'으로 잘못 정정하여 검증지가를 산정하고, 시(시) 부동산평가위원회가 검증지가를 심의하면서 그 잘못을 발견하지 못함에 따라, 그 토지의 개별공시지가가 적정가격보다 훨씬 높은 가격으로 결정·공시된 사안에서, 이는 개별공시지가 산정업무 담당공무원 등이 직무상 의무를 위반한 것으로 불법행위에 해당한다고 한 사례

[3] 개별공시지가가 토지의 거래 또는 담보제공에서 그 실제 거래가액 또는 담보가치를 보장하는 등의 구속력을 갖는지 여부(소극) 및 개개 토지에 관한 개별공시지가를 기준으로 거래하거나 담보제공을 받았다가 토지의 실제 거래가액 또는 담보가치가 개별공시지가에 미치지 못함으로 인하여 발생한 손해에 대해서도 개별공시지가를 결정·공시한 지방자치단체가 손해배상책임을 부담하는지 여부(소극)

[4] 개별공시지가 산정업무 담당공무원 등이 잘못 산정·공시한 개별공시지가를 신뢰한 나머지 토지의 담보가치가 충분하다고 믿고 그 토지에 관하여 근저당권설정등기를 경료한 후 물품을 추가로 공급함으로써 손해를 입었음을 이유로 그 담당공무원이 속한 지방자치단체에 손해배상을 구한 사안에서, 그 담당공무원 등의 개별공시지가 산정에 관한 직무상 위반행위와 위 손해 사이에 상당인과관계가 있다고 보기 어렵다고 판단한 사례

[판결요지]

[1] 개별공시지가는 개발부담금의 부과, 토지 관련 조세 부과 등 다른 법령이 정하는 목적을 위해 지가를 산정하는 경우에 그 산정기준이 되는 관계로 납세자인 국민 등의 재산상 권리·의무에 직접적인 영향을 미치게 되므로, 개별공시지가 산정업

무를 담당하는 공무원으로서는 당해 토지의 실제 이용상황 등 토지특성을 정확하게 조사하고 당해 토지와 토지이용상황이 유사한 비교표준지를 선정하여 그 특성을 비교하는 등 법령 및 '개별공시지가의 조사·산정지침'에서 정한 기준과 방법에 의하여 개별공시지가를 산정하고, 산정지가의 검증을 의뢰받은 감정평가업자나 시·군·구 부동산가격공시위원회로서는 위 산정지가 또는 검증지가가 위와 같은 기준과 방법에 의하여 제대로 산정된 것인지 여부를 검증, 심의함으로써 적정한 개별공시지가가 결정·공시되도록 조치할 직무상의 의무가 있고, 이러한 직무상 의무는 단순히 공공 일반의 이익을 위한 것이거나 행정기관 내부의 질서를 규율하기 위한 것이 아니고 전적으로 또는 부수적으로 국민 개개인의 재산권 보장을 목적으로 하여 규정된 것이라고 봄이 상당하다. 따라서 개별공시지가 산정 업무 담당공무원 등이 그 직무상 의무에 위반하여 현저하게 불합리한 개별공시지가가 결정되도록 함으로써 국민 개개인의 재산권을 침해한 경우에는 그 손해에 대하여 상당인과관계 있는 범위 내에서 그 담당공무원 등이 소속된 지방자치단체가 배상책임을 지게 된다.

[2] 시장(시장)이 토지의 이용상황을 실제 이용되고 있는 '자연림'으로 하여 개별공시지가를 산정한 다음 감정평가법인에 검증을 의뢰하였는데, 감정평가법인이 그 토지의 이용상황을 '공업용'으로 잘못 정정하여 검증지가를 산정하고, 시(시) 부동산평가위원회가 검증지가를 심의하면서 그 잘못을 발견하지 못함에 따라, 그 토지의 개별공시지가가 적정가격보다 훨씬 높은 가격으로 결정·공시된 사안에서, 이는 개별공시지가 산정업무 담당공무원 등이 개별공시지가의 산정 및 검증, 심의에 관한 직무상 의무를 위반한 것으로 불법행위에 해당한다고 한 사례.

[3] 개별공시지가는 그 산정 목적인 개발부담금의 부과, 토지 관련 조세 부과 등 다른 법령이 정하는 목적을 위해 지가를 산정하는 경우에 그 산정기준이 되는 범위 내에서는 납세자인 국민 등의 재산상 권리·의무에 직접적인 영향을 미칠 수 있지만, 이에 더 나아가 개별공시지가가 당해 토지의 거래 또는 담보제공을 받음에 있어 그 실제 거래가액 또는 담보가치를 보장한다거나 어떠한 구속력을 미친다고 할 수는 없다. 그럼에도 개개 토지에 관한 개별공시지가를 기준으로 거래하거나 담보제공을 받았다가 당해 토지의 실제 거래가액 또는 담보가치가 개별공시지가에 미치지 못함으로 인해 발생할 수 있는 손해에 대해서까지 그 개별공시지가를 결정·공시하는 지방자치단체에 손해배상책임을 부담시키게 된다면, 개개 거래당사자들 사이에 이루어지는 다양한 거래관계와 관련하여 발생한 손해에 대하여 무차별적으로 책임을 추궁당하게 되고, 그 거래관계를 둘러싼 분쟁에 끌려들어가

많은 노력과 비용을 지출하는 결과가 초래되게 된다. 이는 결과발생에 대한 예견 가능성의 범위를 넘어서는 것임은 물론이고, 행정기관이 사용하는 지가를 일원 화하여 일정한 행정목적을 위한 기준으로 삼음으로써 국토의 효율적인 이용과 국민경제의 발전에 기여하려는 구 부동산 가격공시 및 감정평가에 관한 법률 (2008.2.29. 법률 제8852호로 개정되기 전의 것)의 목적과 기능, 그 보호법익의 보호범위를 넘어서는 것이다.

[4] 개별공시지가 산정업무 담당공무원 등이 잘못 산정·공시한 개별공시지가를 신뢰한 나머지 토지의 담보가치가 충분하다고 믿고 그 토지에 관하여 근저당권설정 등기를 경료한 후 물품을 추가로 공급함으로써 손해를 입었음을 이유로 그 담당 공무원이 속한 지방자치단체에 손해배상을 구한 사안에서, 그 담당공무원 등의 개별공시지가 산정에 관한 직무상 위반행위와 위 손해 사이에 상당인과관계가 있다고 보기 어렵다고 한 사례

판례 16	대판 1995.3.28, 94누12920 판결
	개별공시지가가 감정액이나 실제거래가격을 초과한다는 사유만으로 그것이 현저하게 불합리한 가격이어서 그 가격결정이 위법한지 여부

개별공시지가 결정의 적법 여부는 (구)지가공시법이 정하는 절차와 방법에 따라 이루어진 것인지 여부에 의하여 결정될 것이지, 해당 토지의 시가나 실제거래가격과 직접적인 관련이 있는 것은 아니므로 단지 그 공시지가가 감정가액이나 실제거래가격을 초과한다는 사유만으로 그것이 현저하게 불합리한 가격이어서 그 가격결정이 위법하다고 단정할 수는 없다.

감정평가 및 감정평가사에 관한 법률

판례 1	대판 2021.10.14, 2017도10634 판결 [부동산가격공시 및 감정평가에 관한 법률위반] 〈감정평가업자가 아닌 피고인들이 법원 행정재판부로부터 수용 대상 토지상에 재배되고 있는 산양삼의 손실보상액 평가를 의뢰받고 감정서를 작성하여 제출한 사건〉 심마니가 법원감정인으로 촉탁된 경우에는 산양삼 평가가능
	법원의 감정촉탁을 받은 경우에는 감정평가업자가 아닌 사람이더라도 그 감정사항에 포함된 토지 등의 감정평가를 할 수 있고, 이러한 행위는 법령에 근거한 법원의 적법한 결정이나 촉탁에 따른 것으로 형법 제20조의 정당행위에 해당하여 위법성이 조각된다고 보아야 한다.

[판시사항]

구 부동산 가격공시 및 감정평가에 관한 법률에서 감정평가사 자격을 갖춘 사람만이 감정평가업을 독점적으로 영위할 수 있도록 한 취지 / 민사소송법 제335조에 따른 법원의 감정인 지정결정 또는 같은 법 제341조 제1항에 따른 법원의 감정촉탁을 받은 경우, 감정평가업자가 아닌 사람이더라도 그 감정사항에 포함된 토지 등의 감정평가를 할 수 있는지 여부(적극) 및 이러한 행위가 형법 제20조의 정당행위에 해당하여 위법성이 조각되는지 여부(적극)

[판결요지]

구 부동산 가격공시 및 감정평가에 관한 법률(2016.1.19. 법률 제13796호 부동산가격공시에 관한 법률로 전부 개정되기 전의 것, 이하 '구 부동산공시법'이라고 한다) 제2조 제7호 내지 제9호, 제43조 제2호는 감정평가란 토지 등의 경제적 가치를 판정하여 그 결과를 가액으로 표시하는 것을 말하고, 감정평가업자란 제27조에 따라 신고를 한 감정평가사와 제28조에 따라 인가를 받은 감정평가법인을 말한다고 정의하면서, 감정평가업자가 아닌 자가 타인의 의뢰에 의하여 일정한 보수를 받고 감정평가를 업으로 행하는 것을 처벌하도록 규정하고 있다. 이와 같이 감정평가사 자격을 갖춘 사람만이 감정평가업을 독점적으로 영위할 수 있도록 한 취지는 감정평가업무의 전문성, 공정성, 신뢰성을 확보해서 재산과 권리의 적정한 가격형성을 보장하여 국민의 권익을 보호하기 위한 것이다(구 부동산공시법 제1조 참조).

한편 소송의 증거방법 중 하나인 감정은 법관의 지식과 경험을 보충하기 위하여 특별한 학식과 경험을 가진 제3자에게 그 전문적 지식이나 이를 구체적 사실에 적용하여 얻은 판단을 법원에 보고하게 하는 것으로, 감정신청의 채택 여부를 결정하고 감정인을 지정하거나 단체 등에 감정촉탁을 하는 권한은 법원에 있고(민사소송법 제335조, 제341조 제1항 참조), 행정소송사건의 심리절차에서 공익사업을 위한 토지 등의 취득 및 보상에 관한 법률상 토지 등의 손실보상액에 관하여 감정을 명할 경우 그 감정인으로 반드시 감정평가사나 감정평가법인을 지정하여야 하는 것은 아니다.

법원은 소송에서 쟁점이 된 사항에 관한 전문성과 필요성에 대한 판단에 따라 감정인을 지정하거나 감정촉탁을 하는 것이고, 감정결과에 대하여 당사자에게 의견을 진술할 기회를 준 후 이를 종합하여 그 결과를 받아들일지 여부를 판단하므로, 감정인이나 감정촉탁을 받은 사람의 자격을 감정평가사로 제한하지 않더라도 이러한 절차를 통하여 감정의 전문성, 공정성 및 신뢰성을 확보하고 국민의 재산권을 보호할 수 있기 때문이다.

그렇다면 민사소송법 제335조에 따른 법원의 감정인 지정결정 또는 같은 법 제341조 제1항에 따른 법원의 감정촉탁을 받은 경우에는 감정평가업자가 아닌 사람이더라도 그 감정사항에 포함된 토지 등의 감정평가를 할 수 있고, 이러한 행위는 법령에 근거한 법원의 적법한 결정이나 촉탁에 따른 것으로 형법 제20조의 정당행위에 해당하여 위법성이 조각된다고 보아야 한다.

판례 2	대판 2015.11.27, 2014도191 판결 [부동산가격공시 및 감정평가에 관한 법률위반] 〈공인회계사 토지 감정평가 사건〉 벌금 500만원 확정 - 제31회 기출
	토지에 대한 감정평가를 행하는 것은 회계서류에 대한 전문적 지식이나 경험과는 관계가 없어 '회계에 관한 감정' 또는 '그에 부대되는 업무'에 해당한다고 볼 수 없고, 그 밖에 공인회계사가 행하는 다른 직무의 범위에 포함된다고 볼 수도 없다.

[판시사항]

공인회계사법 제2조에서 정한 '회계에 관한 감정'의 의미 및 타인의 의뢰를 받아 '부동산 가격공시 및 감정평가에 관한 법률'이 정한 토지에 대한 감정평가를 행하는 것이 공인회계사의 직무범위에 포함되는지 여부(소극) / 감정평가업자가 아닌 공인회계사가 타인의 의뢰에 의하여 일정한 보수를 받고 '부동산 가격공시 및 감정평가에 관한 법률'이 정한 토지에 대한 감정평가를 업으로 행하는 것이 같은 법 제43조 제2호에 의하여 처벌되는 행위인지 여부(적극) 및 위 행위가 형법 제20조가 정한 '법령에 의한 행위'로서 정당행위에 해당하는지 여부(원칙적 소극)

[판결요지]

공인회계사법의 입법 취지와 목적, 회계정보의 정확성과 적정성을 담보하기 위하여 공인회계사의 직무범위를 정하고 있는 공인회계사법 제2조의 취지와 내용 등에 비추어 볼 때, 위 규정이 정한 '회계에 관한 감정'이란 기업이 작성한 재무상태표, 손익계산서 등 회계서류에 대한 전문적 회계지식과 경험에 기초한 분석과 판단을 보고하는 업무를 의미하고, 여기에는 기업의 경제활동을 측정하여 기록한 회계서류가 회계처리기준에 따라 정확하고 적정하게 작성되었는지에 대한 판정뿐만 아니라 자산의 장부가액이 신뢰할 수 있는 자료에 근거한 것인지에 대한 의견제시 등도 포함된다. 그러나 타인의 의뢰를 받아 부동산 가격공시 및 감정평가에 관한 법률(이하 '부동산공시법'이라 한다)이 정한 토지에 대한 감정평가를 행하는 것은 회계서류에 대한 전문적 지식이나 경험과는 관계가 없어 '회계에 관한 감정' 또는 '그에 부대되는 업무'에 해당한다고 볼 수 없고, 그 밖에 공인회계사가 행하는 다른 직무의 범위에 포함된다고 볼 수도 없다. 따라서 감정평가업자가 아닌 공인회계사가 타인의 의뢰에 의하여 일정한 보수를 받고 부동산공시법이 정한 토지에 대한 감정평가를 업으로 행하는 것은 부동산공시법 제43조 제2호에 의하여 처벌되는 행위에 해당하고, 특별한 사정이 없는 한 형법 제20조가 정한 '법령에 의한 행위'로서 정당행위에 해당한다고 볼 수는 없다.

판례 3	대판 1998.9.22, 97다36293 판결
	감정평가업자의 손해배상 책임

[판시사항]

[2] 감정평가업자의 부실감정으로 인한 손해배상책임의 법률적 성질

[3] 부동산의 입찰절차에서 감정평가업자가 부실감정을 하여 낙찰자가 손해를 입은 경우, 감정평가업자의 낙찰자에 대한 손해배상의 범위

[판결요지]

[2] 감정평가업자의 부실감정으로 인하여 손해를 입게 된 감정평가의뢰인이나 선의의 제3자는 지가공시 및 토지 등의 평가에 관한 법률상의 손해배상책임과 민법상의 불법행위로 인한 손해배상책임을 함께 물을 수 있다.

[3] 불법행위로 인한 재산상 손해는 위법한 가해행위로 인하여 발생한 재산상 불이익, 즉 위법행위가 없었더라면 존재하였을 재산 상태와 위법행위가 가해진 현재의 재산 상태와의 차이이므로, 낙찰자가 감정평가업자의 불법행위로 인하여 입은 손해도 감정평가업자의 위법한 감정이 없었더라면 존재하였을 재산 상태와 위법한 감정으로 인한 재산 상태와의 차이가 되고, 이는 결국 위법한 감정이 없었다면 낙찰자가 낙찰받을 수 있었던 낙찰대금과 실제 지급한 낙찰대금과의 차액이 된다(다만 위법한 감정에도 불구하고 시가보다 더 낮은 가격으로 낙찰받은 경우, 위법한 감정이 없었다면 실제 지급한 낙찰대금보다 더 낮은 가격으로 낙찰받을 수 있었다는 사정은 이를 주장하는 자가 입증하여야 한다).

판례 4	대판 1997.5.7, 96다52427 판결
	현저한 차이의 의미

[판시사항]

[1] 지가공시 및 토지 등의 평가에 관한 법률 제26조 제1항의 '현저한 차이'를 인정함에 있어서 최고평가액과 최저평가액 사이에 1.3배 이상의 격차율이 유일한 판단 기준인지 여부(소극)

[2] [1]항의 '현저한 차이'를 인정하기 위하여 부당 감정에 대한 감정평가업자의 귀책사유를 고려하여야 하는지 여부(적극)

[판결요지]

[1] 표준지 공시지가를 정하거나 공공사업에 필요한 토지의 보상가를 산정함에 있어서 2인 이상의 감정평가업자에 평가를 의뢰하였는데 평가액 중 최고평가액이 최저평가액의 1.3배를 초과하는 경우에는 건설교통부장관이나 사업시행자가 다른 2인의 감정평가업자에게 대상 물건의 평가를 다시 의뢰할 수 있다는 것뿐으로서 여기서 정하고 있는 1.3배의 격차율이 바로 지가공시 및 토지 등의 평가에 관한 법률 제26조 제1항이 정하는 평가액과 적정 가격 사이에 '현저한 차이'가 있는가의 유일한 판단 기준이 될 수 없다.

[2] 지가공시 및 토지 등의 평가에 관한 법률 제26조 제1항은 고의에 의한 부당 감정과 과실에 의한 부당 감정의 경우를 한데 묶어서 그 평가액이 적정 가격과 '현저한 차이'가 날 때에는 감정평가업자는 감정의뢰인이나 선의의 제3자에게 손해배상책임을 지도록 정하고 있는바, 고의에 의한 부당 감정의 경우와 과실에 의한 부당 감정의 경우를 가리지 아니하고 획일적으로 감정평가액과 적정 가격 사이에 일정한 비율 이상의 격차가 날 때에만 '현저한 차이'가 있다고 보아 감정평가업자의 손해배상책임을 인정한다면 오히려 정의의 관념에 반할 수도 있으므로, 결국 감정평가액과 적정 가격 사이에 '현저한 차이'가 있는지 여부는 부당 감정에 이르게 된 감정평가업자의 귀책사유가 무엇인가 하는 점을 고려하여 사회통념에 따라 탄력적으로 판단하여야 한다.

판례 5	대판 1987.7.21, 87도853 판결
	허위감정의 성립

감정평가에 관한 법률 제16조, 제26조에 의하면, 감정업에 종사하는 자는 그 직무를 수행함에 있어서 고의로 진실을 숨기거나 허위의 감정을 하였을 때 처벌하도록 규정하고 있으므로 위 법조에 따른 허위감정죄는 고의범에 한한다 할 것이고, 여기서 말하는 허위감정이라 함은 신빙성이 있는 감정자료에 의한 합리적인 감정결과에 현저히 반하는 근거가 시인되지 아니하는 자의적 방법에 의한 감정을 일컫는다 할 것이다. 따라서 정당하게 조사 수집하지 아니하여 사실에 맞지 아니하는 감정자료임을 알면서

그것을 기초로 감정함으로써 허무한 가격으로 평가하거나 정당한 감정자료에 의하여 평가함에 있어서도 합리적인 평가방법에 의하지 아니하고 고의로 그 평가액을 그르치는 경우에 그 범죄는 성립된다 할 것이다.

판례 6	대판 2008.2.28, 2005다11954 판결
	손해배상소송에서 수 개의 감정평가가 상반되는 경우

감정은 법원이 어떤 사항을 판단함에 있어서 특별한 지식과 경험을 필요로 하는 경우 그 판단의 보조수단으로 그러한 지식이나 경험을 이용하는데 지나지 않으므로, 손해배상소송에 있어서 동일한 사실에 관하여 상반되는 수 개의 감정평가가 있는 경우 법원이 그 중 어느 하나를 채용하거나 하나의 감정평가 중 일부만에 의거하여 사실을 인정하였다 하더라도 그것이 경험칙이나 논리법칙에 위배되지 않는 한 위법하다고 할 수 없다.

판례 7	대판 2007.4.12, 2006다82625 판결
	감정평가업무협약에 따른 조사의무를 다하지 아니한 과실

감정평가업자가 금융기관으로부터 조사를 의뢰받은 담보물건과 관련된 임대차관계 등을 조사함에 있어 단순히 다른 조사기관의 전화조사만으로 확인된 실제와는 다른 임대차관계 내용을 기재한 임대차확인조사서를 제출한 사안에서, 감정평가업자에게 감정평가업무협약에 따른 조사의무를 다하지 아니한 과실이 있다고 한 사례

판례	대판 2005.5.27, 2003다24840 판결
8	임대차조사 손해배상책임 관련 판례 ①

감정평가업자가 현장조사 당시 감정대상 주택소유자의 처로부터 임대차가 없다는 확인을 받고 감정평가서에 "임대차 없음"이라고 기재하였으나 이후에 임차인의 존재가 밝혀진 경우, 감정평가업자는 감정평가서를 근거로 부실대출을 한 금융기관의 손해를 배상할 책임이 있다고 한 사례

판례	대판 1997.12.12, 97다41196 판결
9	임대차조사 손해배상책임 관련 판례 ②

감정평가업자가 현장 조사 당시 감정대상주택이 공실 상태라는 사유만으로 탐문조사를 생략한 채 감정평가서에 '임대차 없음'이라고 기재했으나 그것이 허위로 밝혀진 경우, 감정평가업자는 그로 인해 부실대출을 한 금융기관의 손해를 배상할 책임이 있다고 한 사례

판례	대판 1997.9.12, 97다7400 판결
10	임대차조사 손해배상책임 관련 판례 ③

감정평가업자가 금융기관의 신속한 감정평가 요구에 따라 그의 양해 아래 임차인이 아닌 건물 소유자를 통하여 담보물의 임대차관계를 조사하였으나 그것이 허위로 밝혀진 경우, 감정평가업자에게는 과실이 없으므로 손해배상책임이 인정되지 않는다고 본 사례

[판시사항]

[2] 형질변경 중에 있는 토지를 담보물로서 감정평가할 때 감정평가업자가 고려하여
야 할 사항

[3] 부당감정에 따른 감정평가업자의 손해배상책임에 관하여 정한 구 지가공시 및 토
지 등의 평가에 관한 법률 제26조 제1항의 '선의의 제3자'의 의미

[5] 감정평가업자가 담보목적물에 대하여 부당한 감정을 함으로써 감정의뢰인이 그
감정을 믿고 정당한 감정가격을 초과한 대출을 한 경우, 감정의뢰인의 손해액

[판결요지]

[2] 형질변경 중에 있는 토지는 형질변경행위의 불법성 여부, 진행 정도, 완공가능성
등을 검토하여 담보로서의 적합성을 판단하여야 하고, 건축물 등의 건축을 목적
으로 농지 또는 산림에 대하여 전용허가를 받거나 토지의 형질변경허가를 받아
택지 등으로 조성 중에 있는 토지는 과대평가를 방지하기 위하여 조성공사에 소
요되는 비용 상당액과 공사 진행 정도, 택지조성에 소요되는 예상기간 등을 종합
적으로 고려하여 평가하여야 한다.

[3] '선의의 제3자'라 함은 감정 내용이 허위 또는 감정평가 당시의 적정가격과 현저
한 차이가 있음을 인식하지 못한 것뿐만 아니라 감정평가서 자체에 그 감정평가
서를 감정의뢰 목적 이외에 사용하거나 감정의뢰인 이외의 타인이 사용할 수 없
음이 명시되어 있는 경우에는 그러한 사용 사실까지 인식하지 못한 제3자를 의미
한다.

[5] 담보목적물에 대하여 감정평가업자가 부당한 감정을 함으로써 감정의뢰인이 그
감정을 믿고 정당한 감정가격을 초과한 대출을 한 경우에는 부당한 감정가격에
근거하여 산출된 담보가치와 정당한 감정가격에 근거하여 산출된 담보가치의 차
액을 한도로 하여 대출금 중 정당한 감정가격에 근거하여 산출된 담보가치를 초
과한 부분이 손해액이 된다.

판례 12	대판 2001.3.9, 99두5207 판결
	과징금부과처분취소 ①

과징금처분기준은 법규명령이기는 하나 모법의 위임규정의 내용과 취지 및 헌법상의 과잉금지의 원칙과 평등의 원칙 등에 비추어 같은 유형의 위반행위라 하더라도 그 규모나 기간·사회적 비난 정도·위반행위로 인하여 다른 법률에 의하여 처벌받은 다른 사정·행위자의 개인적 사정 및 위반행위로 얻은 불법이익의 규모 등 여러 요소를 종합적으로 고려하여 사안에 따라 적정한 과징금의 액수를 정하여야 할 것이므로 그 수액은 정액이 아니라 최고한도액이라고 할 것이다.

또한 제재적 행정처분이 사회통념상 재량권의 범위를 일탈하였거나 남용하였는지 여부는 처분사유로 된 위반행위의 내용과 당해 처분행위에 의하여 달성하려는 공익목적 및 이에 따르는 제반 사정 등을 객관적으로 심리하여 공익침해의 정도와 그 처분으로 인하여 개인이 입게 될 불이익을 비교·교량하여 판단하여야 한다.

판례 13	대판 2008.2.15, 2006두3957 판결
	과징금납부명령 무효확인 등

과징금부과처분에서 행정청이 납부의무자에 대하여 부과처분을 한 후 그 부과처분의 하자를 이유로 과징금의 액수를 감액하는 경우에 그 감액처분은 감액된 과징금 부분에 관하여만 법적 효과가 미치는 것으로서 처음의 부과처분과 별개 독립의 과징금부과처분이 아니라 그 실질은 당초 부과처분의 변경이고, 그에 의하여 과징금의 일부취소라는 납부의무자에게 유리한 결과를 가져오는 처분이므로 처음의 부과처분이 전부실효되는 것은 아니며, 그 감액처분으로도 아직 취소되지 않고 남아 있는 부분이 위법하다고 하여 다투는 경우 항고소송의 대상은 처음의 부과처분 중 감액처분에 의하여 취소되지 않고 남은 부분이고 감액처분이 항고소송의 대상이 되는 것은 아니다.

판례	대판 1996.9.20, 96누6882 판결
14	합격기준 선택이 재량행위인지 여부

지가공시 및 토지 등의 평가에 관한 법률 시행령 제18조 제1항, 제2항은 감정평가사 시험의 합격기준으로 절대평가제 방식을 원칙으로 하되, 행정청이 감정평가사의 수급상 필요하다고 인정할 때에는 상대평가제 방식으로 할 수 있다고 규정하고 있으므로, 감정평가사시험을 실시함에 있어 어떠한 합격기준을 선택할 것인가는 시험실시기관인 행정청의 고유한 정책적인 판단에 맡겨진 것으로서 자유재량에 속한다.

판례	대판 1997.12.26, 97누15418 판결
15	주택건설촉진법 [별표 1]이 법규명령에 해당하는지 여부

주택건설촉진법 [별표 1]은 주택건설촉진법 제7조 제2항의 위임규정에 터잡은 규정형식상 대통령령이므로 그 성질이 부령인 시행규칙이나 또는 지방자치단체의 규칙과 같이 통상적으로 행정조직 내부에 있어서의 행정명령에 지나지 않는 것이 아니라 대외적으로 국민이나 법원을 구속하는 힘이 있는 법규명령에 해당한다.

판례	대판 2010.3.25, 2009다97062 판결
16	부당이득금 반환

국가 또는 지방자치단체가 도로로 점유·사용하고 있는 토지에 대한 임료 상당의 부당이득액을 산정하기 위한 토지의 기초가격은, 국가 또는 지방자치단체가 종전부터 일반 공중의 교통에 사실상 공용되던 토지에 대하여 도로법 등에 의한 도로 설정을 하여 도로관리청으로서 점유하거나 또는 사실상 필요한 공사를 하여 도로로서의 형태를 갖춘 다음 사실상 지배주체로서 도로를 점유하게 된 경우에는 도로로 제한된 상태 즉, 도로인 현황대로 감정평가하여야 하고, 국가 또는 지방자치단체가 종전에는 일반 공중의 교통에 사실상 공용되지 않던 토지를 비로소 도로로 점유하게 된 경우에는 토지가 도로로 편입된 사정은 고려하지 않고 그 편입될 당시의 현실적 이용상황에 따라 감정평가하되 다만, 도로에 편입된 이후 해당 토지의 위치나 주위 토지의 개발 및 이용상황 등에 비추어 도로가 개설되지 아니하였더라도 해당 토지의 현실적 이용상황이 주위 토지와 같이 변경되었을 것임이 객관적으로 명백하게 된 때에는, 그 이후부터는 그 변경된 이용상황을 상정하여 토지의 가격을 평가한 다음 이를 기초로 임료 상당의 부당이득액을 산정하여야 하는 것이며(대판 2002.10.25, 2002다31483 등 참조), 토지의 부당이득액을 산정함에 있어 그 요소가 되는 기대이율은 국공채이율, 은행의 장기대출금리, 일반시중의 금리, 정상적인 부동산거래이윤율, 국유재산법과 지방재정법이 정하는 대부료율 등을 참작하여 결정하여야 할 것이다(대판 2004.9.24, 2004다7286 등 참조).

박문각
감정평가사

강정훈
감정평가 및 보상법규

2차 | 판례분석 암기장

제3판 인쇄 2024. 6. 20. | **제3판 발행** 2024. 6. 25. | **편저자** 강정훈
발행인 박 용 | **발행처** (주)박문각출판 | **등록** 2015년 4월 29일 제2019-000137호
주소 06654 서울시 서초구 효령로 283 서경 B/D 4층 | **팩스** (02)584-2927
전화 교재 문의 (02)6466-7202

저자와의
협의하에
인지생략

정가 20,000원
ISBN 979-11-7262-018-9

Memo